湖北文理学院校级重点学科群建设资助项目成果

新世纪襄阳知名作家专题研究

张治国 著

WUHAN UNIVERSITY PRESS
武汉大学出版社

图书在版编目(CIP)数据

新世纪襄阳知名作家专题研究/张治国著.—武汉：武汉大学出版社,2018.12

ISBN 978-7-307-11017-5

Ⅰ.新… Ⅱ.张… Ⅲ.作家—人物研究—襄阳—现代 Ⅳ.K825.6

中国版本图书馆 CIP 数据核字(2018)第 275583 号

责任编辑:白绍华　　责任校对:汪欣怡　　版式设计:马　佳

出版发行：**武汉大学出版社**　(430072　武昌　珞珈山)

(电子邮箱：cbs22@whu.edu.cn　网址：www.wdp.com.cn)

印刷:北京虎彩文化传播有限公司

开本:720×1000　1/16　印张:13.5　字数:192 千字　插页:1

版次:2018 年 12 月第 1 版　2018 年 12 月第 1 次印刷

ISBN 978-7-307-11017-5　定价:59.00 元

目　录

第一章　当代襄阳小说创作综论

当代襄阳文学作为中国当代文学的组成部分，与中国当代文学一样，也经历了新中国三十年(1949—1978)、新时期(1979—1999)、21世纪(2000—　)等三个历史发展阶段。

一、新中国三十年的襄阳小说

本阶段的襄阳文学与中国当代文学发展同步，遵循着第一次全国文代会确立的新的文学规范，本着“文艺为人民大众服务，首先为工农兵服务”的宗旨，在毛泽东文艺思想的指导下，文艺创作在整体上洋溢着革命理想主义和革命乐观主义的激情，缅怀革命历史、反映农村变革、表现抗美援朝斗争、歌颂社会主义制度的优越性和弘扬爱国主义精神等，成为这一历史时期文学题材的热点和主旋律。换言之，“随着新中国的成立而展开的大规模社会主义革命和建设事业，召唤和吸引着作家去体验新的生活，讴歌新的时代，表现新的人物。质朴、明朗、热烈、高昂、激情澎湃的理想主义和英雄主义，构成了本时期文学的基调和主导风格”①。

本阶段的襄阳小说成绩斐然。当代襄阳小说发轫期的一大亮点，乃是著名作家梁斌②在襄期间的文学活动。1948年1月，襄

---

① 王庆生，王又平．中国当代文学史[M].北京:高等教育出版社,2003:9.

② 梁斌(1914—1996)，原名梁维周，河北蠡县人。1927年加入共青团。抗战时期，在冀中地区从事文化宣传工作。1947年参加了土地改革运动。翌年南下，先后担任襄阳地委宣传部长和武汉日报社社长。1950年代中期到河北省文联从事专业创作。出版有长篇小说《红旗谱》《播火记》《烽烟图》《翻身纪事》，散文集《春潮集》《笔耕余录》，回忆录《一个小说家的自述》等。

阳县爱国民主政府成立，属桐柏行政公署第三专署及汉南办事处。1949 年 2 月，在襄阳成立了湖北省襄阳行政区专员公署①。1949 年夏，由于革命形势的需要，大批南下的军队干部被派往地方工作。这时，35 岁的河北作家梁斌作为党内颇有“文气”的一名知识分子从河南花园口被派往湖北襄阳地委，出任第一任宣传部长，并兼任《襄阳日报》社社长、总编辑。在襄三年，梁斌为襄阳的宣传工作、城市保护、清匪反霸、土地改革等做出了杰出贡献。梁斌经历过第一次国内革命战争、抗日战争、解放战争血与火的考验，在颠沛流离的战争生活中始终眷恋文学，先后创作出了短篇小说《夜之交流》《三个布尔什维克的爸爸》和剧本《千里堤》等多部有影响的文学作品。据他回忆，《红旗谱》的创作构思于 1940 年代初，但真正酝酿成熟则在襄阳，反映北方土地改革运动的长篇小说《翻身纪事》也是在襄阳获取了大量生活素材。② 1952 年，梁斌离开襄阳出任《新武汉日报》社社长。1953 年 6 月，梁斌正式动笔创作长篇小说《红旗谱》，一年后完成《红旗谱》第一部初稿，1956 年底定稿。1957 年底《红旗谱》第一部由中国青年出版社出版。小说一问世，就震动了中国文坛，受到专家好评和读者喜爱，成为中国当代文学史上一部里程碑式的作品，被誉为中国共产党领导下的农民革命运动的壮丽史诗。

1950 年代和 1960 年代前期，襄阳文坛出现了一个由吉学沛、李德复、孙樵声、胡树国、阎俊杰等作家组成的作家群，他们创作的反映农村变革和农民生活的短篇小说在全国引起了较大反响。

吉学沛，1926 年出生，原名吉清江，河南偃师人。曾任襄阳县委宣传部副部长、湖北省文联副主席、湖北省作家协会副主席。国家一级作家，享受国务院特殊津贴。1949 年开始发表作品。1954 年加入中国作家协会。著有诗集《接粮袋》；小说集《两个孩子

① 百度百科．襄阳［EB/OL］．https：//baike. baidu. com/item/襄阳/890763#3.

② 襄阳市档案馆．梁斌与襄阳［EB/OL］．http：//www. sohu. com/a/207292554_556544.

的故事》《四个读书人》《有了土地的人们》《高秀山回家》《一面小白旗的风波》《三月里的风云》《农村纪事》《两个队长》《春草集》《苏春迟请客》；散文集《早晨》《浪花集》《延河长流》《黄河情》；儿童文学集《南南》《飞出笼的小鸽子》《乔石头的故事》；人物传记《李大贵的故事》及小说散文集《吉学沛近作选》《吉学沛文集》等。其中短篇小说《一面小白旗的风波》和《两个队长》，在社会上产生了强烈反响，先后被改编成电影和戏剧在全国上演，还被翻译成英、法、俄等文字介绍到国外，并被选入中学教材。

李德复(1932—2012)，笔名滴扶，湖南新邵人。1956 年毕业于华中师范学院外语系。历任湖北襄阳农业学校教师，襄阳报社编辑，中共襄阳地委办公室干事，湖北作家协会专业作家，湖北电影制片厂专业编剧，书刊文摘导报杂志社及《爱情婚姻家庭》杂志社社长、编审。武汉市作家协会名誉主席，湖北通俗文学学会会长，华中理工大学文学院客座教授，湖北省第七、八届政协常委。1957 年开始发表作品。1962 年加入中国作家协会。共出版《鄂北纪事》《高高的山上》《高山盛开大寨花》(合著)《地下长龙》《死角》《爱情正在诞生》《爱情的悄悄话》《蓝色的狂想曲》《我长大了》《钱》《人民公仆》等文学作品 20 多部。其中，反映襄阳地区农田水利建设的短篇小说《典型报告》，受到文学大师茅盾的好评，各地报刊争相转载，1959 年海燕电影制片厂把它搬上了银幕。

孙樵声，1938 年出生，湖北枣阳人。曾任襄阳市作家协会主席、湖北省作家协会理事、湖北省人民政府副秘书长兼办公厅主任。1960 年代开始发表作品。其创作的《宋哈哈》《磨镰记》等十多篇反映农村生活的短篇小说，发表后好评如潮。他因创作成就突出，出席了 1965 年全国青年文学创作积极分子代表大会。

胡树国，1934 年出生，湖北省应山县人。1958 年毕业于华中师范学院中文系，后在襄阳师专、襄阳师范学校任教。1973 年至 1981 年任襄阳地委宣传部宣传科长、襄阳地区文化局副局长，襄樊市文化局副局长、党组副书记。1988 年任襄樊市新闻出版局局长、党委书记。曾任湖北省戏剧家协会理事、襄樊市戏剧家协会主席、市作家协会顾问。主要作品有长篇小说《地下儿童团》，此书曾三次再版，被三家出版社改成连环画出版，还被翻译成朝鲜文出版，共发行37万册；另有报告文学集《高山盛开大寨花》(合著)、传记文学《血染羊城》、短篇小说《嘭嘭的敲门声》等。

阎俊杰，1931年出生，湖北老河口人。1960年代开始文学创作，结集出版有小说集《智擒黑风霸》《奇异舐犊情》等。①

本阶段的襄阳小说，表现出两个鲜明特点：一是歌颂新生活、新人物、新风尚是文学表现的共同主题。例如吉学沛的《一面小白旗的风波》通过一场“白旗”风波，成功刻画了大公无私、坚守原则、聪明能干的农村女干部叶俊英的形象。叶俊英是农业生产合作社的副社长，她年轻、灵光，“看来也不过二十挂零，黧黑色的瓜子型脸上，长一对忽灵灵的大眼。一说话，她那双明闪闪的眼珠子，咕噜噜在人脸上直转”②，是全村出了名的好媳妇。她的丈夫李良玉是第三生产组组长，两人的婚姻幸福美满。在一次生产竞赛中，丈夫的小组因锄麦地时干活毛糙，被妻子插上了白旗，丈夫觉得丢了面子大发脾气，晚上与妻子吵架后还赌气抱着被子到牛棚单睡。在妻子的关爱和耐心劝说下，丈夫认识到自己的错误，答应等天晴后把麦地再返工锄一遍。第二天在社干会上，组长们纷纷向叶俊英求证小两口是否吵架和良玉是否要返工锄地的事。李良玉躲在隔壁偷听，生怕妻子实话实说让自己丢人。出乎意料地，他听到妻子不仅否认了吵架的事，还说丈夫是团员，有觉悟执行社里的制度，于是打心眼里佩服妻子，同时也为自己的行为深感惭愧。天晴后，丈夫不声不响地带领组员返工锄地去了。经历了这场白旗风波，小两口的感情更好了。

本期襄阳小说的第二个特点，是具有鲜明的政治色彩和写实化的艺术风格。例如，李德复的短篇小说《典型报告》创作于大跃进时期，难免受到那个时代意识形态的影响，因而打上了浮夸风的时代印记。尽管如此，小说依然具有一定的思想和艺术价值。作品以

① 襄阳市文学艺术界联合会．襄阳文学65年．短篇小说选[M]．武汉：武汉出版社，2016：11.

② 吉学霈．一面小白旗的风波[M]．武汉：湖北人民出版社，1954：2.

一位乡支书三次作“典型报告”为情节主线，讲述了主人公响应党的号召，在敢想、敢干时代精神的鼓舞下，带领社员克服困难，苦干巧干，终于把全乡万亩山窝窝地改造成水稻田的故事，表现了主人公在时代精神的感召下不怕困难、勇于探索的可贵品格。在艺术上，小说采用第一人称的叙事手法讲述、刻画心理活动，写实性强；小说“情节曲折有致，结构精巧圆合”①，彰显了作家小说的一贯风格。

孙樵声作品的时代色彩与写实风格也十分鲜明突出。其发表于1964年的短篇小说《宋哈哈》以“我”的所见所闻作为故事情节发展的线索，将故事中互不关联的事情联系起来，塑造了典型的“宋哈哈”形象。小说的开头，以老明叔向我父亲报告枣红马得病的消息引出主人公宋哈哈，然后通过母亲的介绍使我回忆起童年时机灵可爱的宋哈哈，并使我更加了解了宋哈哈敢于同落后势力作斗争的优良品质，最后以我亲眼看到宋哈哈将枣红马治好的情景，塑造了一个敢于同落后思想作斗争，聪明能干、积极进取的知识青年的形象。作者采用第一人称的叙事方式，增强了小说的真实性。

二、新时期的襄阳小说

二十世纪八九十年代，是襄阳文学的复苏期、成长期和振兴期。此阶段是当代襄阳文学经过“文化大革命”长达十年的冬眠期后的第二个发展阶段。

本期的襄阳小说成绩突出。首先，长篇小说取得丰收。代表作有胡树国的革命历史题材长篇小说《地下儿童团》，该作三次再版，影响较大，总发行量达37万册。其他还有刘久和的《兵行诡道》、韩希梁的《战襄阳》、曾旭东的《解放襄阳》等。

其次，短篇小说不同凡响。和其他文体的创作相比，本期短篇小说最引人注目。它有两个标志：一是崛起了一个由十多位文学才

① 熊忠武．湖北当代文学概观[M]．武汉：湖北科学技术出版社，1994：70.

俊组成的颇有创作后劲的小说创作团队，其作品纷纷被知名文学杂志刊载。如王伟举的《长发妹》《别了，巴城公社》《花地》、黄河清的《油菜花开了的时候》、宋骥弘的《淡淡的清茶》以及张月斌、叶宗佩、王琦、李修平等一大批中青年作家的作品，先后在《人民文学》《长江文艺》《芳草》等文学刊物发表，赢得世人瞩目；二是襄阳的作品频频获得省级和国家级大奖，其中王建琳的《好一只出头鸟》获得 1983—1985《芳草》杂志优秀作品奖，李叔德的《赔你一只金凤凰》荣获 1982 年全国优秀短篇小说奖。

在新时期襄阳的作家群中，黄河清的短篇小说的创作成就十分突出。从 1980 年创作开始，他先后在《长江文艺》《人民文学》《芳草》《百草园》等期刊上发表了 30 多万字的作品，出版了短篇小说集《生活·冲动·构思》。其代表作《油菜花开了的时候》曾入选人民文学出版社出版的《建国三十五周年短篇小说选》。这部小说的创作缘起看似偶然，实则与作家热爱生活、关注现实、关切农民和农村孩子的生存现状有密切关系：1982 年，黄河清在回故乡探亲的路上看到了杨柳依依、‘油菜花开、燕子呢喃的农村景象，情不自禁地回忆起自己美丽善良的姐姐的婚姻悲剧，更让作者伤心的是外貌酷似年轻时姐姐的外甥女同姐姐一样在婚姻上遭受着命运的无情捉弄，于是根据现实生活的原型，创作了这篇反映农村孩子失学这一严重社会问题的小说，引起了读者的强烈反响。在这篇仅三千多字的小说中，作者采用双线结构，将现实与过去交叉起来，采用“蒙太奇”的叙事手法，书写姐姐成长的过程，并运用朴实无华的语言和深情的描写来表现农村孩子失学这一社会现象，令读者深思。也正因为黄河清是一位现实主义作家，他才能创作出像《油菜花开了的时候》这样接地气、有温度的富有现实意义的作品。

在本期的小说创作中，值得关注的还有客居他乡的襄阳籍军旅作家陈怀国、学者作家晓苏和客居襄阳的外省作家王雄。

现居住湖北武汉的陈怀国，是一位唱响“农家军歌”的军旅作家，堪称文学多面手。他短篇小说、中篇小说、长篇小说样样能写，通讯报道、电影剧本、报告文学样样拿手。先后出版作品集多部，如长篇小说《遍地葵花》、短篇小说集《毛雪》《黄军装黄土地》等。作品多次获得全国性大奖，如短篇小说《北纬41度线》获1989—1990年《解放军文艺》优秀奖，《疏勒河故道的赶驼人》获1991年《人民文学》优秀奖，《荒原》获第四届青年文学奖，《毛雪》获《人民文学》创刊45周年小说新人奖，中篇小说《无岸的海》获1991—1992年《解放军文艺》优秀奖，长篇报告文学《洞天风雪》获1996年中宣部“五个一工程”奖。

晓苏是国家一级作家，1960年代初出生于襄阳保康，现为华中师范大学教授、博士生导师，是一位典型的学者型作家。从1985年开始文学创作至今，晓苏已在国内几乎所有知名的文学期刊上发表过作品，共计500余万字。计有长篇小说《五里铺》《大学故事》《成长记》《苦笑记》《求爱记》等5部，中篇小说集《重上娘山》《路边店》等2部，短篇小说集《山里人山外人》《黑灯》《狗戏》《麦地上的女人》《中国爱情》《金米》《吊带衫》《麦芽糖》《我们的隐私》《暗恋者》《花被窝》《松毛床》等12种。他不仅是一位高产作家，也是一位在全国产生重要影响的知名作家。40余篇作品被《小说月报》《小说选刊》《新华文摘》《中华文学选刊》等刊转载，并有作品被译成英文和法文。曾获湖北省第四届“文艺明星”奖、首届蒲松龄全国短篇小说奖、第二届林斤澜短篇小说奖、第十六届百花文学奖、第三至第五届湖北文学奖、第六届屈原文艺奖、第七届滇池文学奖、第十届金嗓子文学奖等。其短篇小说《花被窝》《酒疯子》《三个乞丐》分别入选2011、2013、2015年度中国小说排行榜。

在三十多年的创作生涯中，晓苏始终保持着对短篇小说创作孜孜不倦的艺术追求，因而，较之于中长篇小说，他的短篇小说的成就更为突出。晓苏的小说主要分为乡村、校园两个题材。其中乡村是晓苏童年时生活的地方，而校园是晓苏任职和生活的地方。油菜坡系列小说是晓苏早期小说创作的代表。在这个系列小说中，“油菜坡”不仅是小说的叙事背景，是作家精心营造、向往憧憬的一个带有春天色彩的地方，还是晓苏的精神家园和创作灵感的源头，正如中国小说学会副会长、文艺评论家吴义勤在为晓苏短篇小说集《金米》写的“序”里所总结的那样：“在晓苏的小说中，存在着一个精神源头，那就是倾注了作家神秘的活力和真诚的情感的油菜坡。”①

小说集《金米》中收录了多篇以“油菜坡”为叙事空间的作品，它们塑造了多名女性形象，如美丽泼辣的余爱竹、等待爱情的林小玉、童养媳出生性格强悍的伯妈等，揭示了乡村社会女性生存的苦难和悲哀，表达出作者对女性命运的深切关注。之后，晓苏将创作视角由乡村转移到校园环境中，揭露大学里存在的各种黑暗丑陋的现象。如小说《吊带衫》中女学生谢丽婷与三位教授之间的故事，女学生为了通过三位教授的考试，利用自己的美貌和财力向三位任课老师发起进攻。《漂流记》讲述妻子报复丈夫的故事。大学教授邹冠与他的学生发生了婚外恋，两个人结伴漂流，寻找浪漫；而在校医院工作的妻子白芯以同样的方式对自己的丈夫进行报复，最后以丧子的悲剧结束，令人警醒。《我的导师路明之》清晰而典型地刻画了一个在市场经济与权益中开始堕落萎缩的知识分子。路明之为了职称窃取学生的学术成果，为了金钱出卖考研专业试题，甚至还去引诱自己的学生，这样一个生活在所谓纯净校园中猥琐阴暗的教师形象，使读者们大跌眼镜，并开始对如今的大学教育产生质疑。《到什么山上唱什么歌》是一篇深刻而又带有疑问的小说，男主人公是一位年轻有为的教授，在婚外恋被揭穿之后，在两个女人为他大打出手时，他选择了一种沉默的态度，并转身离去；也正因为他在学识上的成就以及自身所特有的儒雅魅力，前妻与前情人对他始终抱有幻想，而他却把自己当成是爱情绝缘体，不谈感情，只讲欲望，是一位世俗又复杂的知识分子。晓苏以校园这一小型社会为背景，以说故事的方式，对大学教育进行反思，并据此探寻当下商业化社会中人的精神困境。

河南籍作家王雄长期生活在襄阳，与襄阳的自然山水、襄阳人民建立了深厚感情。他潜心研究襄阳地方文化和风俗，写出了长篇小说“汉水文化三部曲”——《阴阳碑》《传世古》《金匮银楼》，被学术界赞誉为“汉水文化最忠实的守望者和耕耘者”。

① 吴义勤．金米．序[M]．天津：百花文艺出版社，2005：2.

三、21 世纪的襄阳小说

进入 21 世纪之后，襄阳的各体文学展现出强劲的创作实力，取得了令人瞩目的成绩。我们服膺这样的说法："衡量一个地方的文学实力，除了看它的作者数量和作品数量以外，一个重要指数，就是看它有没有在全国叫得响的文学品种。"①21 世纪襄阳文学的繁荣，其突出表现是两个文学小品种做成了"在全国叫得响"的文学大品牌：一是凡夫的寓言，二是尹全生的小小说。其影响不是地域性的而是全国性的。换言之，在同类创作中他们已走到了全国前列。

尹全生，曾用笔名风神、海啸等，男，1955 年生，河南内乡人。是 21 世纪襄阳小小说的领军人物。曾供职于中国南车襄阳机车分公司，现任天津《微型小说月报》编辑部主任、北京麒麟传媒图书编审。中国作家协会会员，中国民间文艺家协会会员，中国小小说名家沙龙副主席。名列"中国当代小小说风云人物榜·小小说星座""21 世纪小小说风云人物榜·金牌作家"。迄今为止在国内外报刊发表小小说作品上千篇，有数十篇作品被译介到欧美及东南亚等国家和地区。获"小小说金麻雀奖"和中国小小说政府最高奖"中国民间文艺山花奖·民间文学奖"。著有《七夕放河灯》(中国小小说典藏品)、《大隐于野》(百年百部微型小说经典)、《拿什么拯救灵魂》等小小说集 12 部。

襄阳的其他小小说作家有：

汤礼春，1953 年生，湖北武汉人。曾任湖北省老河口市文艺创作室主任、老河口市作协副主席、《大众文艺·快活林》执行主编。中国微型小说协会会员、中国寓言文学研究会会员、湖北省作家协会会员。至今在海内外发表作品千余篇，计 300 余万字，出版有《记忆中的浪花》《小城风流》《洒笑世态》等。其作品多次获奖：《球迷与小偷》《苦涩的寻找》获中国微型小说学会举办的首届及第

① 凡夫．襄樊文学三十年[N]．襄樊日报，2008-10-10.

三届全国微型小说奖；《儿子的拍马成长史》获《微型小说选刊》举办的“幽默微型小说全国征文大奖赛”三等奖。有上百篇作品被《读者》等报刊转载，并收录于《世界华文微型小说》等多部文集中。有作品刊载于美国、日本等海外报刊。

周平，男，湖北黄冈人，曾用笔名周广平、楚子衿。曾多年任《襄阳晚报》文学编辑，现供职于襄阳日报社品牌传播中心。20世纪九十年代中期开始发表作品，尝试格律诗词、短篇小说、小小说、中篇小说、现代诗歌、散文、文艺评论、故事等多种文体的创作，在《青年文摘》《百花园》《短篇小说》《小小说选刊》《小小说月刊》《扬州文艺》《汉水》《农民日报》《湖北日报》《杭州日报》《沧州日报》《洛阳日报》《濮阳日报》《襄樊日报》《襄樊晚报》《楚天声屏报》等数十家报刊发表作品百余篇，共计50多万字，获各种奖项十多次。主要作品有中篇小说《油菜花开》、短篇小说《晚唱》、诗歌《歌唱稻子》、散文《夜歌》等，著有诗文合集《月光》。

张璞，男，湖北宜城人，襄阳日报社记者，湖北省作家协会会员。从1983年开始在《芳草》《当代作家》发表小说、报告文学，曾获国家级报告文学奖和《芳草》优秀作品奖。主要作品有：报告文学《属马的命运》《发展之路》《裂变》，中篇小说《咸丰宰相的第十五代子孙》《二叔》等，出版有报告文学集《一个倔强女人的世界》（长江文艺出版社出版），长篇小说《桃花源传奇》上、中、下册（中国文联出版社出版）。

鲁义斌，1972年出生，笔名一冰，湖北枣阳人。自1988年开始文学创作以来，已在《短篇小说》《百花园》《小说林》等全国报刊发表作品近2000篇，计500多万字。有400多篇作品被《读者》《青年文摘》《格言》《短篇小说选》《小小说选刊》等选载或收入多种选本。出版作品集《上帝的喷嚏》《点亮人生的十盏灯》《城外》等多种。作品曾获《小小说选刊》《微型小说选刊》《故事会》等年度优秀作品奖和孟浩然文学奖、吴承恩文学奖等30多次。

杨文勇，1973年出生，湖北十堰人。现供职于襄阳市中心医院。2004年开始文学创作，有小小说近百篇发表于《小小说选刊》《天池小小说》《小小说月刊》等报刊。

黄朝忠，1946 年出生，湖北襄阳人。湖北省作家协会会员，湖北省诗词学会会员，襄阳市寓言文学研究会副会长。著有小小说集《半开的抽屉》。

另外，胡金洲、邓耀华两位，也是襄阳小小说创作的实力派作家。因有专章论述，此处不再赘言。

以上述作者为骨干组成的襄阳小小说作家群，成为全国小小说创作的重要群体。以尹全生、胡金洲、邓耀华为核心的襄阳小小说作家群的创作，不仅在全国独领风骚，而且产生了国际影响。2008 年 4 月，美国艾奥瓦州立大学教授穆爱莉博士率领她的科研团队，带着“中国小小说现象研究”课题，专程对襄阳的小小说作家群进行了走访考察，使得学术界对襄阳小小说作家队伍的整体实力和创作成就有了更深入的了解。

与小小说创作成绩斐然交相辉映的，是 21 世纪襄阳长篇小说的空前繁荣。据不完全统计，本期襄阳作家出版的各类题材的长篇小说达 200 部以上，超过了前两个时期出版的长篇小说总和。其中，张传华的长篇小说《热血忠魂》被选入纪念中国人民抗日战争暨世界反法西斯战争胜利 60 周年 100 部重点图书；王建琳的长篇小说《风骚的唐白河》获得湖北省“五个一工程”奖。李叔德的《大宋米癫》《书圣张芝传奇》、尚爱兰的《永不原谅》、黄攀的《东方圣母》、罗荟云的《梦泊古城》、刘晓武的《昏鸦》、邱保华的《送你一束沙枣花》、马正华的《欲狂》、陈子成的《金融牧场》、王可伟的《迷彩男女》、李志荣的《想我的时候看天空》、胡运转的《笼中的金丝雀》、谷春华的《风流的凤凰村》《流过村庄的山泉》、岩竹的《走的时候带上我》、鲁义斌的《城外》、杨明沿的《没有军籍的战士》、王建琳的《迷离的滚水河》《燃情的汉水河》等的面世，显示出长篇小说的表现领域更加广泛，人物形象、艺术风格更加多样化。另外，刘久和的《玉魂》《古卢将军》、张天儒的《杨洪胜》、曹远超的《孟浩然》、李叔德的“唐代诗人三部曲”《孟浩然新传》《乱世诗人张继传奇》《惊世骇俗皮日休》、刘希俊的四卷本《中国古代科学大师传》、张璞的三卷本神话小说《桃花源传奇》等作品的出版，表明襄阳历史小说、多卷本小说、系列小说的创作，也有了新的突破。

在21世纪襄阳长篇历史小说创作中，最有代表性的作家是李叔德和曹远超。因前者有专章论述，此处仅简要论述曹远超的历史小说。

曹远超，男，1969年出生，湖北谷城人。现供职于襄阳市广播电视台。湖北省作家协会会员，襄阳市孟浩然研究会理事。所著80万字的长篇历史小说《孟浩然》，获襄阳市第六届“孟浩然文艺创作奖”。2015年完成国家级文学招标项目“中国历史文化名人传”成果，出版传记文学《梦归田园：孟浩然传》。

孟浩然是盛唐山水田园诗派的领军人物。他不仅是襄阳文学的杰出代表，更是襄阳这座历史文化名城的一个标志性的文化符号、一张光彩夺目的文化名片。因此，围绕着一代诗魂孟浩然，无论是开展学术研究，还是进行艺术创作，对文化襄阳建设都具有十分重要的意义。

长篇历史小说《孟浩然》是曹远超耗时七年精心打造的一部呕心沥血之作。这部小说是21世纪襄阳长篇小说创作尤其是长篇历史小说创作的一个可喜收获。如果说2007年李叔德的《孟浩然新传》填补了一个空白，一个在长篇小说领域没有襄阳作家为襄阳籍本土文化名人作传的空白，“弥补了襄阳文化界的一个千年缺憾”①，那么，曹远超的《孟浩然》则是继《孟浩然新传》之后，用独特的艺术眼光对襄阳文化名人的新的审美探索，也是对襄阳历史题材叙事文学发展所作的新的贡献。这部作品审美价值主要表现在四个方面：一是作家克服了长篇小说的文体难度，打造出皇皇八十万字巨著，显示了过人的毅力和驾驭复杂历史题材的艺术才能；二是用求真的态度演绎历史，以艺术的方式而非说教的方式传达出了正确的历史观，并且成功地实现了历史内容的审美转化；三是用倾注着对家乡挚爱的典雅、秀丽、清爽、流畅的生动语言描绘襄阳的山水形胜，使作品在散发出历史文化气息的同时又沁透着绚烂醉人的浓郁诗意；四是人物形象鲜明，情节结构巧妙。其中，对主人公孟

① 王伟举．梦回大唐怀襄州　诗侠情义真浩然[N]．襄樊日报，2007-01-01.

浩然立体化形象的成功塑造，是该巨制的突出亮点。

在作品中，作者以生动细腻的文笔，从几个不同的层面对孟浩然其人做了全方位的完整的艺术表现，使他由过去的一个概念化的扁平人物，成为一个栩栩如生的圆形人物。具体来说，一是演绎了孟浩然的丰富人生。在作者笔下，孟浩然的一生绝不是只有一种色彩、一种样貌的“单向度”，而是交织着传统与浪漫、超脱与世俗、诗意与失意的“复调”人生。二是展现了孟浩然独特的诗人气质。在小说中，孟浩然的气质是与他获得的“山水田园诗人”的美誉相吻合的，即具有醉山水、乐田园，任性率真、飘逸洒脱的独特性。三是塑造了孟浩然多维立体的性格，即耿介正直、疾恶如仇、崇仁重义、忠厚善良、儒雅谦逊等。四是深入挖掘了孟浩然充满矛盾的复杂人性：一方面他不慕荣华、淡泊名利，另一方面，又渴望贤达举荐、明主不弃以致仕；他既对罢州试及在京城科举的试策中自毁前程的率性而为无怨无悔，同时，又因一生“书剑两无成”，到头来依然是一介布衣的身份而自惭形秽。

在时间跨度上，小说从孟浩然的出生写到终老，凡五十二年。在长达半个多世纪的历史时空中，围绕着孟浩然少年潜心读书，青年立志报国与追求爱情，中年游览风景名胜、交友求仕，晚年躬耕田园的人生轨迹，对开元盛世的社会历史生活进行了全景式的展示。尤其对朝中重大历史事件做了生动描写，如神龙革命、韦皇后毒杀中宗、临淄王诛杀韦族、唐玄宗泰山封禅，等等，既为人物活动提供了时代背景，又增强了小说的历史实感。

在人物塑造上，围绕着中心人物孟浩然及其社会关系，小说描写了多达近百个人物。这些众多的人物由于其身份、职业、地位、性格、品性的不同，从而构成了不同的人物谱系：以武后、中宗、睿宗、玄宗为代表的封建帝王系列；以韦皇后、武三思、武崇训、安乐公主为代表的奸佞系列；以张柬之、桓彦范、李多祚、姚崇、张说、张九龄为代表的文臣武将系列；以王迥、张子容、辛谔、丁凤、吴悦、朱去非等构成的襄州学子系列；以包融、王维、李白、王昌龄为代表的诗人系列；以参寥子、黄道士、明禅师、业上人为代表的道士僧人系列等。而汉阳王张柬之，两任襄州刺史韩思复、韩朝宗父子，襄州司户裴朏，则构成了勤政爱民的官吏系列。

在情节结构的安排上，小说采用了一主一副双线结构，主线是孟浩然多彩的人生轨迹，副线是宫廷中惨烈的政治斗争。主副二线通过与孟浩然有关的人物穿针引线而发生关联，从而把众多的人物、纷繁的事件建构成为一个井然有序、繁而不乱的有机艺术整体。

因此，在小说《孟浩然》中，社会大历史与人物小历史总是交叉行进，从一个人剖析了一个国家，从一个国家透视了一个时代，而最终揭示给我们的还是孟浩然失意坎坷的一生。由此我们不难看出作家驾驭复杂历史题材的艺术才能，以及所具有的可贵的史诗眼光与史诗意识。

在中短篇小说创作方面，形成了一个以40、50年代生作家为引领、以60后作家为中坚的创作队伍，显示了较强的创作实力：

卢苇，男，1948年出生于湖北省老河口市。湖北省作家协会会员。已结集出版有散文集《文雅英芬》、小说集《林青谦良》《思博颢文》、长篇小说《断简碎甲》等。

李修平，男，1956年出生，湖北保康人。1982年开始发表文学作品，先后在《长江文艺》《芳草》《飞天》《中国青年报》《文学报》《作家报》《人民日报》《湖北日报》《经济日报》等报刊发表小说、散文、报告文学等作品。出版有散文集《雨夜梦想》《浮生独白》《牵手》、小说散文集《饮食男女》、长篇小说《卞和传奇》等。

黄河清，男，1956年出生，曾任共青团襄阳市委宣传部副部长，襄阳市作家协会副主席。1980年开始文学创作，在《人民文学》《长江文艺》等发表小说数十篇，结集出版有小说集《生活·冲动·构思》。

吕先觉，男，1961年出生，湖北保康人。湖北省作家协会会员。曾在《芳草》《长江文艺》《朔方》《福建文学》《延安文学》《山东文学》《北方文学》《广西文学》等报刊发表过小说、散文近百万字。著有中短篇小说集《土豆回家》、长篇报告文学《国家记忆：感天动地铁道兵》。

周才斌，男，1964年出生，湖北保康人。自80年代开始文学创作，先后在《散文》《美文》《中国青年报》《长江文艺》《当代小说》《青年文学》《福建文学》等发表作品，出版有小说集《我爸是我爸》。

崔新建，笔名柳岗，男，1965年生，河南省封丘县人，湖北省作家协会会员，现供职于襄阳广播电视台。自1991年起，先后在《长江文艺》《短篇小说》《滇池》《文学世界》《延安文学》《青年文学家》《羊城晚报》《湖北日报》《潇湘晨报》《洛阳日报》《济南日报》《武汉晚报》等报刊发表短篇小说、小小说100余篇，多篇作品被《小小说选刊》《微型小说选刊》等报刊选载，屡次在全国性文学大奖赛中获奖。出版有短篇小说集《飘逝的菊花裙》。

许建国，男，1967年出生，湖北谷城县人，小说《一路顺风》《光明沦陷》《村官》《古柏木龟》《农耕时代》《真皮马甲》、散文《那个人，我喊爷》《葬礼的主角》、报告文学《不归之路》等近百万字作品先后发表于《长江文艺》《山西文学》《黄河》《芳草》等刊物。出版中短篇小说集《光明沦陷》，曾获得孟浩然文艺创作奖。

陈闯，笔名普玄，1968年生，湖北谷城人。中国作家协会会员，湖北省作协文学院签约作家。曾在《当代》《收获》《人民文学》《小说月报原创版》《长江文艺》《中国作家》等刊发表中长篇小说30余部。曾获《当代》《长江文艺》《芳草》小说奖，湖北省新屈原文学奖、湖北文学奖、《小说月报》百花奖。作品多次被《小说月报》《小说选刊》《中篇小说选刊》《作品与争鸣》等刊物选载。代表作有长篇小说《雪地密码》、小说集《普通话陷阱》等。

在21世纪襄阳短篇小说创作作家中，赵丽是较有代表性的一位。

赵丽，女，生于1969年，襄阳市南漳县人。现供职于南漳县文联，《水镜文艺》杂志执行主编，南漳县作家协会副主席。1988年开始创作，在《芳草》《芳草·潮》《青年文学》《长江文艺》《长江丛刊》等刊发表小说多篇。其中短篇小说《乳香》荣获第六届湖北文学奖；中篇小说《寿宴》获襄阳市第七届“孟浩然文艺奖”。赵丽是位有潜力的作家，发表的小说数量不多，但质量较高，且已显露出鲜明的艺术风格，主要表现在以下方面：

其一，选材上从小处入手、以小见小，主题上追求以小为美、单纯集中。例如《回家》，写的是县交通局局长建峰已经五年没有回家了，原因是乡亲们盼望的一条公路始终没有着落，他内心愧疚不敢或不好意思回家。小说写了这样几段故事：一是几年前大哥陪着村支书夏老歪信心满满地找到建峰提修路的事，结果他以“我椅子还没捂热乎呢”给挡了回去；二是经费有限，当他正在酝酿给家乡修路时，省厅柴处长的一个电话让这个想法胎死腹中，不过却“把自己跟处长关系拉近了”；三是明保他爹高高兴兴到城里卖西瓜，却被拖拉机从破路上颠下来，脊椎骨都摔裂了，成了瘫子；四是二哥的二女儿晓芬去上海打工，带回来个金龟婿要投资，不料因为在坑坑洼洼的路上差点把脚崴了，不仅没有投资，连婚事也黄了；五是正当他又一次动心为家乡修路时，曾经有关照提拔之恩的县委谢书记打来电话，要修一修家乡的断头路，建峰的念头再一次泡了汤。这五组故事，包含着错综复杂的社会问题，完全可以敷衍成一部长篇，但作者只点到为止，克制着没有引申出更多更深的意义，而是将主题表达集中在一点上，即建峰怎样在这五组故事中挣扎、彷徨而最终完成自己人性的回归。另外几个短篇如《乳香》《水貂毛》《友情地图》等，也都是在人人皆有感触而又不是人人所能为的小人小事上极尽叙写之能事，赋予小的生活亮点以审美内涵。

其二，遵循短篇小说在有限的时间和空间内叙事的体裁规则，通过追叙法和对照法讲述故事，结构完整而不失其规范，情节推进快捷而又不失细节韵味。例如《回家》，就巧妙地采用了追叙手法，交代了主人公不能回家过年的诸多原因，不仅节省了故事叙述时间，压缩了篇幅，而且也使得整个作品显得更加匀称和完整。而《乳香》，则采用对照手法讲述了两代人的母爱无法实现或者无法完全实现的社会现实。月桂懊恼自己年轻时没有给儿女完整的母爱，因而特别希望儿子儿媳能够把母爱完整地交予下一代。然而虽然年代不一样了，但两代人由于同样的生活重负或者不一样的生活境遇，居然都无法实现自己的愿望。作者在月桂说服春琴留在家里哺育龙儿这一过程中不停穿插两代人一样或不一样的生活境遇。两相对照，不得不让读者思索着一个问题：这是为什么？很显然，假如将月桂的生活经历和春琴的生活经历各自敷衍成篇，可能也会成功，但终究不会比在同一篇作品中将其两相对照加以表现来得更直接有力，从而使意蕴更突出，使读者感受更强烈。

其三，赋予琐碎的生活片段以意味，给讲述的故事留余韵。如《回家》中第一段描写道："母亲站在门口，千叮咛万嘱咐第一次出门卖柴的儿子，久久凝望着儿子远去的背影的样子，是以一幅画的姿态永远地刻在了建峰的心中。邻居院内那棵挂着灯笼般柿子的老树伸出枝头，永远在召唤着建峰肆意流淌的食欲。月色朦胧的夜晚，村头的桑葚儿总是饱蘸着浓浓的蜜意，在殷殷呼唤着饥肠辘辘的儿郎。闷沉沟里夹杂着藻腥味的河水，不时地溅出孩子们捉甲鱼的笑声，会让建峰莫名地涌起再次跳下去畅游的冲动。……"①这些琐碎的生活片段，其意义在于写出了思乡情结在主人公情感世界的重要性，他生在这里，长在这里，从这里走出去，这里有他的家人还有那心爱的姑娘，这儿是他的根；这段琐碎的文字为他最后决心修路，在仕途的路和家乡的路之间选择家乡的路埋下了伏笔。为使故事有余韵，赵丽则采取了一种浅尝辄止、一触即收的技法。如《乳香》在叙述两代人都没有完整地实现自己的母爱的原因时，都时隐时现、或有或无地谈到了性的问题。性对家庭来讲是一个生活问题，但性生活得不到保证时所引发的一系列如离婚、犯罪、道德等都是重大的社会问题。然而作者并未将它展开作深入挖掘，而是点到为止，因为如果那样写下去的话不仅是一个体裁问题，而且将影响到以母爱为中心的主题的表现。作者只是点到即收，既做到了主题突出，又达到了内容丰满的艺术要求。

在赵丽目前已发表的中短篇作品中，写得最精彩、最能体现其艺术功力的当推中篇小说《寿宴》。小说以二十一世纪商业化浪潮下的城乡融合为背景，讲述了地处荒僻的小山村鸦雀岭村农民董豁子在自家场院举办五十五岁生日寿宴的故事。

为上了年纪的老人过生日、祝寿，是我国许多农村地区的一种常见习俗。作为极富中国特色的民俗文化现象，它承载着千百年来

① 赵丽．回家[J]．芳草，2010(6)．

延续下来的中华民族传统的孝老爱亲的优良道德风尚。如果赵丽按照这样的套路来写寿宴，那么这种带有社会经验印记的故事讲述固然能赋予小说以传播社会正能量的普遍性意义，然而问题在于，“小说如果仅仅建立在社会经验的基础上，就会失去它宝贵的要素之一——个人经验，也就失去了独特性。所以，个人经验在小说中的复现更为重要。就个人经验而言，则需要重新陌生化”，以期“寻找到新的内容”①。赵丽《寿宴》对个人经验的陌生化处理所显示的“新的内容”，就是着重呈现农村寿宴的诸多“不寻常”。第一个“不寻常”，是这场寿宴是由与董豁子的大女儿甜甜有着特殊关系的男人郝遂愿安排的。围绕着这个重要的寿宴关系人，小说引出了一个畸形孽恋故事，也引出了商界与官场的奇妙交集。第二个“不寻常”，是县委的秦副书记不请自来参加寿宴，规格之高，在小山村前所未有。第三个“不寻常”，是秦副书记借公权力办私事，帮董豁子要回了责任田。第四个“不寻常”，是四个厨子争相到董家帮忙，且声称分文不取。第五个“不寻常”，是前来参加寿宴的村民，都想借此机会亲近攀附董家人，以谋取某种利益。

小说通过对前来参加寿宴的各色人物的语言、表情动作、心理活动的描写以及对人物之间的关系和背后发生的故事的冷静讲述，浓缩了光怪陆离的世间万象，折射出令人唏嘘的人情冷暖。借一场农家寿宴，小说揭示了时代变革对人们的价值观念、道德观念的极大冲击，尤其表现出经济大潮语境下功利主义、享乐主义的价值观对淳朴乡村民风的腐蚀，对正常人际关系的侵染，对承载民族传统和现代文明的公序良俗的败坏，对人们美丑认知判断的扭曲，隐含了作者对当下诸多不良现象的社会批判意味。

《寿宴》的结构也十分巧妙。与老舍的经典剧作《茶馆》相似，小说采用的是“人像展览式”的具有高度浓缩性和涵纳性的艺术结构。它以参加董豁子的生日宴会为叙事驱动力，以前半天的生日准

---

① 谭杉杉．风景的发现与故事的复魅：再读《白虎寨》[A]．邹建军．小说中的动物——李传锋小说研究文集[M]．武汉：华中师范大学出版社，2015：165-166.

备为序，以正式宴客的那一天为集中的叙事时间单元，将众多的人物集中到董家门前的场院里，对他们语言、表情动作、心理活动进行细致的描写，展开对他们相互关系及其背后故事的讲述，从而浓缩了光怪陆离的世间病象，折射出令人唏嘘的人情冷暖，并据此展开深刻的道德拷问和人性批判。

小说中的人物众多，关系错综复杂。前来参加董家寿宴的除了政府官员秦副书记、著名企业家郝遂愿、傍大款的“二奶”董甜甜，还有村干部马村长、妇女主任夏继翠、进城当保姆的清儿、董豁子的小女儿——自尊自强的城市打工妹董珍珍，以及鸦雀岭村的男女老少。这些人物之间，存在着诸如血缘关系、两性关系、邻里关系、干群关系、官商关系等极为复杂的纠葛，从而为作者从多个层面展示 21 世纪商业化时代的面貌，解剖、探寻城乡融合背景下社会生活的诸多病象、怪象与症结，提供了多元化视角，同时也为小说展开多向度社会批判提供了坚实的依据。

第二章　王建琳新农村题材长篇小说

王建琳，笔名玩子，1955年出生，湖北襄阳人。中国作家协会会员，曾任襄阳市作家协会副主席。1983年开始文学创作，迄今已发表小说、诗歌、报告文学、影视文学等各类作品逾百万字，尤其在小说方面成绩卓著。其代表作有中篇小说“新农村三部曲”《玉屏山》《永乐春》《木鱼镇》，新农村长篇小说“河流三部曲”《风骚的唐白河》《迷离的滚水河》《燃情的汉水河》，以及长篇小说《梨花满地》。其中，《风骚的唐白河》获湖北省第六届精神文明建设“五个一工程”优秀作品奖，《迷离的滚水河》《燃情的汉水河》《梨花满地》分别获得第五届、第六届、第七届襄阳市“孟浩然文艺创作奖”。

王建琳是21世纪襄阳文坛一位颇有代表性的实力派女作家。从走上文学创作道路开始，她对社会主义新农村建设这场时代的伟大变革就保持着艺术观照的炽烈热诚。其小说时代感强，人物形象鲜明，对农村变革中各种矛盾的揭示尖锐而深刻，发人深省，凸显出作家高度的社会参与意识和神圣的责任感、使命感。这不仅体现在中篇小说“新农村三部曲”中，更突出地体现在《风骚的唐白河》《迷离的滚水河》等鸿篇巨制中。

一、《风骚的唐白河》的思想意义与语言特色

长篇小说《风骚的唐白河》是其“河流三部曲”中的第一部，也是其最重要最有分量的代表作，被誉为“一份时代的备忘录”①。

---

①　蔚蓝．触按时代命脉的乡土放歌：评长篇小说《风骚的唐白河》[N]．湖北日报，2006-05-26(10)．

作品聚焦中国底层，对 1980 年代末至二十一世纪初中国农村乃至整个中国的现状进行了细致反映，对转型时期中国社会存在的诸多问题和矛盾进行了深刻揭示，表现出作家深沉的忧患意识。同时又通过铁金凤、丁一锋等先进人物形象的塑造，传递出社会正能量，具有深刻的思想意义。修辞手法的娴熟运用，增强了故事的生动形象性；方言和群众语言的大量使用，不仅在人物刻画上发挥了良好艺术功效，同时也彰显了地域文化，增强了故事的生活实感。

(一)题材的焦点性和内容的当下性

小说以 1980 年代末至二十一世纪初为背景，展现了位于江汉平原的小镇祁星镇 20 多年来经历的改革的失败和成功的发展轨迹。① 关注三农问题的严峻形势和矛盾，贴近时代、贴近生活、贴近农民，使得该作品呈现出鲜明的题材焦点性和内容当下性。

作者在谈到这部作品的创作缘起时指出："农村实行大包干后，城市改革的步伐加快，工业化革命的巨大冲击波席卷了乡镇与村庄。大开发的飓风掠过农民生存与发展的土地，身处变局中的农村、农业、农民在一轮轮改革中，成为付出惨重代价、献出切身利益的牺牲群体。激烈的市场竞争和自然灾害给脆弱的农村经济带来的种种不可预见的困难，使农村的发展变成了沉重的话题。每当我看见睡在稻草上的上访群众，看着到各级部门讨说法的农民队伍，我的眼睛总是噙满了泪水。在突变与渐变的改革中，我无时不在感受着农村蜕变的切肤之痛。因为这疼痛，使我总想站在人民的立场上为群众的心声鼓与呼，为人民群众在改革实践中流血流泪的付出鼓与呼。"②正是这种自觉的忧患意识和使命感促使作者敢于暴露农村改革中出现的诸多问题。

小说以干部队伍为叙事视角，暴露出特定时期社会体制、基层

① 陈建功．激情壮绘新农村建设的好小说[N]．文艺报，2006-08-10(6).

② 王建琳．风骚的唐白河．后记[M]．武汉：长江文艺出版社，2005：473.

干部队伍作风及官本位等一系列问题。作品第一章里这样写道："中共襄河县委宣布，祁星镇上的工作暂时由镇党委副书记、副镇长马文成主持。一把手不到位，整个镇上的改革伟业就这样似二锅的菜——干焖着。镇委会里因为没有一把手，镇上的干部们就偷着乐。镇党委委员们，镇上八大家的领导各有其事，用他们自我调侃的话说：仍忙得像龟孙似的，一个个陀螺般地转动着，公转也好，自转也好，空转也罢，反正都在转着。镇委大院里几辆新旧黄吉普车一大清早就开始发动，突突地冒着蓝烟。十几辆地方产的"威得豪斯"自行车早已像银色的神骏从院子里的通道飞闪而出。划过一道道光圈，野马们奔向自己尽可能去的地方，急着去完成某项工作。"①这段文字把基层干部队伍中存在的缺少职业操守、自由散漫、人浮于事、不作为等问题暴露无遗。

更为严重的是，有些乡镇干部做官不是为群众谋福祉，而是借改革之机利用手中的职权侵吞国家资金、侵害农民利益，正如小说中何光祖与李寅刚对话中所反映的那样："从 1980 年祁星镇搞改革开放，一浪赶一浪，干的人头脑膨胀。仅县农行在祁星镇的地盘上栽了多少个 50 万你心里比我心里清楚是不是？大包干一浪，把县银行贷给祁星镇大集体时用来搞农田水利网络化、田园化、机械化的几百元老账一页掀翻；乔老爷来了，扶持养殖、种植专业户，培养私营个体户的第二浪，又叫县农行搭了二百多万；接着县里在祁星镇建八大金牌产业，好家伙，四条生产线一次性贷了农行 800 万。再一浪，祁光亚回来，创建商品经济高地，开发门面房，叫镇办企业办三产办服务公司。结果，办的全是些皮包公司。加上引进大头菜生产线，他鼓动县长从县里三大银行搞定了 400 万。银行本是为民勤俭节约蓄财谋利的单位，现在可好，成了地方官员眼里的唐僧肉，让少数人先富起来的钱袋子。"透过他们的谈话，我们不难看到，某些乡镇干部不是思考如何为百姓谋福利，而是千方百计"掏国家的钱袋，掏群众的腰包"，把原本一个平和安宁的乡镇搞得混乱困顿。

---

①　王建琳．风骚的唐白河[M]．武汉：长江文艺出版社，2005：5.

作品还暴露了某些干部贪图享受、生活腐化的行为。例如小说写镇委书记、镇长丁一峰第一次路过祁星镇时的情况："他进入凤雏街，看新天地高楼上花里胡哨的广告，近看仿古街林林总总的门道，像一只脚迈进现代，一只脚还在满清的太庙，心里有点怪异的感觉。……"新天地里闪闪烁烁进了掩门里的镇上干部才是这里的消费上帝。另外，一些烂俗的广告词到处张贴着。可见这是一条堕落街，是官员们堕落的地方。让人感觉到基层官场之中，不是风清气正，而是乌烟瘴气。

紧扣时代脉搏，反映当下新农村改革中面临的困境，作品的当下性和现实性对从根本上解决"三农"问题具有重要启示意义。习总书记指出，能否妥帖地解决"三农"问题，对我国实现两个一百年的奋斗目标、全面建成小康社会、实现中华民族伟大复兴的中国梦至关重要。然而，在现实中我们看到，随着中国整体改革的推进，国家的综合国力提升了，但农村与城市的差距却不断拉大。特别是进入 1990 年代，农村改革渐渐陷入困境。如何改变农村的产业结构、提供农业效益、减轻农民的负担、增加农民收入等，成了国家战略的重中之重。如果解决不好"三农"问题，我国经过 20 多年的努力奋斗好不容易创造出的改革开放的成果，就有可能毁于一旦。面对严峻的三农形势，社会有识之士不能不对现实作深刻的反思，作为时代代言人的作家更不能置身事外。王健琳正是这样一位具有高度责任感和使命感的作家。诚如蔚蓝教授所言，《风骚的唐白河》"让我们深切感觉到的是小说中所表现出来的道德激情和改造农村社会的使命感，农民怎么活？她充满焦虑地质疑和探问农民的出路问题"①。这种道德激情和使命感，为作品的现实主义精神奠定了坚实的思想基础。

（二）对农村改革中先进人物的成功塑造

一部优秀的农村题材作品，应该写出转型时代的农民之魂，塑

---

① 蔚蓝．触按时代命脉的乡土放歌：评长篇小说《风骚的唐白河》[N]．湖北日报，2006-05-26(10)．

造出兼具传统性和现代性的新农村建设的先进农民典型，把当下火热的、复杂的、多变的现实问题转化成人物的血肉、性格和灵魂。《风骚的唐白河》的思想价值，就在于生动刻画了新时代的农民群像，通过金凤、秦真、宋明楼、宋东山、宋光凯等人物形象，热情讴歌了广大农民勤劳、善良、义气、豪爽等优秀品格。其中，让人印象深刻的是铁金凤和丁一峰这两位主要人物。

对铁金凤的描写，体现出作者对女性刻画的细致入微、卓有特色。这个人物一出场就显得与众不同："这铁金凤，就是这么一个有点新潮的人物，脸无低眉作秀之色，人无恃才傲物之气，总是精神饱满，胸有朝阳，不卑也不亢。谁也说不清，她的心魂，她的根何以就扎在了唐白河岸边上。没人能揣摩透她。"

小说中的铁金凤是位来自土地深处、身上带有历史伤痕却又勇于改变命运的农村女性。农民先辈为摆脱贫困改天换地的坚韧精神和革命老区人的铮铮铁骨在她身上留下了深刻印痕。改革开放时代使她有了进入城市接受现代知识文化的机会，开启了她的聪明才智。难以割舍的土地情感和个人命运的牵扯，又使她毅然地飞回唐白河，成为宋槐营村民们应对历史挑战的主心骨。小说用饱蘸深情的笔墨相当感人地描写了她个人的情感遭遇，更写了她面对生存困境，如何带领乡亲们用现代的智慧和顽强的苦干冲出重围，去创造一代农民生活和劳动的新天地。

比起铁金凤，丁一峰这个人物更是让人眼前一亮。这个在祁星镇处于危机四伏的困境时出任镇委书记兼镇长的中年人，所要面对的是前任未遭遇过的许多新矛盾。他上任伊始，就用铁腕整治曾一度乌烟瘴气的祁星镇的社会环境，还全镇百姓一方净土，接着是协调处理政府为大开发工程"征地"与农民为求生存"保地"的矛盾，协调处理土地转轨与农民转型的矛盾。作为一个乡镇的基层干部，他既要执行市委城市化建设的战略决策，又要带领群众找到适合自己生存发展的出路；既要统一全镇党委成员的思想，取得行动步调的一致，还要斡旋在群众与政府产生的对抗性矛盾冲突之中，以防矛盾激化。作者就是在这样错综复杂的背景下将丁一峰的形象推到了读者面前。这个形象之所以吸引人，是因为在他身上有着以往文学作品中的农村基层干部所匮乏的素质。这是一个既亲近乡土又颇具现代品格的乡镇官员，他能从现代化的大局着眼果断执行上级的决策但又不唯诺盲从；能处处为农民着想保护农民利益，但又绝不容忍自私行为和屈从保守意识；能巧妙与各种社会人物周旋，自觉抵制种种诱惑，在歪风邪气面前保持着一身正气。他有着自己清晰的理念并坚定地将这种理念付诸实践，他清醒地意识到，作为农村改革事业带头人的重要使命，就是在现代化的历史潮流下，不断打破传统固化的生存方式，不断打破土地经营的旧习，激活农村生产力，让有限土地焕发出无限生机。要把千年来老老实实生活在唐白河两岸的农民，打造成一支在城市化进程中有参与力、竞争力和制胜力的强劲大军，而不是只会被土地捆绑住寸步难移的人。最终，他用自己的实际行动，实现了自己的施政理想。总之，小说中的丁一峰是一位有生气、有活力、有血肉的艺术形象。他的出现，不仅赋予作品以鼓舞人心的社会正能量，也极大地丰富了 21 世纪乡土小说的先进人物画廊。

(三)《风骚的唐白河》的语言特色

王建琳小说语言的突出特色集中体现在修辞手法的娴熟运用，以及方言和群众语言的大量使用上。

作品用得最多的修辞手法是比喻，目的是写景和写人。对于写景，修辞的作用是烘托环境氛围，为情节的有序展开设下铺垫；写人的作用，是突出外在形象或内在思想性格特征。如小说开头的两段文字："正月刚过，忽然，寒潮夹着白毛风在汉水流域的上空猛刮，一场激情奔涌的大雪，蝴蝶劲舞般地下了一夜。唐白河的水面上结满了晶莹的薄冰，河水像一条冻僵的玻璃蛇，蜷曲在陡峭的堤岸下不见了踪影"；"太阳被喷薄天际的霞光弹一炮打出地平线，刺目地照射在白雪皑皑的大地上"。这些采用形象比喻的文字，写出了唐白河白雪融化、乍暖还寒的初春清晨景色，赋予了环境意境美，烘托了即将展开的故事氛围。

再看写人的修辞："八十年代，来了三个号称'敢闯敢冒'的镇长、书记，他们像祁星镇 T 型舞台上的政治模特，走了几个猫步，裹着时装般的披风，甩出一个转折式的亮相，亮出一个改革的标签和符号就钻进了云缝里，不见了踪迹，留下一堆炮火硝烟还没散尽的故事和包袱。”在这里，作者用“在T型舞台走猫步的政治模特”的比喻，将某些镇干部“逢场作戏”、只为功绩的嘴脸刻画得惟妙惟肖、入木三分。又如，在介绍马文成时，小说写道：“马文成是个负罪心强烈的人，他无法遏制心中的痛苦，他想着自己辅佐几人改革先锋时的劳命辛苦，简直就像拉套的奔马，跑了一趟趟不胜任的长途，也害苦了一方百姓，几颗黄豆大的泪珠子滚落在白色的枕头套上。”铁金凤则这样评价他：“二十多年没挪窝的台衬子，成天累得七死八活，人瘦得皮包骨头，像秧田里赶麻雀的草把子人。”这里，作者用跑长途的“奔马”和“秧田里赶麻雀的草把子人”的比喻，把镇党委副书记马文成为党和人民的事业消得人憔悴，却依然砥砺前行、无怨无悔的思想性格表现得生动感人。

小说经常出现的如“日白扯”“扯淡”“幺女子”“蝎虎子”“一惊一咋呼”“个舅子”“咋”“啥”等襄阳方言，使得语言表达直白朴实，读起来如同听作者唠家常一样，读者很容易被带进当时的那种语言环境中，同时也容易感受到浓厚的地域色彩和浓郁的地域文化氛围；而小说中大量使用的俗语和群众语言，则在刻画人物性格方面发挥了很好的艺术功效。例如在刻画铁金凤这个艺术形象时写道：“自幼聪明过人，写得一笔好字，画得一手好画，弹得钢弦琵琶，算盘也打得噼里啪啦。”在这里，“噼里啪啦”是农民常说的生活语言，十分形象地表现了铁金凤算盘打得很熟练、人很精明的特点。

二、《迷离的滚水河》的思想艺术价值

《迷离的滚水河》是王建琳“河流三部曲”的第二部。和上述第一部一样，这部小说依然保持了对进行时态农村生活的表现热情，显示出作家一以贯之的为农民写作的价值取向和艺术追求，践行了作家“用激情的文笔，饱满的思想，写出最新最美的文字，做时代

书记官，为后代写好备忘录”①的诺言。作为一部富有鲜明的当下性、强烈的生活实感和激越昂扬的时代精神的作品，《迷离的滚水河》的思想艺术价值突出表现在三个方面。

（一）农村变革的近距离观照

《迷离的滚水河》讲述的是2007年夏初至秋末，村支书田猛志带领官渡村民战胜生猪蓝耳病疫情，创办现代化千头养猪场，走规模化、产业化致富之路，同时修道路、填官堰，美化村庄生活环境，实现“三改一建”目标，建设具有本土特色社会主义新农村的故事。

故事是围绕主人公田猛志带领群众建设具有官渡特色社会主义新农村的创业历程展开的。他有改变家乡面貌、振兴集体经济、带领村民致富奔小康的强烈愿望，也具有改革者的基本素质，然而现实环境并未给他实现宏伟抱负提供多少乐观和便利的条件。相反，频仍肆虐的天灾人祸，错综复杂的人际关系，某些私心村干部的掣肘，巨额的村级债务，严重的资金匮乏，还有群众的怀疑和猜忌等，种种难题和矛盾，如同白水镇的滚水河和狮子山一样，横亘在他的面前，等待着他去化解和穿越。据此，小说从不同侧面较为深刻地揭示了改革的复杂性、艰巨性。

和柳青的《创业史》、鲁彦周的《彩虹坪》极为相似，《迷离的滚水河》展示的是主人公在农村新的变革中的创业史。不管作家是否具有明确的史诗性追求，但对新农村建设题材选择的本身，其实已经赋予了小说史诗的基因与潜质。对此，正如人们对刘玉民的农村小说《骚动之秋》的评价那样：“作家用不着苦心孤诣地为主人公的创业过程设计什么复杂的环境和阻力、动力，只要他细心地观察身边的现实生活，把握住中国农村经济改革的律动，便必然触及到带

---

① 熊唤军．心写乡土——女作家王建琳的时代追求[N]．湖北日报，2007-08-10.

有普遍性的问题。”①

正是因为致力于对中国农村经济改革律动的把握，对某些普遍性问题的深切关注，《迷离的滚水河》生动地描绘了一个普通乡村新农村建设的图景，记录了新的农民创业史。这幅变革图和这段创业史即使还不能称为气吞山河、波澜壮阔，至少也是激动人心、有声有色的。尤为可贵的是，处在愈演愈烈的娱乐化文学时代，作家却没有以煽情的文字、离奇的情节来取悦读者，也没有因为要弘扬主旋律而采取粉饰太平的图解式、简单化叙事，而是以严肃的创作态度、严谨的现实主义手法、自觉的乡土意识和深切的人文情怀，去书写当下农民的生存困境，揭示制约新农村建设的种种矛盾，思考着农业的出路、农村的发展，从而以浓郁的时代气息、较强的生活实感、一定的思想意蕴和艺术魅力，再一次证明了现实主义的胜利。

（二）卡里斯马典型的精心刻画

“卡里斯马”，原为西方社会学和政治学术语，著名学者王一川首次将其用于阐释20世纪中国小说典型的一个特殊形态——富于神圣性、原创性和感召力的人物，以期显示出这种小说典型新的意义。著名文艺理论家童庆炳先生指出，“卡里斯马典型”概念的提出和成功运用，对于重新认识小说人物结构及关系，具有不可忽视的理论价值；同时它使过去“正面中心英雄典型”概念变得更丰富、深刻，更具文化意蕴和广泛的适用性。② 在王一川看来，无论是作为人的品质，还是作为行为、角色、制度、符号的品质，卡里斯马总具有这样的特征：其一，它产生于一定的历史条件，能与仿佛是神圣的历史动力源相接触，从而具有神圣性；其二，它是赋予秩序、意义的力量，从而具有原创性；其三，它体现为非强制、非

① 牛运清．改革开放题材长篇小说研究[M]．济南：山东大学出版社，2000：187.

② 童庆炳．序[A]．王一川．中国现代卡里斯马典型[M]．昆明：云南人民出版社，1995：2.

命令的魅力感染，善于引发服膺、景仰和倾心跟从的心理，从而具有感召力。总之，卡里斯马是一种特殊力量，在文化中起着重要作用，并经过修订，成为有价值的美学术语。①

《迷离的滚水河》作为一部观照当下农村变革的作品，其着力点和闪光点正在于，作者以毫不掩饰的欣赏赞美之情，精心塑造了田猛志这个新农村建设带头人的艺术形象——兼具传统性与现代性的新的农民卡里斯马典型。

在作者笔下，主人公田猛志具有勇猛坚毅、百折不挠的个性气质，乐观豪迈、昂扬向上的精神风貌，无私无畏、不计得失，全力以赴为集体谋发展，一心一意为村民谋幸福的优秀品质。同时还有丰富的情感世界、对爱情强烈而执着的追求。在他身上，集中体现了21世纪农民英雄献身事业的神圣性，与时俱进的创造性，以及源于人格魅力的感召力的卡里斯马素质。

诚然，作者给主人公涂抹了一层理想化色彩，我们也不难从他身上看到经典卡里斯马创业者梁生宝的某些影子。然而，他绝不是一个简单的图解政治的文化符号，而是一个性格鲜明的艺术形象。作者注重写他性格的动态演变，使之与其家庭出身、学习生活经历形成逻辑关联，从而真实可信。

田猛志是官渡村土生土长的农家子弟。其父田大中在部队受伤立功，复员回乡后“当过二十年的村支书”。他“为人忠实耿直，公道正派”，“一直是官渡村德高望重的老支书，也是检验后来支书好坏的标本”。② 这样的家庭背景，不仅为主人公品行修养的“忠实耿直”提供了生物遗传学的合理解释，为他日后出任“公道正派”的村支书提供了社会学意义的合法依据，同时也为他最终成为“好支书”预设了伏笔。

和1950年代的农民卡里斯马英雄梁生宝一样，田猛志为人忠

---

① 王一川．中国现代卡里斯马典型[M]．昆明：云南人民出版社，1995：9．

② 王建琳．迷离的滚水河[J]．小说月报（原创长篇小说专号），2008（4）．

厚善良，勤勉务实，不尚空谈；但和梁生宝内敛、温和、沉稳的性格迥然有别，田猛志外向、热情，个性张扬，猛劲十足，体现出21世纪农村知识青年的朝气、才气和豪气。

高考落榜后，他走进军营经历了人生的磨砺。复员回乡后，“当上了民兵连长兼治保主任”。后来由于在滚河流域出现百年不遇的干旱时，显示出胆量、魄力和一往无前的军人作风与英雄本色，他很快就得到了胡镇长的赏识和重用，被任命为村支书兼村主任。

出任支书后，田猛志开始了以主角的身份带领村民建设官渡特色新农村的创业之旅。然而，如前所述，现实环境并未给他施展抱负提供多少乐观和便利的条件。在主人公遭遇的种种难题中，作品重点写了以下几个带有普遍性的社会问题。

首先是错综复杂的人际关系。和其他各地农村社会相似，官渡村是熟人社会，是亲缘关系社会：“家门不出服，五亲连六族”“十里八乡亲连亲，砸碎骨头连着筋”。这种盘根错节的人缘血亲关系，有时是亲近人际关系的天然纽带，密切干群关系的有效润滑剂。然而，当公与私、情与理、道德与情感、原则和利益发生激烈冲突时，它往往又变成束缚人手脚的一张网，制约事业发展、社会进步的绊脚石。例如田猛志在处理方家病猪“腊月梅”事件，和处理与村委会三个支委的关系时，遇到的正是复杂人际关系的困扰。

班子成员的掣肘，也是主人公遇到的一大挑战。田猛志对建设官渡特色新农村有深思熟虑的一揽子方案。其工作重点是：利用国家对农业的扶持政策，向银行贷款建座千头规模的现代化养猪场；按镇委的统一部署完成“三改一建”任务；清理村集体与曾大头之间的“牛皮债”，收回五个小老板占用的芦笋厂房，将之改建成饲料加工厂。他的想法不仅得到了胡镇长的支持，也得到了村民拥护。然而其改革方案却两度遭到其他三个支委的否决。他们的否决和抵制，并不是方案本身有问题，而是他们的思想有问题。袁老庄反对贷款办猪场，是因他先前曾两次出面为村里向农行贷款，结果厂垮钱亏，差点被“关进笼子”，从而“一朝被蛇咬，十年怕井绳”，开拓进取的劲头被明哲保身的思想所取代。而张春红、曲文波的反对，则是严重的私心使然，因为这触动了他们亲戚的既得利益。此外，他们三人都是任职十年以上的村官，久而久之形成了“利用三人团掌控官渡村政治经济现状的局面”。他们不甘心这种局面因猛志出现被打破，于是自觉不自觉地抱成一团，成了变革的阻碍势力。

第三次专题村委会议是小说写的十分精彩的内容。它是田猛志在改革方案两度被否后为统一支委们的思想所走的一着险棋。即利用“三人团”严重的“官本位”怕丢官心理，让镇委副书记戚明远充当道具，以调整、改选村委会相要挟，逼迫他们就范。最后主人公达到了预期目的。然而小说却据此写出了农村变革中改革者的尴尬处境和悲剧色彩：像田猛志这样有魄力、有能力、一心为民的村干部，能得到上级的赏识和群众的拥戴，却得不到班子成员的支持，甚至往往招致掣肘、拆台。一个想干事、能干事、干好事的村支书不能凭借公心让部下服膺，只能采用“不正当”手段借助上级的权威转变其态度。这委实让人感慨。该段描写的精彩处还在于，作者把会上双方的激烈交锋写得剑拔弩张、绘声绘色，生动揭示了对立双方的思想性格特征和心理状态，从而有力地鞭挞了张、曲二人的自私自利，赞扬了主人公的赤子之心。

除此之外，小说还用了较多的篇幅写巨额债务和资金匮乏对田猛志创业的严峻考验，以表现他依靠群众找症结、破难题的务实作风和工作能力，以及充分利用党和国家的扶农惠农政策、善抓机遇谋发展的敏锐眼光和灵活头脑。同时，围绕债务问题，作者还对乡镇某些领导干部在农村工作中主观臆断瞎指挥、贪大求全搞形象面子工程、损害群众利益的做法进行了严厉批判；也对某些村干部盲目跟风、急功近利，违背科学发展观、自食苦果的教训进行了深刻反思。

田猛志这个艺术形象的意义，不仅在于由于现代性的融入极大丰富了传统卡里斯马农民英雄的思想性格内涵而提升了人物的审美价值，而且通过他的纽带作用，表现出错综复杂、尖锐激烈的矛盾冲突，揭示了新农村建设的严峻性，深化了作品主题。

（三）正面价值的肯定与弘扬

在论及中国当代文学的缺失时，评论家雷达指出："中国当下文学缺少肯定和弘扬正面精神价值的能力，而这恰恰应该是一个民族文学精神能力的支柱性需求。今天的不少作品，如新乡土写作，官场文学以及工业改制小说等等，并不缺直面生存的勇气，并不缺少揭示负面现实的能力，也并不缺少面对污秽的胆量，却明显地缺乏呼唤爱、引向善、看取光明的能力，缺乏辨别是非善恶的能力，缺乏正面造就人的能力，缺少对人类某些普世价值的肯定。"①而《迷离的滚水河》的可贵之处，恰恰在于对以上"缺失"的有力反拨，即对正面精神价值的肯定与弘扬：通过展示农民的生存困境、揭示制约新农村建设的种种矛盾显示出直面生存的勇气；发掘出普通人物的人性光辉；表现了鲜明的是非善恶判断；致力于对人的正面造就；以及对人格、尊严、正义、勤劳、坚韧等人类普世价值给予了充分的肯定与赞扬。它不仅凸显了文学温暖人心的本质要义，有效升华了作品自身的艺术境界，同时也十分适时地为新农村建设、和谐社会建设提供了"光"与"热"的精神动力源。

当然，这并不是说，小说对现实生活中的污秽与负面的东西视而不见。事实上，作家对现实生活中假恶丑的负面现象——比如对传销的严重危害，个别农民的坑人行为，邪恶势力的恶行，某些村干部的不作为，某些领导干部的瞎指挥、穷折腾、胡作为等，也都做了客观真实的揭示，并表明了鲜明的谴责、批判态度。但总的说来，作家的主要倾向在于肯定和弘扬正面精神价值。这充分显示出作家对生活主流和人性本质的正确把握与深刻洞察。

《迷离的滚水河》对正面精神价值的肯定与弘扬具体表现在以下四个方面：

第一，是对卡里斯马英雄形象的成功创造。通过主人公的奋斗史、创业史，深刻展示了时代不断发展、社会不断进步的历史趋势，同时，也生动展现了社会主义新农村建设光明灿烂的前景。

---

① 雷达．当前文学创作症候分析[N]．光明日报，2006-07-05.

第二，着力发掘普通人物的人性光辉。小说中写了许多普通群众，如方家的雨荷大哥、方老师、篾奶奶、刘三好，猛子爹田大中，“硬头眼子”曾大洪，雨荷师傅……他们平凡朴实、默默无闻，“像滚河边上的香蒿，春来绿茸茸，冬来白茫茫”。但他们品格是高尚的，人格是伟岸的。雨荷大哥的见义勇为，雨荷祖母篾奶奶年轻时的“侠肝义胆”“重情讲心”，雨荷母亲刘三好的坚韧、坚强，雨荷父亲方老师病魔缠身却牵挂集体，“硬头眼子”曾大洪的正直、正义和浩然正气，都可歌可泣，令人感佩。小说通过对他们的描写，深刻揭示出新农村建设能克难奋进、取得成效的坚实的群众基础。

也许对于这些普通百姓来说，他们的所作所为只不过是遵循了做人的基本准则，但他们身上所体现的，又何尝不是我们中华民族历经苦难却愈挫弥坚、生生不息的宝贵的民族精神呢？正因为如此，作者才情不自禁地借主人公的思绪，生发出这样的议论：

> 这原野深处的农村，至今还有它不朽的吸引力，有着它在各种瞎折腾中不败的磁力，有着它在各种浮躁与不安，暴富与贫困的冲突中不断平衡的定力，正是有着这些坚守原则、正直而又忠实的庄稼人撑着局面。因为有了这些真正的农民，我们的社会才会永远保持它真实可信的本来面目。

第三，用真情谱写爱的赞歌。在作品描写的众多艺术形象中，“半语子”方雨荷无疑是作者着墨最多、用情最深，也是小说中塑造得最为动人的一个悲情人物。作品十分细腻地描写了方雨荷从“受挫失语”到“走出阴霾”、从“重陷低迷”到最终“获得新生”的心路历程，深刻而又令人信服地展示了人物思想性格的发展变化轨迹。

家庭不幸、高考落榜以及回乡后看到村里太多不堪入目的现实和阴暗面，她对生活和个人命运充满绝望，对社会、对周围的人产生了敌对心理。她整天为亲人和自己的不幸哭泣，最终“哭倒了小舌头”，哭坏了嗓子，由一个能言善辩、活泼开朗的阳光女孩，变成了一个说不清话的“半语子”，一个眼带寒霜、“见谁冻谁”的冷美人。这时，老支书田大中出现了。老支书的耐心开导，“开启了她活着的责任”。她开始帮助母亲承担起照料病父、辅导侄儿的家庭义务，还自费外出学习养猪、防病技术，把田支书送来的母猪“腊月梅”养得“甜欢人”。随着家境的好转，“方雨荷阴郁着的脸也灿烂开来”，性格也开朗了，“话也顺畅一些了”。

然而，天有不测风云，一场突如其来的蓝耳病猪瘟，给雨荷家造成了灭顶之灾，也“打击了她的雄心”。她的情绪再度陷入低迷。在她最脆弱、最需要感情慰藉的时候，年轻的田支书出现了。猛志的真诚劝解、无私帮扶，以及建设家乡的热情，还有他滚烫的爱情，都给方雨荷带来了强烈的情绪感染和心灵震撼，激发了她建设美好家园的愿望：“现在，她一下子悟出来了，人生的意义，在于个人的行为能实现于社会，造福于他人。”就这样，她重新走出了生活的阴霾，走出了封闭的自我，走出家门参加田间劳动，借助网络信息、发挥智力优势，主动为猛志出谋献策。还毫不犹豫地拿出二哥的“命钱”，交给猛志偿还曾大头的债务。而猛志也用他的“祖传秘方”治好了她的嗓子。

方雨荷之变，不仅仅是她从“哑树”到正常人的生理康复，其中还包含了丰富的社会、时代、文化、心理等方面的内容。促成方雨荷在生理、心理、人格、精神等方面重获新生的原因固然有很多，但乡亲的同情与关爱、家人的怜爱与疼爱，以及猛志炽烈的情爱，也包括方雨荷本人拒绝“逃离”选择“留守”乡村所表现出的对家乡的挚爱，在她的成长和转变中发挥了关键的作用。因而可以说，作家通过这个独特的农村知识女青年的形象蜕变和新生，谱写了一曲爱的赞歌。

第四，颂扬勤政为民的公仆精神。这一点是通过描写镇长胡水洋、镇委副书记戚明河和市委副书记张加林等领导干部的形象来实现的。

《迷离的滚水河》正是通过以上几个方面肯定和弘扬了正面精神价值，在这个过程中小说本身的人文精神内涵和思想艺术境界也自然而然得到了升华。这可以说是对“正面价值之于民族文学极为重要"真理性的形象阐释，诚如雷达所言："一个民族的文学如果没有自己的正面的精神价值作为基础、作为理想、作为照彻寒夜的火光，它的作品的人文精神的内涵、它的思想艺术的境界，就会大打折扣。"①

① 雷达．中国当代文学缺什么？[N]．新华日报，2007-07-13.

第三章　罗纯长篇小说《爱在不惑》

罗纯，女，1969年出生，湖北襄阳市人。湖北省作家协会会员，襄阳市文联兼职副主席。现为襄阳职业技术学院医学院教授。2010年出版代表作长篇小说《爱在不惑》，获襄阳市第六届“孟浩然文艺创作奖”。

《爱在不惑》讲述的是步入不惑之年的都市夫妻婚姻解体的故事。18年前，美丽知性的大学教师苏馨与稳重帅气的人事局公务员叶松涛走进了婚姻殿堂，郎才女貌的结合，曾引来周围无数羡慕的目光。如今，曾经恩爱无比的伉俪进入不惑之年。在第15年水晶婚到来之际，由于妻子一心专注于打拼事业和照顾儿子，丈夫产生了自己在家庭中被忽视、可有可无的挫败感；由于苏馨的倔强、强烈的自尊心和叶松涛的不愿妥协，两人话语日少，隔膜加深，婚内缄默，爱情动摇。终于，一个偶然的机会，叶松涛与年轻女孩宁晓沫邂逅，越走越近，最后沦陷于她的温柔之中，苏叶婚姻岌岌可危。夫妻两人经过重重磨难和互相妥协，仍然无法和好。最后是苏馨的“爱情洁癖”和叶松涛的摇摆不定，使得一个“模范”原生家庭解体，他们优秀的儿子叶扬子成了单亲家庭的孩子。叶松涛原生家庭解体，宁晓沫抛弃亲情奋不顾身与之结合，却发现矛盾丛生。叶松涛与过去家庭千丝万缕的联系令她懊恼万分。遭受婚姻失败打击后的苏馨，度过撕肝裂肺的情绪低潮期之后，决定去寻找属于自己的真爱和幸福。她主动通过电子邮件联系上了久违18年、远在大洋彼岸的高中同窗、初恋情人肖南，穿越万水千山再续旧情。虽然两人在美丽如画的西子湖畔有过一次刻骨铭心的鱼水之欢，然而，身为人夫且承诺不会抛弃糟糠之妻的肖南，终究无法成为她的最后感情归宿。而肖南在一次归国途中遭遇车祸身亡，导致苏馨永远失去了和初恋相守一生的机会。叶松涛和小娇妻宁晓沫的婚姻磕磕绊绊，并不像当初想象的那么和谐甜蜜，他想回归过去的家庭，被苏馨严词拒绝：你已经伤害了一个女人的心，就不要再伤害另一个女人了。既然选择了，就应该勇敢承受结果。

小说感慨于当今社会知识女性对事业对家庭的执着追求和奉献，揭示了夫妻之间唯有相互信任、相互支持、相互欣赏，家庭方可恒久美满幸福的朴素的生活真理。小说通过这个都市极为普遍的婚变故事，探讨了成长的话题，也传达出作者对爱的深刻理解：成长，不只是青春概念，男人和女人也需要在婚姻中不断成长；爱，需要真诚付出，也需要理解和宽容。有爱时要珍惜，爱走时请珍重。相见不如怀念，最深最真的爱只能藏于心间，最终化作遗憾却美丽的回忆。

整部小说人物不多，故事也并不复杂，但情节却被演绎得回肠荡气，人物性格也十分鲜明，尤其是清丽脱俗的语言，在给读者带来阅读美感的同时，也在通篇为文本赋予了诗意忧伤的抒情格调，显示了作者独特的艺术风格；而透过这个在中国都市极为普遍的婚变故事，我们更能感受到作者对诸如角色身份、社会地位、生存意识、内心情感、人格尊严等女性本质问题的思考，体现了女性文学的特征。而这，无疑是这部小说深刻的思想意义和审美价值之所在。

一、《爱在不惑》的审美特色

性格鲜明的人物塑造、单纯的情节结构和独特的叙述视角、清新脱俗的语言，体现出《爱在不惑》的艺术风格。

塑造出了血肉丰满、性格鲜明的人物形象，是这部小说艺术上的第一个亮点。小说中的四个主要人物苏馨、叶松涛、宁晓沫、肖南，各自扮演着不同的社会角色和感情角色，每个人物都有自己的个性。

苏馨是小说的女主角。因为丈夫叶松涛一场突如其来的大病，她从一个小女子变成了一个女强人，她以为包揽了所有的家务是对丈夫的一种心疼，殊不知这种“局外人”的相处模式，把她的丈夫一步步地推入了别的女人的怀抱。

苏馨是坚强的，丈夫在“非典”时期，患上了腹膜假性黏液瘤，而年纪尚小的儿子的过敏性哮喘也在此时严重发作，这对于她无疑是晴天霹雳。“最绝望的一次，是在有一天正午给他送午饭的路上，火辣辣的太阳毫不怜地射到她身上，眼见之处，明晃晃的一片，她感觉头晕目眩，内心的悲哀也火辣辣地燃烧着，她戴着厚厚的口罩，看着马路对面，‘肿瘤科大楼’那几个刺眼扎心的红色大字，真想一头撞到飞驰而行的卡车上了结自己。”①然而她不离不弃，坚持下来了，在一天天无声的痛哭和一天天艰难的支撑中，她学会了坚强和独立。

苏馨是倔强的，所有的家务，她都默默地自己承担，包括那些不无危险的爬高上梯的活计：“她站在摇摇欲坠的凳子上，折腾了半天，感觉汗从额头渗出来，脖子和胳膊开始酸疼，腿也开始发颤，可窗帘依然不友好地合作。”——她明明知道自己的力气有限，根本挂不起那厚重的窗帘，也不愿意喊丈夫来帮忙。

苏馨是理性的，丈夫出轨对她的打击之大可想而知，然而她在伤心绝望之后能够做出理性思考，分析这份婚姻存在的缺陷，苏馨知道，她需要从自我的神坛上走下来，做出反思和弥补措施：“逐渐地，在叶松涛晚上看书、上网、赶写材料的时候，苏馨给他泡一杯他喜欢的绿茶，热气腾腾，他很惊讶，也很感动。其实，爱情的一只手里是茶叶，一只手里是开水，需要两者默契的配合才能冲泡出一杯氤氲缭绕暗香浮动的好茶。”有时候，“苏馨会写一张温馨的字条，诸如我也有过错，是我的冷漠让你想离开这个家庭的，请接受我的道歉”。对于自己的心态和行为，她能够及时做出调整，对于这段感情，这份婚姻，她付出了全部。

苏馨是顽固的，她容不下爱情缺陷：“你越是想忘记反而越是镌刻在你的脑海里渗透到你的每个细胞里，让你时时刻刻如坐针毡，让你的自尊你的自信一点点坍塌。”从小骄傲优秀的她容不得

① 罗纯．爱在不惑[M]．北京：台海出版社，2010：15.

使她自尊受到践踏的事情，所以最终导致这段曾经美好的婚姻不可避免地解体了。

作者笔下的苏馨，是个几近完美的知识女性、职业女性的形象。在她身上从头到脚、从外到内，都闪耀着东方女性容颜、品行、智慧、人性的美的光芒。她美丽、优雅，知性、善良，温柔、顾家。她是作者浓墨重彩精心塑造的融外表美与心灵美于一体的榜样式形象。同时，她又代表了新时代女性形象，不仅能够做好家务，将儿子培养得十分出色，在事业上也取得了极大成功。她不仅顺利取得了硕士学位，将所带课程打造成深受学生欢迎的省级精品课，还众望所归地走上了医学院院长的领导岗位。这样的女性，自然是内心强大、极为自尊的。所以，当发现自己无法接受有瑕疵的婚姻的时候，她会毅然决然地选择离婚，而不是被社会舆论所束缚，苟且将就。

小说中的叶松涛是个让人爱不起也恨不起的人物。在他头上扣一顶“陈世美”的帽子，显然太过武断，也太过偏颇肤浅。因为审视他和苏馨的夫妻关系的种种过往，婚姻破碎的责任，不能归咎于他一个人。或许在外人看来，他的确拥有一个美满的家庭，用宁晓沫母亲指责她女儿的话来说就是：“人家有个美满的家庭，有个优秀的儿子，你算什么？”是的，他有一个贤惠的妻子，聪明的儿子，没有出轨的借口。但是如人饮水，冷暖自知，他无数次地想去融入妻子和儿子在书房愉悦地探讨学术的氛围，然而每一次推门而入，“欢笑声已经稍纵即逝，两双眼睛一起抬起来，那眼神中流露的分明是对他的闯入感到莫名其妙，他只好悻悻地关上门，尴尬地走出来，感觉自己好像是一个无所事事的入侵者”。所以，久而久之，他觉得在这个家除了奉上工资，自己已经派不上什么用场了，处于这样一种“家庭局外人”的相处模式，当遇到了一位小鸟依人、青春迸发的小姑娘的时候，他也就不可避免地移情别恋了。但是，从道德的角度看，这并不是他出轨的理由和借口。因为，一个男人应该有胸襟和气度，或许妻子是有冷落自己的地方，但自己不能时刻端着居高临下的架子，而要学会体谅、包容和忍让。况且，苏馨并不是一个蛮不讲理、胡搅蛮缠的人。他们婚姻失败的根源主要是缺少沟通，当然，叶松涛的潜意识的反抗和寻求感情补偿的心理，也是导致他行为不检点并越滑越远，最终造成夫妻反目的原因。另外，当婚姻出现危机的时候，他没有积极有效地应对，他选择的是逃离而不是心平气和地坐下来与妻子真诚沟通。在苏馨看来，感情是聊出来的。过去，曾经多少个日日夜夜他们相拥而谈，直到天明，只是随着家庭琐事的日益增多，两人缺少了一份亲密。如果他能够好好地谈一谈，放下面子，或许结局就不一样了。再者，他是一个不能够把持自己，不能够理性思考的人，他一方面答应宁晓沫的父母不再与其女儿交往，在家里与苏馨解决婚姻出现的危机，另一方面却经受不住年轻女孩的苦苦哀求，私下与宁晓沫来往，这不得不说伤了他妻子的心。

当然，从本质上看，叶松涛的确是一个不负责任的男人，他比宁晓沫大了十几岁，而且得过重病，他太过自私，只知一朝拥有，却未设身处地替对方的未来考虑，正如宁晓沫母亲严厉痛斥他的那样："你得过重病，你的病就是一颗重磅炸弹随时都有可能再爆发，你告诉过晓沫吗？你凭什么要拿我女儿的一生做陪葬？"尽管如此，也不能说叶松涛完全一无是处，他能够包容宁晓沫的小孩子脾气，为她做饭，给她洗衣服，帮她擦鞋子，清洗家里的马桶。或许他更适合向他低头撒娇的小女人，而非薄情寡义。他曾经是个好丈夫，只是在遭遇到夫妻间彼此的审美疲劳和婚姻困扰之后，他没能保持初心，失去了应有的耐心，选择了令他最终悔恨的放任。

至于宁晓沫这个人，从社会道德的角度看，她的确不是一个能被人接受的角色，就算她最后与叶松涛结为夫妻，也依然无法漂白她是破坏别人幸福家庭的可耻的"第三者"的身份。她在叶松涛婚姻存续期间，私下与其过从甚密、暧昧不清，最终导致了苏叶婚姻的崩塌。她的确"勇气可嘉"，大胆追求自己的"爱情"，敢于与自己的父母抗衡，最终获得了自己的"幸福"，如愿以偿地与叶松涛结婚。小说的故事到这里就结束了，她和叶松涛的未来究竟如何，无法预知，不能确定。但可以确定的是，宁晓沫的所作所为，破坏了公序良俗和社会和谐，这样的人，她越是敢爱敢恨，对社会的破坏力就越大，因而，注定会遭到谴责和唾弃。

小说中的肖南，作者着墨不多，但却是女主人公苏馨婚姻解体后的精神支柱和感情寄托。在和苏馨的关系上，他做了两件事：年轻时不自信，离开苏馨，得益于妻子的帮助，他定居美国，事业有成；18年后与苏馨取得联系，邮件传情，受苏馨邀请回国，以有妇之夫的身份与已成自由身的初恋情人发生一夜情。最终违背承诺，与妻子离婚，欲与苏馨结婚。和宁晓沫一样，肖南也是一个无法让人认同的角色：如果一个男人足够爱一个女人，当发现自己能力不足的时候，应该竭尽全力地给她幸福，而不是选择悄无声息地逃离。再者，他的妻子为了他抛弃高薪工作，追随他远去美国，然而他却在夫人身体日渐衰微的时候，毅然决然地选择了初恋，给妻子造成了巨大痛苦。而最后他在乘车前往机场的路上遭遇车祸身亡，又给企盼与他相守一生的苏馨造成绵绵不绝的感情痛苦，令人感喟。

单纯的情节，完整的结构，独特的观照视角，是《爱在不惑》叙事上的特点。

整篇小说是以苏馨与叶松涛婚姻关系的建立和解体为主线，辅以叶松涛与宁晓沫、苏馨与肖南的感情纠葛，整个故事情节单纯，脉络清晰；在叙事程序上，始于苏叶分手，继之叶宁结合，终于肖南车祸身亡、苏馨无限哀伤，结构完整。

在观照视角上，始终聚焦于主人公苏馨的人生经历和感情经历，来展示不惑之爱之“惑”，通过情节发展和人物的人生，由表入里、由浅入深地逐步解答爱情婚姻以及与之相关的诸多之“惑”，突出了作者女性主义的主体意识。小说开篇是对叶松涛和苏馨夫妻的介绍，暴露了两人婚姻存在的缺陷；紧接着宁晓沫出场，一次楼梯的“美丽邂逅”让叶松涛和宁晓沫相识，为两人在“咖啡情怀”西餐厅偶遇作了铺垫，两人感情由此展开。然而纸包不住火，他们的秘密私会最终让宁晓沫的母亲发现，至此，苏馨才知道自己的丈夫背着自己与年轻女孩私会，虽然在宁晓沫母亲的强势逼迫下，叶松涛答应不再与其往来，而且苏馨与叶松涛回家后努力挽回婚姻，寻找各自在这场岌岌可危的婚姻中的缺点，并试图自我转变，以修补夫妻裂痕。然而由于宁晓沫的苦苦纠缠，叶松涛禁不住一次次与其见面，乃至越陷越深，难以自拔，最终使得苏馨无法接受背叛自己的丈夫和有瑕疵的婚姻而毅然决然地提出离婚。结果叶松涛与宁晓沫结合，也被宁的父母无奈接受，但是因为肖南的意外亡故，苏馨永远失去了和初恋相守的机会。

小说以苏馨的视角向读者娓娓讲述人物的情感波折和家庭婚姻的聚散离合，让读者不禁对其命运遭际生发出同情的感叹。苏馨是一个具有悲剧色彩的人物：她一心为家，丈夫生病时不离不弃，最终却遭遇丈夫出轨；初恋在两人感情正浓、遇到竞争对手时因为自卑和怯懦而不辞而别，不惑之年两人再次续情，却因为一场意外车祸，二人阴阳两隔，苏馨甜蜜幸福的未来之梦也随之破灭。但总的看来，苏馨是一个具有强大心理素质的现代职业女性，在得知丈夫出轨后，她能够理性思考，做出改变；当发现丈夫再次背叛自己的时候，她能够尊崇自己的内心，做出离婚的决定，不委屈，不挽留。因为她的思想独立，她的人格独立，她的经济独立，不是一个离开男人离了婚就无法生存和立足的女人。正是因为各方面的出色，在不惑之年再次遇到初恋的时候，她才能够不仅以美貌而且以优雅的气质和内在学养强烈地吸引他，让他痴迷，让他做出后半生与她相守的艰难决定。

清丽脱俗的语言表达不仅很好地服务于故事的讲述和人物形象的塑造，也为整部小说增添了动人的诗意。

整部小说在语言上没有使用太多华丽的辞藻，文字朴实，通俗易懂。在人物描写上，追求与生活同格的真实，读来没有丝毫违和感。例如小说一开头，就通过朴实而流畅的叙述，展现出苏馨细心温柔的母亲形象，给人带来母爱的感动。苏馨每天乐此不疲地精心照顾儿子的起居，早上会按时起床给儿子做早餐，叫儿子起床："每天6点一刻儿子的闹钟还没开口唱歌的时候，她已经大睁着眼等待着这个时刻，只等闹钟一响，她就蓦地跳下床，先到厨房将昨晚泡着的黄豆、黑豆、红豆洗净，再加点核桃仁，一股脑儿倒在豆浆机里，打一大杯香香浓浓的豆浆。在豆浆机'呼呼'地卖力工作的同时，她乘隙在平锅里煎几个松软金黄的荷包蛋，然后将打好的豆浆过滤后迅速放进盛满冷水的盆里凉着。苏馨又快速移到床头，用力给儿子来几个'干洗脸'，儿子眼睁不开，但嘴角洋溢着幸福的笑容，苏馨又让他翻个身，附身向下，紧捏着后背中间的脊骨从上到下快速按摩揉搓几下，儿子笑眯眯地睁开了眼。"到了晚上，她又照顾儿子洗脚，"倒上一盆热水，两脚伸展在其间，妈妈间或轻柔间或用力地按摩脚底、搓揉脚丫，待水不热了，再加热水，再搓揉"。这里作者用朴实的文字、平淡的叙述，把一位贴心细致的母亲刻画得真实感人。

苏馨还是一位爱拼敬业的优秀职业女性。为了学院的发展和自身素质的提高，苏馨每周奔波于省城和工作之间："不管是寒暑假，还是双休日到省城上课，两年来她从未因故耽误过。特别是双休日上课，周五的晚上搭夜车到省城，早晨一下车就直奔课堂，周日的下午最后一节课又直奔火车站，乘当晚的车归来。"这里作者没有用华丽的语言对苏馨的努力作精雕细刻，而是用高度概括的朴实的文字和白描手法来凸显其辛苦付出，表现主人公对待事业和学习认真负责的职业精神。

小说也用富有特色的语言展示了苏馨这位知性美女的丰富性格，她漂亮，爱耍小孩子脾气，为爱执着，正如叶松涛对她的评价那样："纯情和性感——最受男人推崇的两种女性特质，在她身上结合得完美巧妙：纯情，并非那种一览无余的单纯；性感，并非那种直接撩人的诱惑，而是在强大神秘气场下，呈现出矜持婉转、深情灵秀、热烈执着……"

朴素平易的语言在表现叶松涛作为父亲的父爱一面也发挥了很好的作用。叶松涛尽管背叛了妻子苏馨，但他却还是一位较为称职的有责任感的父亲。他深爱自己的儿子，当意识到自己错误的时候能够及时做出改正，就算是再婚，也没有忘记对儿子生活和物质上的关心。在小说的后半部分写到叶松涛为了儿子不惜与新婚妻子宁晓沫争吵："你知道，苏馨看我在外租房子，每个月都没有要我的抚养费，可我不能昧着良心啊！扬子马上就要上高中，一上高中很快就要上大学。我是他父亲，我得为他积攒一大笔大学的教育费用。实话告诉你，津贴和福利除了我每月的零用，其余的我都存给扬子了。这笔钱是谁也不能动的。"这些话对新婚妻子无疑是刺耳且颇具伤害性的，但却真实地显露出叶松涛的舐犊深情，表现出一位父亲对儿子深厚的爱。

奇特的比喻和拟人的妙用，彰显出整部小说语言的贴切生动和作者丰富的艺术想象力。例如第三章，写苏馨和闺蜜们为找一个适合自己职业身份的聚会场所而发愁：

> 在这座南方城市，高档的酒店，都财大气粗地把自己装扮成一个暴发户，穿金戴银，珠光宝气，金碧辉煌，菜名起得离谱，菜价高得吓人，不适合朋友闲聊，也不适合只拿工资的教师们的消费；低档的呢，就像个结婚多年不事梳妆的村姑，粗俗简陋，菜品也不精美，远远配不上她们的气质。

再如，第四章写叶松涛不想回家，给苏馨打电话撒谎说要参加朋友聚会，苏馨的感受：觉得(叶松涛)“说这些话的时候像是早就准备好了，这些话熟练地潜伏在他的唇边，只等他一张口，它们就飞快地迸出来，像子弹一样准确快速地透射过去”；第五章写与叶松涛发生冷战、两人背靠背睡觉时无法入眠的苏馨的心理活动：“夜像无边无际的海，这张床是海上的一叶孤舟，漫无目的地随浪漂流”；第九章写苏馨和叶松涛夫妻关系短暂转暖，两人又找回了久违的爱意：“他们相依相偎在一起，就像刚刚燃尽的一堆柴火，微微散发出余热，寂静无声但心存暖意……”

用朴素的议论揭示深刻的生活哲理从而引人深思、给人启迪，也是小说语言的一大特点。例子俯拾即是。如第二章写苏馨在照顾患重病丈夫的过程中学会了坚强和独立，作者写道“没有谁天生就坚强，也没有谁天生就愿意这么坚强，是生活教会她不得不面对不得不坚强”，阐发了坚强的后天性而非先天性。再如第八章写叶松涛在经过长期冷战后向妻子求欢，苏馨却无论如何找不到兴奋的感觉，于是引发了对男人与女人的议论：“婚姻是身体和灵魂的彼此交付，但女人和男人又有所不同，男人的情与爱是可以分开的；但女人的情和爱绝对是融为一体的。夫妻之情被深深挫伤，是需要时间修复的，她暂时无法将已游离出去的情回归到身体里，所以就无法将身体的爱交付于这个男人。”这段文字建立在生理学、心理学基础之上，对男人和女人在情感态度上的判断十分精辟。

二、《爱在不惑》的女性文学特征

女性文学有广义与狭义之分，广义的女性文学是指女作家的所有创作，狭义的女性文学指女作家创作的具有女性意识的文学文本，可以称之为“女性主义文学”。

女性意识，是女作家在文学文本中表现出来的主体意识之一。女性由于特有的生理和心理机制，因而在体验与感受外部世界时有着自己独特的方式和角度。“女作家这种以其特有的目光观照社会，以其特有的体验过滤人生的意识就是女性意识。它有助于女性对人生社会尤其是妇女生活有更多的发现，更深的理解。”①具体说来，女性意识，首先体现为明确的性别自认，即女性性别意识的复苏与觉醒。它引发自我意识、生命意识觉醒与追求，引发女性哲学意识、自审意识以及引发对时代的变革意识、开拓意识的自我追求。② 其核心是从女主人公心理特征、情感信仰、价值取向等维度彰显女性反抗男权的独立性。

《爱在不惑》无论是从心理特征、情感信仰还是价值取向等方面，都通过主人公苏馨的塑造，彰显了女性独立自尊、反抗男权主义的女性文学特征，具有较高的思想认识价值。

(1)坚强独立的心理特征

心理特征是指个人身上经常表现出来的、稳定的、本质的心理特征，主要包括能力、气质和性格，其中以性格为中心，这些性格特征反映出一个人的基本精神面貌和意识取向，并体现出个人心理活动的独特性。

---

① 邓利．新时期女性主义文学批评的发展轨迹［M］．北京：中国社会科学出版社，2007：113.

② 李东晓，阎华．“女性文学与文化”学科建设国际学术研讨会综述［J］．陕西师范大学学报(哲社版)，2004(4)．

在《爱在不惑》中，作家塑造的苏馨，为读者树立了一个坚强、独立的新时代女性形象。积极进取是新时代女性形象特出的特征或品质。苏馨正是如此："她周身散发的能量便让你觉得和她一起工作是一件多么愉快的事情，她总能给人一种真诚、快乐、向上的感觉。"她在岗位上兢兢业业，更是在职刻苦学习，顺利取得硕士学位，并最终以能力突出在四十岁左右的年纪就当上了大学二级学院院长，事业成功。

新时代的女性还应该是美丽的，这种美丽不仅仅表现在容貌上，更多地表现在气质上，即富有内涵的女人味。苏馨在不惑之年，依旧保持着苗条的身材，没有那个年龄常见的腰间赘肉，皮肤依旧白净细腻，只是没有了年轻时的精致和光泽。就连在杭州与肖南相遇的时候，略施淡妆，也能让肖南眼前一亮，恍如梦中。这是一位经过岁月沉淀，更多了一份稳重的美的女性。

因为自信独立，所以苏馨一直追求理想和完美，正如其姐姐苏婕评价她的那样："我知道，你从小什么都追求理想和完美。婚姻就像一件衣服，只要你看到了衣服不合身了或者破了就立刻扔掉不再穿了，宁为玉碎，不为瓦全；而绝大部分的人，不合身只要能穿就行，破了也没关系，拿过来缝缝补补再穿在身上，反正有胜于无，外人又看不出里面的千疮百孔。"

合格的现代女性总是工作家庭两不误，在外工作很出色，在家也能出得了厅堂，下得了厨房。苏馨对儿子的爱无以复加，在生活起居上把儿子照顾得妥妥当当。在家的时候，她总是给儿子做可口的饭菜，就算是出去学习，也要安排好扬子的一日三餐，懂得儿子的喜好，为他做美味的煲仔饭。

苏馨还具有宽容、孝顺的良好素养和优秀品德。她对朋友宽容，对家人宽厚，对父母孝顺。小说第一章写道："苏馨每每想到自己人到中年不仅没为父母分担反而还在享着父母的福，都在内心感激着，暗暗发誓等以后扬子上大学了，自己工作不忙了，就把爸爸妈妈接到自己家里，好好孝顺。"苏馨是一个懂得感恩的人，孝顺的人，在她婚姻面对危机最痛苦的那段时间，考虑到父母年岁已高，自己心里就是再苦，再需要人安慰，为了父母的身体，也没有将事情告诉他们，而是选择独自一人承受。苏馨也是一个宽容的人，小说中有一个情节写到，宁晓沫为了钱和叶松涛吵架，埋怨他只上交工资卡而没有把所有的钱都交给自己，叶松涛对她说："宁晓沫，你别忘了，结婚前我就告诉过你，我只能把工资本交给你。你知道，苏馨看我在外面租房子，每个月都没有要我的抚养费。"苏馨的确是一个宽容大度的女人，她能够体谅人，正是她的这份体谅和宽容，令叶松涛深深愧疚。

总之，苏馨体现了兼顾打拼事业与奉献家庭的新时代女性的人格魅力，她既有现代气息又有传统美德；既时尚又典雅；既有文化内涵又有情感内涵；既大胆开拓又柔情似水。通过苏馨，小说不仅张扬了鲜明的女性意识，也对苏馨所代表的广大的职业女性表达出由衷的赞美和敬意。

（二）勇敢自主的情感信仰

信仰指对某种主张、主义、宗教或对某人、某物极度信任和尊敬，并把它奉为自己的行为准则；信仰带有情感体验色彩，特别体现在宗教信仰上。信仰成为一个议题源于古希腊，苏格拉底云："未经审视的生命不值得活。"即为佳例。《爱在不惑》的情感信仰在苏馨、苏婕、宁晓沫及其母亲等四位女性身上都有所体现，具体表现是勇敢、独立与自主。

宁晓沫的母亲是某单位的领导，在同事中有较好的口碑。苏馨的姐姐苏婕也是一位非常优秀的女性，在医院里上班，是一位医术高超的妇产科医生。宁晓沫虽然是一位破坏别人家庭的第三者，但也是一位非常独立的女性，工作非常优秀。

作为主角的苏馨，是小说女性中的突出代表，无论是在工作上、家庭中抑或婚姻上，她都表现出了独立、自主、勇敢的品质。正是她的独立和勇敢，能够让她在工作上披荆斩棘，获得硕士学位，又晋升为院长。在生活中，不管多忙，她都能够照顾好自己，照顾好儿子，照顾好家庭。她的勇敢体现在，当丈夫一次又一次地背叛自己，失信于自己的时候，她毅然决然地提出离婚，事后才与家里人讲明情况，她勇敢独立，有自己的判断力。

对于宁晓沫这个女性，撇开负面的道德评价，应该说她也是一位勇敢、独立、自主的女性。首先从她吸引叶松涛这件事情说起，如果宁晓沫仅仅是一个只会梳妆打扮的小女生，她是不能够吸引叶松涛的；最令人耳熟能详的一句话叫做“腹有诗书气自华”，宁晓沫不仅青春靓丽，更有自己的独立思想，她在工作上出色的表现，与人交流的谈吐举止，深深地吸引着叶松涛。另外，在对于叶松涛这份感情的追求和坚持上，她的确表现得勇气可嘉。为了一个比自己大十几岁的男人，她能够抛开世俗的眼光，甚至不惜与父母决裂，可见她爱得很执着很勇敢。最后，她与叶松涛如愿结合，尽管没有浪漫的婚礼，没有温馨的婚房，只是简单地请几位同事吃了顿饭，租了一间简陋的房子，但她没有抱怨，十分满足。在这个物欲横流的社会，宁晓沫对叶松涛的爱很真诚，很纯粹，不加任何杂质。为了这段感情，宁晓沫付出了很多，如果没有她的坚持，他们的爱情一定没有结果。

(三)完美主义的价值取向

价值取向是价值哲学的重要范畴，它指的是一定主体基于自己的价值观在面对或处理各种矛盾、冲突、关系时所持的基本价值立场、价值态度以及所表现出来的基本价值取向。价值取向具有实践品格，它的突出作用是决定、支配主体的价值选择，因而对主体自身、主体间关系、其他主体均有重大的影响。

中国古代的女性是儒家文化的受害者和牺牲品：“儒家的妇女观、婚姻观成为礼教干预和钳制妇女婚姻最直接的思想武器。为了从思想上让妇女自觉成为婚姻的奴隶和男人的附庸，秦汉时期统治阶级开始大力提倡妇女要有贞操观念。”①在男权压迫下，中国古代女性没有自己的独立思想和人格。到了现代，如鲁迅小说《祝福》所描写的祥林嫂等妇女，她们受压迫的地位和命运并未有根本改观。中华人民共和国成立后，妇女的社会地位有了很大提高，但即使到了今天的21世纪，由于男尊女卑的封建残余思想依然存在，

① 张丛林．礼教——婚姻悲剧之源[J]．江淮论坛，2001(3)：7.

女性歧视依然是一个需要解决的社会问题。正是这样一个根深蒂固的历史原因，导致社会上的许多女性缺少自己独立的思想和人格。在强大的男权主义压迫下，尽管她们有所不甘，却不得不屈从于做男人附庸的命运，令人唏嘘。

然而，在《爱在不惑》里我们看到的却是与柔弱卑微的古代妇女完全不一样的现代女性形象：苏馨和宁晓沫，都是敢爱敢恨的人物。她们有自己独立的思想和人格，面对人生，面对爱情，面对婚姻，有自己的标准和价值取向。

苏馨追求完美的婚姻和纯洁的爱情，她喜欢一切都是纯粹的，所以她一直在说服自己原谅丈夫的背叛，但是当她看到叶松涛后背右肩头纹着的小小的“mo”（宁晓沫的“沫”的拼音）的时候，她知道自己是不可能原谅丈夫了，她心里执着的纯洁爱情是至高无上的，她既要成为他心口上的一颗朱砂痣，也要成为他床前的一片明月光，所以她知道一切都结束了。而宁晓沫追求的则是浪漫的和霸道的爱情，她喜欢小资情调，她会给叶松涛发一些动听的短信，她会把自己的小心思写在日记里偷偷给他看，她会小孩子气地向爱人撒娇，她要把自己的爱刻在他的身体上。宁晓沫就是这样一个浪漫又霸道的小女生，这就是她向往的纯粹的爱情。总之在苏馨和宁晓沫身上所体现的完美主义的价值取向，是现代女性的标志。既符合人性要求，也从一个侧面反映了时代和社会的文明进步。

第四章　李叔德短篇小说与长篇小说

李叔德，男，1947 年出生，襄阳市人。中国作家协会会员，湖北作协理事，湖北作协签约作家。曾任襄阳《汉水》杂志社社长、襄阳市作家协会主席。1980 年开始创作，迄今已发表小说、报告文学等各类作品共计 500 余万字。著有短篇小说集《赔你一只金凤凰》，报告文学集《创造·沉重的苦难》，长篇小说《风流墨客》，“唐代诗人三部曲”《孟浩然新传》《乱世诗人张继传奇》《惊世骇俗皮日休》，长篇小说《大宋米癫》，并有十卷本的《李叔德选集》行世。

李叔德先生是全国知名作家，先后荣膺全国优秀短篇小说奖、世界反法西斯暨抗日战争胜利五十周年华人文学奖、庄重文文学奖、湖北文艺最高奖“屈原文艺奖”等多项文学大奖，数次荣获襄阳政府奖“孟浩然文艺创作奖”。叔德先生出生于襄阳，长期担任襄阳市作协主席，为襄阳市的文学发展和文化繁荣做出了突出贡献，深受襄阳读者爱戴，被襄阳市文联原党组书记、主席卓道成先生赞誉为“襄阳市文学界的领军人物、当代襄阳文学创作的高峰符号、襄阳城市的文化名片”。

1982 年他的反映农村变革的短篇小说《赔你一只金凤凰》获得了全国优秀短篇小说奖，一举成名。这篇获奖小说，不仅给他带来了巨大荣誉，也从根本上改变了他的命运。因为获奖，他成了作家，并有机会到鲁迅文学院、北大作家班进修深造，文学功力得到很大提升，为以后的创作爆发，打下了坚实基础。1987 年，作为特殊人才，他被引进到襄阳市文联工作，先后担任文学刊物《汉水》杂志社社长，襄阳市作家协会主席，湖北作协理事。现旅居武汉，是湖北作协的签约作家。

李叔德的小说具有全国影响，对襄阳的文学发展贡献巨大，无愧为襄阳市文学界的领军人物、当代襄阳文学创作的高峰符号、襄阳城市的文化名片。

一、李叔德短篇小说

李叔德是中华人民共和国成立以来首位获得全国小说大奖的襄阳本土作家，他的《赔你一只金凤凰》等作品在新时期襄阳短篇小说创作中无疑是非常具有代表性的。

《赔你一只金凤凰》描写的是1980年代改革开放之初江汉平原上一户农家发生的一个生活小插曲。这家户主"陶应发老汉一辈子老实得像个榆木疙瘩，生的三个姑娘却一个比一个灵巧、出息。大姑娘陶媛是队里有名的'亮嗓子'，遇事谁也得让三分，丈夫是生产队技术队长。二姑娘陶婉中学毕业后在大队小学任教，丈夫是公社中学的副校长。这就有了一文一武。三姑娘陶姮呢？来了个'鲤鱼跳龙门'，七〇年进城当了工人，丈夫也相应地是某单位政工组长。在那些'穷过渡'的日子里，陶姮常常给家里捎来一些不要肉票的肉，不要肥皂票的肥皂和火柴。这事惹得左邻右舍十分眼馋，都说陶应发不知哪辈子积的德，落了几个这么能干的女儿"①。

陶应发老汉的儿子陶柱到了娶亲的年纪，三个姐姐都回家当参谋，并各自依据自身的条件，对未来的弟媳妇提出了要求：大姐陶媛希望女孩"只要人老实、会过家、肯吃苦，再加上脾气温顺，孝敬老人就行了"；二姐陶婉在家里文化水平最高，要求对方"起码要是初中毕业生。往后农业生产越来越现代化，没有一定的科学知识怎么行？再说，文化水平高对后代的培养也有好处"；三姐陶姮人长得漂亮，所以要求对方"人样儿一定要体面些才行"。而在陶柱眼里，同时能满足三个姐姐条件的只有她——董舜敏。陶

① 李叔德．李叔德选集（第一卷：短篇小说）[M]北京：新华出版社，2016：22.

柱成婚后不久，大姐到三姐家投诉弟媳“把咱们家的老规矩全给破坏啦!”这使得陶姮觉得自己在娘家至高无上的地位受到了挑战，决定回家对弟媳兴师问罪。她回家后发现，规矩确实破了。但在农村实行家庭承包责任制的经济改革后，家里的规矩破得有理，破得得人心。陶姮感到，她比不上董舜敏，已经算不上百鸟中的凤凰了。

通过家庭矛盾以小见大反映农村的改革面貌，是这部作品选材上的一个特点。写农村改革，可选的事情很多，但作者却巧妙地选择了一件小事：刚过门的新媳妇董舜敏在农村实行家庭承包责任制后，打破了农村儿子娶妻后公公、婆婆不干农活的老规矩，让全家人积极参与到家庭承包的农活中，引起了三个姑子的强烈不满。但结果却出人意料，气势汹汹回家欲向弟媳问罪的三姐陶姮看到，董舜敏的所作所为，不仅让父母老有所为、老有所乐，而且让自己的家庭发生了可喜的变化，所以她不仅消了气，还心悦诚服地佩服弟媳比她这个人尖子干得好。

以生动简练的文笔传神地刻画出人物的鲜明性格，是该作品艺术上的一大亮点。例如上述三个姐姐给未来弟媳所提出的条件，就把陶氏三姐妹各自不同的性格侧面巧妙地表现出来了。当然，在小说中，作者对董舜敏形象的刻画最为鲜明突出。她一见陶姮的脸，便知她是来“问罪”的，于是巧妙应对，亲切地说：“三姐，可把你盼回来啦!”又说：“这多的客人，这么大的场面，我还是头一回应付哩，生怕出什么漏子。你回来就好啰，我有靠山了。”短短几句话说得陶姮十分受用，态度也缓和了不少，不得不收回了问罪的念头。紧接着，当陶姮指责她不关心弟弟时，她合乎情理地作了一番解释，“出人意料地爆发出一串银铃般的‘咯咯’的笑声。这笑声犹如春风，吹散了屋内僵滞的空气”。在作者的笔下，董舜敏不仅聪明、热情，而且泼辣能干。为了及时插秧，她连夜借秧、直接下田；当陶姮心疼自己的凤凰牌自行车被弟媳运秧的泥巴弄脏时，她直爽地指出，陶姮一隔半年不回家是嫌家里穷。现在政策好，抢农时要紧，“别净瞅着这辆‘凤凰’心疼啦，等下年粮食进了仓，棉花打了包，嘿！赔你一只金凤凰!”就这样，通过神态和语言描写，把董舜敏阳光爽朗、积极乐观的性格特征极为传神地表现了出来。

在《赔你一只金凤凰》获奖之后，经过两年的潜心创作，李叔德于1984年推出了第一部与获奖小说同名的短篇小说集。该小说集由长江文艺出版社出版，共收录《业余教练的秘密》《明天答复你》《一个中国的“吉普赛人”》《赔你一只金凤凰》《奇特的一夜》《留下吧，小伙子》《印在云朵上的笑》《黄家老屋》《花间异物》《长绿岛》《诱人的神鸡峰》《在失去森林的山冈上》《快活非凡的珍大大》等作品十三篇。著名评论家王淑耘女士为该书作序。

李叔德的短篇小说大多取材于他生于斯、长于斯并深深热爱着的江汉平原。“翻开李叔德同志这部小说集，就使你感到一股春意迎面而来。江汉平原就是李叔德创作的生活背景，是他大部分作品的主人公活动的舞台。植根在江汉平原，带着这里特具的生活色调，带着这里生命的绿意，带着我们时代的气息，这就是李叔德同志创作的主调。我们读他的作品，正如这新绿大地，使你感到新鲜、明丽、舒朗。”①

李叔德擅长讲述江汉平原的故事，正如他在小说集“后记”中所言，将江汉平原“当作一个中国农民活动的背景”，“不仅想写出这里的人，也想描绘出这里的风光”，李叔德小说反映生活的面很宽，从水乡到山村到城镇，对农民、工人、知识分子、商业工作者等都有所描绘，人物形象生动感人，笔调舒缓蕴藉，在恬淡明朗的图景中，流露出生活的诗意，透射出时代的光华和热气。

李叔德对生活的感知和表现，不是流于表面的浮光掠影，而是能敏锐感应时代脉搏，善于通过生活的新的变化揭示社会生活的本质。例如1980年初在中国广袤农村推行实施的家庭联产承包责任制，就是在国家改革开放之初农村出现的新事物，也是中国农民在走中国特色社会主义道路实践中的伟大创举。它预示着中国将从几千年自给自足的农村经济，从传统农业向现代化农业发展的一个伟大历史性转变。这个巨大的时代变革，将影响社会生活的方方面

① 王淑耘．序[A]．李叔德．赔你一只金凤凰[M]．武汉：长江文艺出版社，1984：1.

面，影响人们的思想意识，一切落后的旧的传统观念和桎梏将被打破。而那些时代新人也必将在如火如荼的改革大潮中脱颖而出。李叔德笔下的董舜敏式的人物，就是大变革时代应运而生的农村一代新人。她以一种崭新姿态，摆脱了旧时代给她的卑微地位和因袭重负，英姿勃发地屹立在读者面前。

除董舜敏之外，他作品中的许多人物都显示出勇立时代潮头、充当生活的改革者与时代开拓者的勃勃英姿。如《留下吧，小伙子》里的锅炉工林松，是工业战线的一位佼佼者，他胸有成竹地站在阳光融融的堤坡上，指点江汉大地，提出他的改革方案；《长绿岛》的年轻所长，把人们的视线引向更远的目标，为了人类未来保持那生命的绿色永远延续发展，表现出可贵的生态保护意识。这些人物和《印在云朵上的笑》的云朵、《在失去森林的山冈上》的年轻医生、《诱人的神鸡峰》下的青年男女，一起构成了改革背景下的江汉平原先进人物的群像，丰富了当代文学的人物画廊。

李叔德的生活视野比较开阔，创作题材比较宽广，其短篇小说所呈现的生活画面也是多姿多彩的。在人物方面，除了年轻一代，他刻画的老一代艺术形象，也给读者留下了较深印象。例如，《黄家老屋》中那个外貌沉静、心地却似红彤彤炉火的黄婆婆，与那个《快乐非凡的珍大大》里的珍大大，她们是两个完全不同性格的老一辈农村妇女。但是，她们身上都具有中国妇女的传统美德，也散发着新生活的精神光彩，给人以感染。

李叔德在艺术上追求创新，其小说在情节设置、结构安排、人物刻画、语言运用方面都显示出自己的特色。在情节上，通常是顺流而下，线索清晰，又波澜迭起，让读者始终保持着阅读的兴趣；在结构安排上，他善于按凸显矛盾、解决矛盾的思路布局谋篇，结局合情合理，又颇耐人寻味。在人物描写方面，他善于吸取中国古典小说的传统手法，人物出场，先有一番渲染和烘托，一番外貌气质的描述，以加强艺术气氛。这不仅突出地体现在董舜敏这个人物的刻画上，也反映在《奇特的一夜》里对那个高个姑娘的描写上。

李叔德小说的语言特色，主要体现在“运用经过打磨的江汉平原一带流行的生动活泼的大致语言”①上。例如在《赔你一只金凤凰》中，陶姮认为弟弟的对象相貌不能太差，便说：“哎呀我的天！若是娶进门来，或是胖，胖得象个肉蛋蛋；或是瘦，瘦得象根钓鱼竿；或是矮，矮得象个泡菜坛；或是黑，黑得象块焦木炭，——那成什么名堂！”这几句话，比喻形象，通俗易懂。又如，姑子建议请生产队长喝酒，以便日后能得到照应，董舜敏却说“人不求人一般大。没那么多鲜肉去填那些无底洞”；再如，面对大姐所说要找一个老实的弟媳，二姐加以反对时说的，人“也不能太老实。小柱本来就是个‘闷头喙’，再来一只‘缄口鸟’，岂不尽受别人欺负”？这些人物语言，既突出了人物性格，又富有生活气息，充分体现出生动活泼的地方群众语言的特点，极富艺术表现力。

二、长篇历史小说“唐代诗人三部曲”

“唐代诗人三部曲”展现了三位襄阳籍唐代诗人孟浩然、张继、皮日休的别样人生，是作家最重要的代表作，被誉为“为本土先贤招魂的力作”。②

进入21世纪以来，中国文坛上涌现出大量的以明清为时代背景，反映知识分子命运浮沉的优秀长篇小说，如刘斯奋的《白门柳》、唐浩明的《杨度》等。这些作品共同的价值取向，是充满了关注知识分子命运的忧患意识，读起来让人感到十分厚重。“唐代诗人三部曲”同样是写诗人，写文人的命运遭遇。然而和同类题材的小说相比，它却显示出不同的风格，表现出特别的意义，具体表现在以下两方面：

一是写出了唐代诗人因为性格率真导致的人生沉浮，浓缩了中国古代无数传统士大夫的悲剧命运。在“三部曲”中，虽然作者也

① 熊忠武．湖北当代文学概观［M］．武汉：湖北科学技术出版社，1994：87.

② 樊星．为本土先贤招魂的力作——读李叔德先生“唐朝诗人三部曲”［N］．湖北日报，2011-8-12.

关注文人们的命运，但更多的，却是对唐朝诗人率真性格的着力渲染。他们都有一颗进取之心，想为官从政，造福于民，然而，造化弄人，性格决定命运，最终结果都不尽如人意：要么像孟浩然那样，虽然才高八斗、学富五车，却因为不擅长参加科举考试，最终无奈归隐田园；要么像张继那样，虽然很早就赢得功名，却因为人正直而遭人暗算，被迫辞官；要么像皮日休那样，虽然中举做官，却因书呆子气而得罪了领导，最终身不由己地当上了农民起义军的军师。总之，作家所写的三位诗人在进取道路上遭遇的坎坎坷坷，成为了无数中国古代传统士大夫悲剧命运的缩影。

二是透过诗人们的率真性格，写出了浪漫洒脱的“大唐气韵”，超越了历史小说常见的忧患格调，开拓出重新发现历史的新视角。尽管作家在表现诗人们遭遇坎坷时，不免让人感到笔调沉重，然而，当作家在写诗人们诗心侠胆、浪漫故事的时候，却笔酣墨畅，神采飞扬。在作家的笔下，诗人们无论是身逢盛世，还是身处乱世，无论是官场得意，还是官场失意，他们总是有充沛的诗情、率真的性情。他们惺惺相惜，彼此欣赏，相见恨晚，相聚尽欢，在诗酒中乐以忘忧，在爱情中神采飞扬。虽然中国的文人向来以擅长饮酒、擅长作诗而著称于世，但为什么只有唐朝才能成为中国诗歌的巅峰时期呢？这显然与那个时代的文人最富有浪漫情怀有关。而这种浪漫情怀，正是“大唐气韵”的精髓所在。

三、《孟浩然新传》

《孟浩然新传》是“唐代诗人三部曲”中的第一部，是作家倾注心血最多的作品，也是一部艺术特色鲜明的力作。小说的艺术特色和艺术成就主要体现在以下方面：

第一，还原了诗人真实的世俗人生，颠覆了宏大叙事。

这部小说封面上印着这样两句话，可以理解为内容提示：“颠覆——孟浩然“柔弱书生”的集体意象”“塑造——孟浩然诗·酒·剑人生的世俗实境”。这是对作家创作意图的最好诠释，也是这部小说的艺术价值所在。从小说内容可以看出，作家要颠覆的不仅是诗人形象的模糊性和平面化，同时也颠覆了长期以来形成的“隐逸诗人”的宏大叙事。

作家依据孟浩然的生平史料，生动地描写了诗人追求仕途的曲折经历，还原了一个生活在世俗社会里的真实的孟浩然。长期以来，众多研究者对孟浩然的研究，逐渐形成了一种主流话语，同时也被大多数人所接受，那就是：孟浩然是一位山水田园诗人，同时也是一名醉卧山林、淡泊闲静、悠然世外、不慕功名的隐士。导致这种评价的依据有两个：一是孟浩然诗作的风格，二是孟浩然一生没有做官，最后终老山林的人生轨迹。

而小说则以生动的故事情节，彻底“颠覆”了诗人的隐士形象，写出了他内心深处根深蒂固的世俗之念，写出了诗人热衷仕途与喜欢自由自在之间的矛盾心理，展示了诗人内心终生不得志的痛苦的心路历程。从而成功实现了对宏大叙事的颠覆。与此同时，作者又以诗、酒、剑为艺术元素，塑造了集率真、浪漫、豪侠于一体的崭新的诗人形象，也让读者对孟浩然产生了新的审美认知。

第二，穿插交错的二维叙事结构，丰富了小说的主题意蕴。

《孟浩然新传》的二维叙事结构有宏观与微观两个向度。宏观上表现为涉及了两条叙事线索：一条线索是唐玄宗李隆基时代的朝廷各派政治斗争风云；一条线索就是孟浩然个人活动的轨迹。二条线索穿插进行，相互交错，互动共进，彼此在相互关联的过程中将整个故事推衍得圆满完整；同时，形成一种互文的效果，既完成了对整个李隆基时代的由盛到衰的历史的再现，又演绎了大诗人孟浩然亦诗亦侠的传奇人生。

与宏观相呼应，微观叙事结构则体现为作品中存在的诸多二元对立因素。就江湖而言，存在以孟浩然、孟洗然、何去非为代表的正义力量与以老瞎子、朱杰、童安为代表的邪恶力量的对立；就孟浩然的个人情感而言，存在以家庭伦理为标志的张徐徐和以知音情爱为代表的何去非的格格不入；就庄园生活而言，存在着张徐徐的咄咄逼人和孟浩然宽仁恭让的水火难容；就孟浩然个人性格而言，存在着淡薄功名利禄、亲近自然的天性与金榜题名、入仕建功的理想之间的矛盾；就朝廷而言，存在着以姚崇、张说、张九龄等人为代表的刚直耿介的忠臣集团与以李林甫为代表的阴险狡诈的奸党的斗争。诸多的二元对立，有机地融入小说两条主要的线索之中。两条主要线索犹如整部小说的筋骨，而这诸多的二元对立的内容则是整部小说的血肉。整部小说有这两条线索，显得脉络清晰，气韵贯通。诸多的二元对立因素围绕着两条主线辐辏聚合，在表现唐代李隆基时代政治风云和孟浩然生存际遇的主要内容的同时，犹如多音复调，齐鸣竞奏，使小说内容更加丰富。①

其三，叙事语言十分精致，与对诗人的塑造相得益彰。小说语言的精致，主要体现为叙事语言十分典雅，富于文人书卷气。例如小说开篇写道："这年的春天，姗姗来迟，中原的大部分地区淫雨霏霏，连月不开，江河在厚厚的云层下闪着微光。驿道上除了公差策马溅着泥水前进以外，鲜有行人。"这段描写中，作者使用了许多典雅而富于文人书卷气的词语。如"姗姗来迟""微光""策马""鲜有行人"等。而"淫雨霏霏，连月不开"，则是直接借用了范仲淹《岳阳楼记》里的句子。

再如小说的第三十四章的结尾处写道："白居易这次千里跋涉，专程慕名来到襄阳，瞻仰孟浩然的遗踪，探寻孟诗中那个美丽如画、清幽如兰的环境。"在这段文字中，"千里跋涉""慕名""瞻仰""遗踪""探寻""美丽如画""清幽如兰"等词，都是十分典雅和书面化的语言，读起来很有美感。这种典雅、文人化的语言，是小说叙事语言的主导风格，在文中大量存在，不胜枚举。

这种典雅精致的文人化语言，与小说表现的孟浩然的诗酒人生十分贴合，可谓相得益彰。小说要表现的主要人物，是包括孟浩然在内的诗人群体。这些人个个学识渊博，能诗擅对，文采斐然，所以只有这种典雅精致的文人化语言，才能够突出这个诗人群体的文学才华，还原这些文人雅士们的诗酒相伴的生活真实。

---

① 吴红光．二维的叙事结构 精致的叙事语言：李叔德先生的长篇小说《孟浩然新传》的结构与语言简析[J]．襄樊学院学报，2008(7)．

四、《惊世骇俗皮日休》

皮日休(约834—883)，字逸少，后改袭美，自号醉吟先生、闲气布衣、鹿门子。湖北襄阳人，晚唐杰出的文学家。他文采超群，名冠华夏，愤世嫉俗，性格叛逆，被鲁迅先生誉为“一塌糊涂的泥塘里的光彩和锋芒”①。

《惊世骇俗皮日休》是“唐代诗人三部曲”中的第三部。和第一部《孟浩然新传》、第二部《月落乌啼——乱世诗人张继传奇》相比，这部小说更像一部传统意义上的历史小说，艺术技巧也更圆熟，相应地，其审美价值也更高。该作无论是对历史小说创作原则的把握，对主人公鲜明个性的刻画，还是对错综复杂的宫廷斗争的展示，对缠绵悱恻男女情感纠葛的演绎，均显示出作家对于历史的严谨态度、浪漫主义的诗人情怀、深厚的生活阅历和洞悉世情百态的人生智慧。小说的艺术特点与成就主要表现在以下两个方面：

第一，“史”“文”转化与人物刻画。

由“史”及“文”的成功转化，是《皮日休》的立世之基，也是作者李叔德作为出色的历史小说家素养的体现。作家遵循“大事不虚，小事不拘”的历史小说创作原则，在尊重历史真实的前提下——按照作家自己的说法：对于历史“不敢戏说，只有敬畏和服从”，“在写作过程中，我对于年代序列和历史上的大事件，以及书中有名有姓的大人物，总要根据史籍再三核对，以免有误”②，又能充分发挥作家驰骋艺术想象、大胆合理虚构的主体作用——按照作家自己的说法，描绘历史场景是小说家的职责和擅长：“我不是历史学家，此时的历史是要为我写小说服务的。我不敢创造历史，但能够选择历史。社会发展大的梗概在那儿，真实的历史场景

① 鲁迅．小品文的危机[A]．鲁迅全集(第四卷)[M]．北京：人民文学出版社，1980：571.

② 李叔德．诗与历史——《诗人三部曲》创作札记[A]．李叔德．惊世骇俗皮日休[M]．武汉：湖北人民出版社，2011：323.

却早已经湮灭。作为小说家，我当然可以写出自己心中的逼真的画面”——从而实现了小说文本从历史向文学的成功转化。这样，我们从小说读到的，就不再是一大堆史料的拙劣拼接与机械堆砌，而是一张张鲜活的面孔，一首首精美的诗篇，一段段动人的情感，一幅幅生动的画面。从这部艺术化或者说诗化的历史中，我们不仅能获得启迪和教益，还能以之为鉴，审视当下，感悟未来。

刻画人物生动传神是该作品的又一大亮点。围绕着主人公一代诗坛奇才皮日休，小说成功描写了上至皇帝、皇后，太子、公主，文武大臣，下至落魄文人，义军将领，老妪、农夫等各个阶层、身份不同、性格各异的形形色色的艺术形象，构成了一幅琳琅满目的人物画卷。透过众多人物的生活经历与命运遭际，全景式地展示了晚唐时期风雨飘摇、动荡不安的社会政治生活，也深刻地揭示了封建统治集团与社会下层民众尖锐激烈的矛盾斗争，对读者深切感悟历史，正确把握历史本质和发展规律颇具启发性。

在众多的人物形象中，一代文学巨擘皮日休被作家刻画得个性鲜明、光彩照人。在他身上，既有天资聪颖、满腹经纶、文思敏捷的过人“才气”，又有醉心于山水、忘情于诗酒的旷达与“豪气”；既有抨击时政、扶危济困、见义勇为的凌然“正气”，又有同腐败官府毅然决裂、义无反顾加入农民起义军的“勇气”与“胆气”。除此之外，对一代侠女任亦野的成功刻画，也是小说的一大艺术收获。她天仙般的美貌，高贵典雅的气质，能文能武的才华，任性爽朗的性格，痴情浪漫的情怀，都给人留下了深刻的印象。

第二，语言技巧与叙事艺术。

《惊世骇俗皮日休》娴熟的语言与叙事艺术(以下简称“叙事艺术”)，首先表现为采用了一种尽可能完美地与艺术内容相匹配的文学语言。这种语言，既不是常见的源自宋元话本或拟话本的那种缺乏现代感的文白相间的语言，也不是那种跟着感觉走、随心所欲、故弄玄虚、不知所云的文字游戏，而是精致、纯正、极富表现力的文学语言，形成了简洁明快，准确流畅，通俗而又不失典雅的语言风格。能体现这种语言风格的文段比比皆是，现略举一二说明。例如第一章对唐宣宗的简介：“宣宗李忱即位时，年方三十七岁，年富力强，稳重沉着。一个从权力圈子之外走来的成年皇帝，既出身皇宫，又熟悉民情，又有能力充分行皇权治理军政大事，当然是一个好皇帝。"①又如第三章写从皮日休视角所看到的任家大院(皮日休红颜知己任亦野家的宅院)景象："那短墙的平面上，挨次放着吉祥草、万年青的盆子。隐隐地望见里面好像是一个花园，百花如锦，姹紫嫣红。更远处则亭台叠叠，殿角重重。皮日休不知不觉地移步近来，靠着短墙，向里面偷觑。只见西南角上有个十三四岁的丫头，在那里寻花折柳，正是香忘。"(第 33 页)

小说叙事艺术表现之二，是擅长描写人物肖像。通常采用极为简约的白描手法对人物的外部特征予以勾勒，往往三言两语就能把人物的突出特征表现得神情毕现，给人留下深刻印象。如第一章对两个年轻人的描写："一个长得白面宽额，神情肃然，略显拘谨，大约二十余岁；一个身材瘦长，肤色浅黑，眼光逡巡，大大咧咧，只有十八九岁模样。"(第 6 页)那个"白面书生"写的是皮日休的好友崔新美，而这个"黑脸小伙儿"写的则是主人公皮日休——皮日休的其貌不扬与满腹才华形成强烈反差，这也正是文中许多人对皮日休先藐视后敬佩的原因所在。在此，作家对皮日休作这样的肖像"定型"处理，也许就是要打破"凡名人必美化"的惯例，有意强化人物的这种表里之间的反差，突出人物个性。另一方面可能也借此提醒人们：一个人的外表与才学、品德无关。在社会交往中待人如果以貌取人，往往会做出错误的判断，如果是选终身伴侣，甚至会导致糟糕的后果。正如作家借皮日休之口对同昌公主的丈夫、那个与岳母郭淑妃有不伦之情而又阴险歹毒、残害忠良的阴谋家驸马韦保衡的评价："貌若潘安，才比子建，不一定就是如意郎君啊。"(第 89 页)再如小说第二章对侠女任亦野的描写："那姑娘约莫十六七岁，肤若凝脂，目若亮星，齿若瓠犀，竟如天仙一般光彩照人。"(第 20 页)行文简约，比喻贴切，突出了任姑娘的年轻貌美，难怪第一次见面就把皮日休"惊呆了"。

---

① 李叔德．惊世骇俗皮日休[M]．武汉：湖北人民出版社，2011：3. 以下文中所引文字均出自该书，只标注页码，不再标明出处。

作家的肖像描写不仅能突出人物的外表特征与气质性情，还能融入审视者深谙人情世故的人生智慧，透过表情与眼神对人物的心理世界和情感世界作出合理化的推测。例如第十章写皮日休眼中的待嫁武公业的小家碧玉、轻盈瘦弱的美女步非烟：“形若纤柳，罗绮加身似乎不胜其重。不知道是不是出身小户人家的缘故，她的气质里总有些惶恐和软弱。当然这并不是那种令人生厌的怯懦和小家子气。她好像是森林里一只孱弱的鹿，你不看她，她就怡然自得活泼轻捷，但若发现你在观察，她就会与你对视，那种好奇的、温良的、略有紧张的神情令人爱怜。你舍不得惊吓她，于是，只能放软目光，给她怜爱。她的眼睛是一汪清澈的潭，潭里装着文墨，装着音律，装着浪漫，装着对爱情的憧憬。你若以为她清浅，那么就纵身跳进去吧！那波涛将会彻底淹没你。”(第 93 页)这种描写比起一般的肖像描写，更能深入人物的内心，也更能引发读者的遐思与情感共鸣。

小说叙事艺术的表现之三，是大量出现的对山川花草美景的生动描写。既赋予自然之景以绚丽多姿的色彩，也为小说增添了醉人的诗情画意。需要说明的是，小说的景物描写并不是游离于所要表现的中心内容之外，而总是与情节发展相伴，与人物形象及其情感体验攸关，即旨在刻画人物性格、表现人物趣味。另外，在技法上，不乏精雕细刻的花鸟工笔画的手法——例如第九章写皮日休蓝田关追花遇险：“他在草丛中看到一种奇异的花朵，叶片浅绿修长，干茎粗壮，每枝只在茎顶处开一朵花儿。那花儿形状奇异，淡黄色的花瓣上绣着细细的金线，中间的花骨朵如同人的手指一般指伸向天空，煞是美丽。”(第 83 页)

但较之于工笔细描，小说更多地采用大写意的笔法来写景，远景与近景兼顾，构图磅礴大气，笔墨浓淡相宜，极具雄浑粗犷之美。例如第二章对鹿门山群山美景的描写：“鹿门山濒临汉水，与西边岘山隔江相望。怀抱四周的狮子、香炉、霸王、李家诸山各具雄姿，共同构成了圣山之风景。远远望去，五山如仙女，云遮雾绕，忽隐忽现，令人心驰神往。近观诸峰，各具特色。狮子山秀丽，香炉山幽深，霸王山雄浑，鹿门山峭奇，李家山旷达。皮日休

忘情地置身其中，仿佛徜徉在野花飘香、云雾缭绕的神仙境界。”(第 23 页)

小说叙事艺术表现之四，是继承了中国古典小说善设铺垫、讲究照应的叙事传统，使故事结构呈现出大团圆式的完整性。如第七章写志存高远、文武双全的一代枭雄黄巢慕名上鹿门山拜访襄阳才子皮日休，结识了同样文武双全、年轻貌美，性格爽朗、野性十足的富家大小姐任亦野，心生爱慕。(第 69 页)下山之时，仗着酒劲壮胆，向大小姐提出了这样的要求：有朝一日我若做了皇帝，你来做我的皇后如何？大小姐只当这是黄巢酒后戏言，压根儿没当真，竟爽快答应下来。(第 70 页)后来，黄巢率起义军攻占长安，建立了农民政权，做了所谓“大齐”国的皇帝，任亦野果然兑现诺言，做了黄巢的皇后，成就了一段“英雄美人”的姻缘，满足了读者的审美期待。

此外，作家也借鉴了现代小说的意象化叙事技巧，意象的设置充满对人物命运的暗示性。这对历史小说的叙事来说是一种可贵的丰富。如第十章写军曹武公业欲娶美女步非烟为妻，为讨未婚妻欢心，他特意购买了用描金鸟笼装着的嫩黄小鸟作为礼物，结果，小鸟不堪囚禁绝食而亡，“小小的眼珠不再漆黑而是蒙上了一层哀哀的白霜”(第 94 页)。步非烟虽然出身于小户人家，但聪慧伶俐、娇小可人。她喜诗赋，懂音律，多愁善感，憧憬着浪漫的爱情，但这是不通音律诗赋的一介武夫武公业所无法给予的。在饱尝了无爱婚姻的煎熬之后，在隔壁府掾赵家公子赵象的引诱之下红杏出墙。后被丈夫发觉，遭受毒打，最终不治身亡，香消玉殒。联系人物的命运结局，不难发现，金丝笼象征着步非烟被“囚禁”的无爱的婚姻，而嫩黄小鸟则预示着步非烟的悲剧结局，两个意象在小说中都发挥着叙事功能。

叙事艺术表现之五，是小说情节跌宕起伏、充满传奇浪漫色彩，引人入胜，显示了作者丰富的想象力以及编织离奇情节的出色才能，同时也使得原本沉重、枯燥的历史小说阅读变得轻松愉快、趣味盎然。如第二章写崔祁氏伙同姘夫杀害了丈夫崔新美，然后嫁祸于皮日休，害得皮日休无辜遭受牢狱之灾；第九章写皮日休蓝田关追花遇虎，武公业挺身相救；第十九章写任亦野潜入赵家无意间杀了薄情公子赵象，被护院家丁追杀，千钧一发之际，任飞扬飞镖救姑，化险为夷；第二十七章写黄巢起义军包围洛阳，久攻不下，皮日休主动请缨，立下军令状劝降唐军守将刘允章，并获得成功；第三十章写皮日休为帮助当了"大齐"皇帝的黄巢"安定民心"，"利用人们的迷信，强调大齐的正统"，绞尽脑汁炮制了那首著名的谶言式谜诗。诗曰："欲知圣人姓，田八二十一。欲知圣人名，果头三屈律。"(第287页)岂料弄巧成拙，触怒了黄巢。黄巢欲借部下朱温之手加害皮日休，后又听从已做了其皇后的任亦野的劝说，在朱温欲挥刀行凶之际，亲自前往解救皮日休，有惊无险……这些都是非常精彩的、富有传奇色彩的情节片段。

除此之外，小说情节中令人称道的还有第七章。该章写豪爽的皮日休要请黄巢及其结拜兄弟尚让喝酒，让任亦野的丫鬟香忘做几样下酒小菜。岂料香忘只在屋里找到一个鸭蛋。调皮的任亦野硬是用这枚鸭蛋的蛋黄、蛋白、蛋壳做"主料"，配以柳叶、空心菜、松针以及煮空心菜的汤水为"辅料"，做出了四样所谓的"下酒菜"，分别暗喻杜甫著名绝句的四句诗——"两个黄鹂鸣翠柳，一行白鹭上青天，窗含西岭千秋雪，门泊东吴万里船"，十分形象贴切。作家的情节设计很有创意，富有想象力和趣味性，令人称绝。

五、《大宋米癫》

《大宋米癫》是一部描绘宋代书坛巨擘米芾生平事迹的长篇小说，2014年由长江文艺出版社出版，后收录于《李叔德选集》第九卷。

经过了"唐朝诗人三部曲"创作的经验积累之后，叔德先生对于历史小说的创作可谓驾轻就熟、得心应手。和"三部曲"相比，《大宋米癫》是一部更加成功成熟的作品。作品的成功主要体现在以下几方面：

其一，做到历史真实与艺术真实的有机统一，体现出作家一以贯之的历史题材小说创作的严谨和理性态度。换言之，该小说在历史真实与艺术真实方面找到了恰当的平衡点，因而小说所展示的人物故事，即真实可信，又富有艺术魅力。

关于尊重历史，作家在《自序》里讲得很清楚：他称自己虽然“最为仰慕古龙那天马行空、不着边际的写作风格，但是本书所写为历史人物，自然要有对于那个人物所处时代的基本认识和评价，笔笔要落在实处。……这几年，我几乎对宋朝(北宋)的一切方面都如饥似渴，稍有涉及的论述或资料都会立刻下载、收集。所以本书的理性叙述比《唐诗三部曲》更强，或许由此削弱了其艺术表现力”。①

小说中涉及很多事件，如宋朝权力的更迭、王安石变法、乌台诗案，西园雅集、苕溪诗会等，也涉及许多人物，如帝王神宗、哲宗、徽宗，文化名人魏泰、黄庭坚、苏轼、蔡京、童贯等，都有据可查，如果如实写来，势必会变成一本索然无味的史料汇编，因而作者并未拘泥于历史的真实，而是能够充分发挥想象，通过艺术虚构，用主人公米芾的经历将这些历史事件和人物巧妙地串联、缝合起来，从而成功地把历史素材转化为生动的文学文本。最能显示作家虚构和想象能力的地方，是为主人公安排了一个红颜知己江湖侠女蓝兰儿，她的出现不仅为主人公生活赋予了浪漫色彩，也为整部小说增添了传奇色彩。

其二，作品深得小说创作之妙，表现出以人物为中心的创作宗旨。

关于人物描写，作家汪曾祺十分推崇其老师沈从文的名言“要贴到人物来写”——他觉得这是“小说学的精髓”。他对老师名言含义的理解是：“小说里，人物是主要的，主导的；其余部分都是派生的，次要的。环境描写、作者的主观抒情、议论，都只能附着于人物，不能和人物游离，作者要和人物同呼吸、共哀乐。作者的心要随时紧贴着人物。什么时候作者的心‘贴’不住人物，笔下就会浮、泛、飘、滑，花里胡哨，故弄玄虚，失去了诚意。而且作者的

① 李叔德．自序：米癫之“癫”[A]．李叔德选集(第九卷)[M]．北京：新华出版社，2016：1.

叙述语言要和人物相协调。写农民，叙述语言要接近农民；写市民，叙述语言要近似市民。小说要避免‘学生腔’。”①

《大宋米癫》也正体现了“贴到人物写”的特色。关于小说的情节线索，作者在《自序》中说：“与《唐诗三部曲》一样，本书结构除主人公的命运外，亦设置了第二主线，即皇室兴衰、承继的发展脉络。皇室高高在上，像一根线串起了整个社会的方方面面，成为普通百姓关注的对象。宫廷斗争也勾勒出了主人公生活的背景，使作品显得立体厚重。”

在皇室兴衰这条线索里，作者用了较多的笔墨写朝廷里两个位高权重的女性：一个是太皇太后高滔滔，一个是向太后，而这两个人物的事迹并非游离于主人公米芾命运这条主线，而是服务于对主人公的刻画。这两个人物，都与主人公的仕途、命运息息相关：高滔滔珍惜与青年时代的好友、米芾的母亲阎莲儿的友情，做皇后之后，要阎莲儿进京侍奉，并安排米芾进京作了校书郎，从而开启了米芾的仕途之路，米芾之后每一次职务变迁，比如做临桂尉、长沙掾、杭州从事、雍丘知县等，都和高滔滔的过问有关。至于向太后，虽然是一个自私狭隘的女性，但却是米芾仕途的恩人，因为她嘱托自己死后让米芾写挽词，才使得米芾的才华得到徽宗的赏识，以至于做到了书画博士这样的高位。至于写米芾与众多文人的交往、诗词唱和、文人雅集，更不是闲笔，而是为塑造米芾的形象，表现人物性格服务的。

其三，成功塑造了一代艺术巨擘米芾的艺术形象：完整再现了米芾从宋仁宗皇佑三年出生，到宋徽宗大观元年病逝，共 57 年的人生经历，表现了米芾在书法、绘画、诗词创作、书画鉴赏等方面的过人才华，尤其是用了大量生动的事例，表现了米芾不热衷仕途、倾心于艺术，着唐装，痴迷于奇石、砚台、名人书画真迹，超凡脱俗的癫狂性格。当然，小说也没有为名人讳，写出了一代文豪不拒一夜之情、流连于烟花柳巷的凡夫心性，还原了一个高洁与凡

① 汪曾祺．沈从文先生在西南联大[A]．汪曾祺自选集[M]．北京：商务印书馆，2015：111-112.

俗合一的真实形象。

另外，内容丰富、趣味多元也是小说的一大亮点。小说涉及各种知识，举凡历史变迁，朝代更迭，宫廷礼仪，世俗民情，人物轶事，诗词书画，文物鉴赏等，作者都能娓娓道来，涉笔成趣。尤其是里面有大量的诗评、书评、画评、文物鉴赏等内容，用语典雅，评点精当，充分显示了作者渊博的知识学养。

关于这部小说的趣味，武汉大学教授昌切先生的评价十分到位。他认为《大宋米癫》可见“叔德之趣或可二分：一为王公贵族之趣，二为文人墨客之趣”①。事实上，这部作品，除了王公贵族之趣、文人墨客之趣外，还有民间江湖之趣——主要体现为蓝青、蓝兰儿兄妹为报杀父之仇，与恶官郑京的争斗。如果说，王公贵族之趣增加了小说的历史厚重感，文人墨客之趣增添了小说洒脱飘逸之情调，而民间江湖之趣则无疑赋予了小说引人入胜的传奇色彩。

① 昌切．大宋米癫．跋[A]．李叔德选集(第九卷)[M]．北京：新华出版社，2016：206.

第五章 邓耀华小小说

邓耀华，笔名山凤凰，1961年出生，湖北襄阳人，湖北省作家协会会员，中国民间文艺家协会会员，现任襄阳市民间文艺家协会主席。1984年开始文学创作，迄今已发表故事、小说及其他文学作品千余篇，尤以小小说创作见长。

谈起小小说的创作缘起，邓耀华说："参加工作以来，一直从政，头上还又戴着小小的乌纱帽，天天泡在文山会海里，生活真是乏味透了。于是，我便开始寻找调剂生活的办法：爬格子。把思想、情感、理想、人生观等等尽情地流露于笔端。开始的时候，散文、诗歌、报告文学、短篇小说、小小说各种文体我都尝试过，最后，毫不犹豫地定位于写小小说。因为，我觉得小小说的短平快、小小说的玲珑剔透、小小说的精深微妙、小小说的俊秀飘逸、小小说'窥斑见豹'和'滴水射阳'的效果，其他文体都是不可比拟的。这些年来，我一味地追求着小小说这位'妙龄少女'，为她食不甘味，睡不安枕；为她甘愿消得人憔悴，衣带渐宽终不悔；为她宁愿放弃节假日和陪妻儿逛街上公园；为她还不惜放弃拉关系走后门升官发财的一切机遇。"①

经过不懈追求和辛勤耕耘，他从2004年开始，迄今已累计发表小小说400余篇，著有《男人女人》《你的心是正还是歪》等两部小小说集。其中，《要钱》《永远美好》《男人女人》《遍地马甲》《最恶毒的》《一枝一叶总关情》等作品先后获全国小小说大奖。另有40多篇小小说被收入多种小说文集，小小说《大款教子》被选入大学教材。目前，邓耀华已入选全国"小小说百家人物"，成为国内知名

---

① 邓耀华．最钟情是小小说[J]．汉水，2016(1)．

的小小说作家，同时继尹全生之后，成为襄阳小小说创作领域的领军人物之一。

一、邓耀华小说的主题意蕴

主题，是题材客观意义与主体能动阐发的有机结合，产生于生活的暗示，完成于形象表现的过程之中。① 邓耀华的作品素材来源于现实生活，通过自身的加工与润色，使作品呈现在读者眼前，表达某种主题思想，以达到作品本身的某种初衷。邓耀华作品的主题，主要包括对亲情的书写礼赞、对爱情的演绎与思考和对官场不良现象的揭露与批判等内容。

亲情是一个永不褪色的话题，它在亲人日常生活中积淀。长辈对晚辈的爱从细微小事中体现出来，伴随着晚辈成长亲情不断积淀，尤其是父母对子女无微不至的爱。《诗经·小雅·蓼莪》有云："父兮生我，母兮鞠我。拊我畜我，长我育我。顾我复我，出入腹我。"真切地表达了父母对孩子们无微不至的关心与照顾。人们常说"家永远是我们的避风港湾"，我们能在充满亲情的世界里更加快乐而自信。然而，随着社会的发展，尤其是在市场经济背景下，亲情也不可避免地遭到了经济利益的侵蚀，变得日益淡化、异化甚至扭曲，引起了社会的关注和反思。正是在这样的文化背景下，邓耀华作品多从父母与孩子的角度出发，呈现父爱、母爱等普通而伟大的亲情主题，展现了许多意蕴深远的社会问题，使更多人陷入沉思。

在邓耀华的亲情主题里，我们解读到更多无私的爱。从《生命的呼唤》中，我们看到了有爱就有奇迹的感动。从故事内容来看，小说成功塑造了一个年轻而伟大的母亲形象，在地震发生之后，母亲不顾自己的生命安危而"饮血救子"，用自己的牺牲换来孩子的生命。她让我们看到母亲的天性，母亲的本质，让我们感受到母爱是人世间最无私的爱，值得我们每个人讴歌与颂美。《生命的呼

① 王向峰．文艺学新编[M]．沈阳：辽宁大学出版社，2000：468.

唤》余音意在唤醒许多沉睡已久的儿女们的心，不要把母亲的付出视为理所应当，不要把你的母亲视为你的“保姆”，冷静下来，反思自己，有则改之、无则加勉。用我们力所能及的爱去回报她，不要让爱无处安放。这就是邓耀华小小说要给我们传达的主题思想，触动我们的内心，发人深思，教人受益。

“酒一滴就醉，心一碰就碎，只有亲情最可贵。”亲情中最珍贵的莫过于父母对儿女之情了。《爱心密码》正是折射出了这种亲情，定格了父母之爱的伟大。《爱心密码》中折射出许多许多当今社会存在的棘手问题。作品中的密码其实不是个谜，但因密码形成了一种鲜明的对比。父亲设的密码是一种爱心，亦是一种对儿子的考验。密码有着父亲对孩子无言的爱，可儿子却始终猜不到，没有体会到父亲的爱。这一种具有讽刺性的对比使儿子的品行暴露在观众的眼前，给观众评判的权利。记得有句台词：“城里有着乡下人的梦，乡下有着城里人的爹娘。”这句话印证了文中李小力由乡下人变成城里人，进而忘本的路程。所以，最终李小力没有得到父亲的4万元，这是他忘本、忘恩的下场。父亲也通过这种形式给他上了最后一课，意在唤醒儿子，人不能忘本，希望他从此做一个爱人、爱己、爱社会的人，找回初心。《爱心密码》其实最容易解。“百善孝为先”，只要有一点孝心，爱心就没有密码。没有爱心的人永远不知道最后的答案。《爱心密码》中“爱心”有着三重意义：一是密码本身显示着父亲对儿子一家人的爱。二是文中父亲有一种博爱，父亲辛苦攒下的4万元钱并没有留给儿子(因为他知道儿子拿不到这笔钱)，而是捐给了养老院。儿子不在身边，是左邻右舍照顾着他，他用爱来回报关爱他的人，回报社会。三是因设密码儿子拿不到这笔钱，对儿子是一种教育，这种爱用心良苦。但在李小力或一些人看来这不近人情，但正是这种不近人情，显示了一种伟大的父爱，失去了才会懂得珍惜，他希望儿子因没有拿到钱而就此清醒，希望儿子从此做一个有爱心的人，爱亲人，爱他人，爱社会。这就是邓耀华关于亲情这个主题给我们上的一节课，值得我们用一生的时间去回味与咀嚼。

爱情是世间永恒的主题，这是被古往今来的读者所公认的，但就文学作品而言，爱情永远是一个载体，重要的是通过爱情故事这个载体来表达作家的思考与想法，从而反映出时代的某一侧面。爱情，是无法用言语描绘的，它变幻莫测、捉摸不透，使很多人为之而改变。在邓耀华的小小说中我们看到了他对爱情的多元解读，亦看出了他的“别有用心”。通过《哈喽，你好》，我们看到了用心共同演绎的刻骨铭心的爱情故事，也让我们对爱情产生了美好的憧憬。文中男孩女孩爱的火花，在一刹那间迸发，产生了爱的萌动，他们为寻找彼此都付出了一定的代价，但有心就有奇迹，最终相遇相知相爱。他们从一分多钟的拥抱到一辈子的爱情，从一次相遇到一生的相守，两个有心、有情人在各自的努力下，让冥冥之中注定的缘分早日画上了圆满的句号。这个完美的爱情故事传达了邓耀华的爱情观之一，它告诉我们，无论面对多大的困难，只有怀抱初心，方能始终。不管是爱情、友情、亲情抑或其他感情，我们都用心去对待，收获的绝对比你预想的更加美好。

在《四姨的爱情》这篇小小说中，我们又看到了对爱情的另一种解读。这是老一辈的婚姻，父母之命、媒妁之言是常规。就这样，文中貌美如花的四姨就被许嫁给一个老实憨厚的跛子后生，他们的爱情也由这种反差极大的开头起航了。小说的开始先给人一种凄惨的氛围，用窈窕淑女的四姨和草根的跛子结合来引起读者的惋惜，但作者随后笔锋一转，跛子男人虽然不好看，心肠却很好，他把四姨当宝贝一样地呵护。父母为他们创造了爱情，跛子珍惜爱情并守护着他们的爱情，最后四姨守候他们的爱情和属于他们的回忆。文中通过这种反差性较大的笔法，使四姨的爱情得到了圆满的结局，使读者默然思考爱情的定义。四姨的爱情没有热火朝天、山盟海誓的热恋，只有伴你如初的执着。使读者明白，原来爱情与外貌无关，幸福与物质的多少无关。它需要你用心去爱，用真情去叩开爱人的心门。所以，跛子收获了四姨的爱。后来，跛子去了天堂，四姨却没有再改嫁，她坚守着他们的爱情，用忠贞来守护这份属于他们的爱情，这种寄托式的爱情对四姨来说也是幸福的。四姨用她的行动诠释了对这份爱情的坚守。跛子愿意付出，四姨亦愿意珍藏这份最珍贵的礼物。所以，从邓耀华的爱情类的主题文章中，我们能懂得许多道理，让我们抛开现实社会的藩篱，重新定义爱情的本质。

邓耀华的小小说经常在贴切的比喻中蕴含深刻的生活哲理，让作者去品味、领悟其中的道理，即醉翁之意不在酒。这种初衷在《你有房子》这篇作品中体现得淋漓尽致。《你有房子》中，伟和梅的爱情折射了很多当代年轻人的爱情观。他们两人因为家庭条件的差距而分手，梅为房子而放弃自己相恋已久的爱人，找到一个有房的对象。可事与愿违，当她受难时，有房的男友对她置之不理，而伟却不离不弃，瞬间让这个女孩醒悟，明白了什么才是真正的爱情、真正的房子。从这个故事中，我们可以看到很多现实社会中的爱情都布满了伟和梅的影子。随着社会的发展和人们思想的现实化，很多年轻人的爱情被物质所凌驾、摆布。小说用贴切的比喻把人心比作房子，通过对比，反射出爱情与房子之间的关系，指出爱情与有无房子无关，心房其实比楼房要宽敞得多，因为心房经得起风吹雨打，经得起考验。《你有房子》反映了一种社会现象，在这个物欲横流、房价飞涨的今天，在城市拥有一套属于自己的房子成了很多年轻人的梦想。由于梦想难以实现，许多年轻女性把房子作为自己择偶的首要标准，甚至为了房子而放弃自己的真爱，最终自食其果。所以这篇文章不仅对年轻的女性有很大的教育意义，对父母也发出了警报。父母不要左右孩子的幸福，孩子也不要把梦想寄托在他人身上，尤其不要把房子看作爱情的筹码，不要等到失去才知道珍惜，而要努力做个自立自尊自强的新时代女性，这是我们通过这篇文章所要感悟的道理，亦是邓耀华关于爱情的看法和理性思考，更是对年轻女性的一种善意告诫。

古代中国社会是一个官本位的社会。“官本位”乃是封建思想的残余，而如今盛行的官僚主义、形式主义则是官本位的具体体现。在传统中国人的心底，似乎存在这么一种意识，即做官是实现人生价值的唯一方式和最佳选择。孔子曰“学而优则仕”，这非常明确地阐明了读书的目的。如今，官场形态各异，在社会不断发展的同时也相继出现了一些亟待解决的官场问题。在邓耀华的作品中，我们可以看到作者从现实生活取材，用极具讽刺性的笔法揭露官场中的各种不合理现象，描述官员们蜕变过程，对防腐拒变具有醍醐灌顶的作用。

在《遍地马甲》中，我们可以从“马甲”的背后，窥知官场的潜规则。小说通过江大朋(城建局副局长)与“张国平”(县长)的聊天，抨击了官场的黑暗交易，他们穿着“马甲”，在“马甲”的包裹下行贿。网络中的“张国平”虽不是县长本人，却折射出了社会的不良风气。文章用极具幽默的讽刺笔法，写了在虚拟网络的背景下，官员为达目的利用“马甲”行贿，最终聪明反被聪明误的故事。江大朋污染了为官的清正廉明，一心想通过行贿往上爬。不料却被儿子引入坑里。作者通过幽默讽刺的方式，揭露官员为官不正的习气，意在告诫官场的官员们：“人生没有捷径，升官发财应走正道，不要挑战国家法律的底线。”所谓“人，无所求，便无所畏，无所欲，便无所惧！要做个心底坦荡无私的人民公仆”。这就是我们从作品中得到的最大的财富，从别人的故事中认识自己，鞭策自己，让“马甲”不再附有标签。

《变声》是作者对官场怪相更具讽刺性的力作。这篇小说用一种奇特的表现方式，暴露讽刺了官场“内幕”。众所周知，变声是少男少女们进入青春期，声带的一种正常变化。但本质没有变，就是声音本身粗或细点而已。而小说中的变声则是变了质，最初王局长发表演讲的声音变成了张秘书的声音，后来极具滑稽讽刺性地变成了李秘书和赵主任的声音。这看似不可思议的现象其实字里行间都反映了局长的“伪装”，这也是《变声》的精彩之处，揭露了局长发言稿、汇报材料等的虚假性，强烈讽刺了那些在其位不谋其政，昏庸无能的“一把手”们，他们执迷不悟，在官场中丧失了自己的原则，使本身变了质，辜负了人民的信任，也迷失了自我。邓耀华通过有代表性的素材，贴近生活，针砭时弊，揭露官场里的腐败问题，呼吁人民的公仆们：“做自己的事情，率先垂范，说自己的话，掷地有声！”

二、邓耀华小小说的艺术特色

文学是语言的艺术，语言是文学作品反映社会生活、表达思想情感、塑造人物形象的唯一媒介。在文学创作中，无论是自然景色的再现，生活场景的描绘，还是人物思想动作、音容笑貌的刻画，都离不开语言。

邓耀华小小说的艺术特色，首先体现在语言上，他善于用朴素的语言讲述故事，在或普通或奇特的故事中揭示深刻隽永的哲理。

小小说文体篇幅短小，要求语言精炼，容不得信马由缰、海阔天空的叙述。这就要求作者在创作的时候尽可能做到短小精悍、言简意赅。邓耀华的小小说善于在较短的篇幅中通过朴素的语言揭示深刻的哲理，从而将小小说"形小而神不小"的艺术功效发挥到最大化。一个成功的画家，能将人物描画得形似而且神似，而邓耀华小小说的成功，则是通过对人物外貌、语言等方面的描述，将这个人物栩栩如生地呈现在读者面前，给读者留下较多思考空间，从而在文中领悟到许多的人生哲理。《约见李梦阳》①正是这样的成功之作。作品主要刻画了何洁这个人物形象，通过简单的语言交流，我们可以看出何洁在大学是一个有美貌却没内涵的女孩，李梦阳之所以拒绝何洁的追求是要让女孩明白，内在修养比外表的漂亮更重要。何洁毕业后没有经历任何困难与挫折，轻而易举地过上了上层人的日子，因此，她将自己的基调定得很高，高得甚至跑了调。作家通过对她的心理活动的描写，反映出了她强烈的虚荣心，她本想打击下那个曾经拒绝她的李梦阳，炫耀一下自己，不想一切都在意料之外，她反而被打击了：

> 一个小时后，何洁和丈夫驾车去了与李梦阳约定的酒店。下了车后，自信心十足的何洁一下子就被眼前的情景击垮了。坐着大奔驰而来的李梦阳容光焕发，一副志在必得的神态，他

① 邓耀华．约见李梦阳[J]．当代人，2006(8)．

身边的妻子一脸含笑，冰清玉洁，亭亭玉立，何洁连和她握手的勇气都快没有了。然而，更让何洁吃惊的是，丈夫见了李梦阳后，马上变成一副毕恭毕敬的样子，上前握着李梦阳的手说："李总好，没想到你是何洁的同学呀!"然后侧身对何洁说："何洁，我和李总早几年就认识了，李总是大老板呀，生意都做到欧美去了，他可是我们公司的大财神呀！今天我们要和李总……你的老同学好好在一起聚一聚。"

何洁的脸早已变得不是那么回事了，她手摸着额头，有点语无伦次："哦，对不起，不，我有点头痛，不舒服，我们回宾馆去，改日再聚吧。"何洁说着就转身钻进了车子里。

在这部小说中，作家想表达的是：做女人首先要学会低调，低调的女人永远不会跑调，有麝自然香，比如李梦阳的妻子。"何洁"还启示女人要自强自立，靠着父母与老公的衬托，就会永远像塑料或纸质的假花一样缺乏内在活力之美，而经历风吹雨打的花朵，无论什么时候看上去都娇艳无比。

在《英雄》中，我们同样也能从零修饰的语言中见证英雄的伟大。《英雄》的背景建立在战争时期，它成功地塑造了两个英雄形象：一个是驰骋战场、浴血奋战的二牛，一个是二牛的母亲。我们原本以为这只是一个勤劳善良的母亲，不曾想她却做了一个伟大的壮举——结束自己的生命，让儿子安心为国杀敌，这一举动令所有人震撼。作者在刻画这一形象时，没有壮烈场面的渲染，没有过多的铺垫，亦没有响亮口号的烘托，只是用朴实的语言，简单的对话，寥寥几笔却鲜明地刻画出了这位母亲可歌可泣的伟岸形象。语言虽朴实，却字字深入人心，读来让人潸然泪下。文中的英雄们用自己的生命展示了一种大爱，作者也希望通过这篇作品唤醒现代沉睡的人们重新理解生命的价值，感染我们原本善良的灵魂。

喜用短句对话，话中常含弦外之音、言外之意，是邓耀华小小说语言上的一大特点。

邓耀华的小小说擅长短句对话，让读者在对话中领悟其中的弦外之音、言外之意，从而更好地把握作品主题。如《本性》①就是其典型代表作：

县长很年轻。

县长当选时才36岁，县长过去是县财政局长，县长当选后就去拜会过去的老县长。

老县长说："够品了，你现在是真正的官了。"

县长说："还不是您老的栽培。"

老县长说："哪里哟，是你个人努力的结果嘛！"

县长说："个人努力也离不开组织的培养呀。"

老县长说："呵呵，也是也是。"

县长说："您老今后还要多指教。"县长就很谦虚地向老县长讨教。

老县长就说："今后处处都要严肃点。"

县长点头。

老县长又说："当官就要像个当官的样子，嘻嘻哈哈的树不起威信来。"

县长又点头。

老县长还说："千万别由着自己的性子。"

县长还点头。

老县长还说："别的也没啥子，有的是人给你抬轿子。"

县长一直点头。

老县长问："都记住了？"

县长说记住了记住了。

后来县长果然就变得严肃起来。县长听老县长的话，老县长过去在县里一直威信很高。

县长本来爱打球爱唱歌还爱跟同事们开玩笑。县长现在不了，县长要维持县长的形象和身份。

县长果然在县里威信很高。

① 邓耀华．本性[J]．小小说选刊，2004(3)．

但是县长却一天天的瘦下去，县长精神很压抑。县长有天晚上在家里跟妻子说当个县长真要命。

妻子说你们当官的是死要面子活受罪，一天到晚板着个面孔，当怎么样就怎么样嘛，活泼一点未必就不像当官的了？

县长说你知道个屁。

县长其实也很想活泼一点。有次县长在县府办公室里看报纸，看着看着就不经意地哼起了“何不潇洒走一回”那首挺时髦的歌。过后，办公室主任就说：“县长，你爱唱歌，以后就到家里或者歌厅里唱吧，办公室人多，嘴杂，免得……”

县长知道是善意的提醒。

还有一次，县长见县政府部门的一个干部头发理得很短，就开玩笑说：“瞧你这头，乌龟头似的。”

结果给那个干部弄了个大红脸，说：“县长你怎么开这样的玩笑?”县长也很尴尬。县长过后才真正意识到了县长的身份。

县长就很苦闷。

星期天县长决定去登山解闷。司机把县长送到山下后，说县长我陪你登山吧。县长说不用不用，你中午来接我就行了。

司机走后县长就开始登山，两袋烟功夫县长就登上了山顶。登上山顶后就听有人在一边林子里唱京剧，是《沙家浜》里胡传魁司令唱的那一段：老子的部队开进了沙家浜……

县长听那声音有些熟，就近前去看端底。县长走过去后，歌声嘎然而止。

原来是老县长在唱。

老县长见了县长后很不自在，说：“我，我觉得憋得慌，过去当县长几十年一直憋……”

县长打断老县长的话说：“您老什么也别说了，我知道。现在是不是经常来这里解闷?”

老县长点头。

县长说：“我们今天都不是县长了。”

老县长疑惑地问：“怎么了?”

县长说："在这里不是，回去了还是。"

老县长会过意来，笑了，说："呵呵，来来，一起喊山吧。"

县长点头。于是，山顶上就有一粗一尖的两股声音合在一起，极疯狂极放肆：嗬——嗬——嗬——嗬——

这篇小说写了四场对话，深刻揭示了人的本性。第一场是老县长与年轻新县长的对话，内容不多，却让人感受到一个本性严肃、有崇高威信的老县长，同时也刻画了一个谦虚谨慎的年轻县长的形象。在这一场对话中，我们深入挖掘亦能发现作者的"话中话"，它意在表明人是社会的人，你的身份、角色决定了你要具有相应的形象，当我们进入到一个行业，你就得遵守相应的规则。第二场是县长与下属的两段对话，县长哼歌曲，开下属玩笑，是年轻人的本性，本应无可厚非。但因为他身为县长，他的言行会影响很多人。文中言外之意为，当你的言行能影响其他人时，你必须得克制自己的本性，才能更华丽地出场。第三场是县长与老婆的对话，体现了县长压抑自己本性的无可奈何。它告诉人们，当你的社会地位决定你的行为时，你必须得隐藏自己的本性，你才能更好地履行自己的使命。第四场又是老县长与县长的对话，在文章结构上前后呼应，是小说的结尾，也是小说的高潮，点出严肃并非老县长的本性，老县长与县长都有一种迫不得已，但要寻找释放的途径，让本性以另一种方式进行解脱，解脱之后才能去追求更完美的东西，才能让人不困于心、不困于己，更华丽地出场。这篇小小说通过选取身份不同的人和县长的对话，使小说本义呈现在读者眼前，让我们从中悟出大道理，这就是短句对话的艺术魅力所在，每句话都余音袅袅，耐人寻味。

巧妙地应用重复是邓耀华小小说的又一大特色。他的许多作品善用"重复"这一表现手法，达到让读者"窥斑见豹"、强化主题的创作意图。例如《去登一座山》①：

---

① 邓耀华．去登一座山[J]．阅读与鉴赏，2008(5)．

亲的对话，在写与母亲的对话时，除了把父亲改成母亲，对话内容完全没变。第二次是孩子去登山，只改了次数，其余文字不变。这种看似没有新意、枯燥无味的结构，实则起到莫大的作用，用这种重复的方法，来突出强调没有人能够登上这座山，也没有人愿意去尝试；另外，它衬托了一个富有冒险精神、不怕困难的孩子形象；最后使父母与孩子的思想形成一种鲜明的对比，反衬出父母的墨守成规。这个文章给众多家庭和社会上了一课，它意在告诉人们：孩子登山的成功，证明了这个世界上没有比脚更长的路，没有比人更高的山，家长们不应该将自己的思想强加于孩子，身为父母，要鼓励孩子探知未知的事物，并放手让孩子去“探险”，这会是他们人生中的一笔宝贵财富。所以从作者采用的巧妙重复中，我们能了解到言外之意。这就是作者使用重复的魅力所在。

故事平实，结局常出人意料，是邓耀华小小说的结构特点，体现了其艺术匠心。其作品总是以平凡之事开头，人物对话平常，故事情节平淡。然而在“平”中却隐藏着一种诱惑力，总是吸引人往下看，以探究故事最后的结局。同时，他的小小说的结尾总是会制造惊喜，既出乎意料，又在情理之中，寓意深长，耐人寻味。《山妹的歌声》①即是例证。作品讲述了这样的故事：“我”去恩施旅游，听到山妹们甜美的歌声，想把它刻录下来送给山妹们。如此简单的事，小说通过“我”与山妹们简单的对话描写，映射出山妹们的纯真与美丽。作品结尾处的寥寥几笔，让这个平凡的故事有了不平凡的灵魂：

夏日里，经不住恩施清凉气候的诱惑，更重要的是，要给山妹们送歌碟，我就又去了恩施。

到了山寨，山妹们一眼就认出了我，互相一叫喊，就蜂拥到我身边，把我团团围住。我拿出碟子来，播放一张，就有一个山妹笑着说：“这个是我，我唱的。”然后，高兴地拿走了碟子。再播放一张，又有一个山妹笑着说：“这个是我，我唱

① 邓耀华．山妹的歌声[J]．精短小说，2014(6)．

孩子经常坐在门前看村子后边的那座山。

村子后边的那座山是一座独立的山，山生得很奇，平地突兀而起，呈圆柱形直冲凌空。山上怪石嶙峋，生着一丛丛的灌木，山顶常常被云雾绕着。晴好天气时，可以见到老鹰在上边盘旋，还有一群群的燕子从山下朝山上穿飞。

孩子也就十三四岁，孩子在一次次地看了那座山后对父亲说：“爹，村子后的山好高呀！”

父亲说：“是的，山好高。”

孩子问父亲：“爹，你登上过这座山吗？”

父亲说：“没有。”

孩子又说：“那你怎么不去登呀？”

父亲说：“山很高，从来就没人登上过。”

孩子继续说：“你没去登过，咋就晓得登不上去呢？”

父亲说：“我从小就听我的爹说，山很高，从来没人登上过。”

孩子还说：“那你爹也没去登过呀？他又是听谁说登不上去呢？”

父亲说：“我的爹说，他是听他爹说的没人登上过。”

孩子点了点头说，我知道了。

父亲有些奇怪地问孩子：“儿子，你问这些做什么呀？”

孩子说：“我就是想问一问，有没有人登上过这座山，山上到底有什么东西，你看，老鹰总是在山顶上飞来飞去的，还有那些小燕子，来回穿梭，好像忙得很呀。”

父亲说：“呵呵，我还以为你想去登山哟，那可是登不上去的。我从小还听老辈人说，山上有燕子洞，洞里有很多很多燕窝，可值钱啦。”

孩子说：“呵呵，我晓得了。我会去登上这座山的。”

父亲看了看孩子说：“你傻了吧，尽在说胡话，从来就没人登上过的。”

孩子也看了看父亲，孩子没说什么，只是摇了摇头。

孩子还是老喜欢坐在门前看村子后的那座山。孩子一次又

对母亲说：“妈，村子后的山好高呀！”

母亲说：“是的，山好高。”

孩子问母亲：“妈，你登上过这座山吗？”

母亲说：“没有。”

孩子又说：“那你怎么不去登呀？”

母亲说：“山很高，从来就没人登上过。”

孩子继续说：“你没去登过，咋就晓得登不上去呢？”

母亲说：“我从小就听我的妈说，山很高，从来没人登上过。”

孩子还说：“那你妈也没去登过呀？她又是听谁说登不上去呢？”

母亲说：“我的妈说，她是听她妈说的没人登上过。”

孩子点了点头说，我知道了。

母亲有些奇怪地问孩子：“儿子，你问这些做什么呀？”

孩子说：“我就是想问一问，有没有人登上过这座山，山上到底有什么东西，你看，老鹰总是在山顶上飞来飞去的，还有那些小燕子，来回穿梭，好像忙得很呀。”

母亲说：“呵呵，我还以为你想去登山哟，那可是登不上去的。我从小还听老辈人说，山上有燕子洞，洞里有很多很多燕窝，可值钱啦。”

孩子说：“呵呵，我晓得了。我会去登上这座山的。”

母亲看了看孩子说：“你傻了吧，尽在说胡话，从来就没人登上过的。”

孩子也看了看母亲，孩子没说什么，只是摇了摇头。

孩子过后想，他们都没去登过山，咋就知道登不上去呢？

孩子于是就想去登这座山。孩子有了登山的想法后，对谁也没有说过。

于是，在一个星期天，孩子背着父母去登山了，孩子是从山的正面向上攀登的。开始的时候登的很顺利，可是登着登着就没有路了，而且山势很陡，再也无法登了。孩子只好败下阵来。

又一个星期天，孩子又背着父母去登山了，孩子这次是从山的侧面向上攀登的。开始的时候登的很顺利，可是登着登着就又没有路了，而且山势很陡，再也无法登了。孩子再次败下阵来。败下来之后，孩子又绕到山的另一个侧面去登山，最后的结局是再次败下阵来。

孩子并没有气馁。转眼又是一个星期天，孩子还是背着父母去登山，孩子这次是从山的后面去登的，开始的时候登的很顺利，可是登着登着，就跟以前一样了，山势很陡，几近无法攀登。孩子咬着牙一点一点地往上爬，爬着爬着，就出现了一条很小很小的小路，小路被掩蔽在杂草丛中，蜿蜒曲折，很难发现，孩子小心翼翼地探索着，攀登着。

中午的时候，父母见孩子没回家吃饭，就到处去找孩子，可是到处都找遍了，所有的村人都问遍了，也没有发现孩子。父母只好继续找，一直找到傍晚，太阳都快要落山了，还不见孩子的踪影。就在孩子的父母急得快要发疯的时候，有人突然指着村后的山下说：“你们看，那不是孩子吗！”于是，所有的人都向孩子奔跑过去。到了孩子面前，父母问孩子：“儿呀，你到哪去了？都快要把我们急死了。”

孩子笑着说：“我去登山了。”

“你去登山了？”所有的人都用别样的眼光看着孩子。

孩子说：“是呀，我真的去登山了。”

父母说：“那你登上去了？”

“是呀，我登上去了。”孩子说着还从肩上取下一个背包，递给父母：“我不仅登上山了，我还从燕子洞里弄回来好多燕窝哩。”

父母接过背包，流着泪说：“我的儿呀，这山可是从来没人登上去的呀！”

孩子说：“你们所有的人从来都没去登过，咋会登上去的呢？是山总会有路的，只要有人去登，没有登不上的呀！”

在这篇小小说中作者用了两处重复，第一处是孩子与父亲、母

> 的。”也高兴地拿走了碟子。我有意把高个山妹的留到最后，当成压轴戏。我想，大伙听了我为她特殊配音的歌碟后，一定会称赞不已。
>
> 我有意卖个关子，说：“你们好好听，猜猜这最后一个是谁唱的。”山妹们伸长了脖子，竖起了耳朵。
>
> 我刚一播放，山妹们就嚷嚷开了，说：“呀，这是谁唱的啥？”
>
> 我看着高个山妹说：“这是她唱的呀，难道你们听不出来？”
>
> 山妹们摇了摇头，一个说：“这是她唱的吗？”又一个说：“不像呀，这不像她唱的呀！”还一个说：“她唱的不会有这么好听吧？”
>
> 我说：“怎么会不是她呢？真的是她唱的。”
>
> 让我没想到的是，山妹们还是一个劲地摇头。这时，高个山妹突然哭着跑开了，还边哭边说：“你忽悠人，这咋会是我唱的呢？”

文中的“我”本想给山妹的歌声加以修饰，让山妹的歌声变得更美，结果却出人意料，“高个山妹突然哭着跑开了”——按常理她应该为此高兴的。然而，正是这种反常，让我们更加感觉高个儿山妹的纯真，她认为，她没有唱那么好，强加给她对她来说是一种讽刺。山妹的歌声本身就好听，若人为加以美化，反而觉得不是自己了，这体现出了山妹身上追求真实的高尚品德。

像这样出人意料的巧妙结局，也出现在《约见李梦阳》和《去登一座山》中，在主题表达上发挥了极强的艺术功效：在《约见李梦阳》中是对目光短浅、功利主义的何洁这个人物的绝妙讽刺，在《去登一座山》中则是对登山孩子敢为人先精神的褒扬和赞美。

第六章　胡金洲的小小说

胡金洲，男，笔名金鼎，1945 年出生，湖北武汉人。湖北省作家协会会员。1969 年毕业于华中师范大学中文系，先到武汉军区政治部农场锻炼，后分配至湖北襄阳八四六厂(即后来的襄樊卫东机械厂)任党办主任。1986 年调任襄阳市经济委员会通讯科、干部科科长，1992 年调任襄阳市交通局副局长兼运输处处长，1999 年调任湖北省道路运输协会秘书长，2010 年在襄阳市交通局退休。

胡金洲是襄阳小小说创作领域的领军人物之一，也是当代中国文坛小小说领域颇具影响力的知名作家，2013 年入选《中国小说家大辞典》。从 2013 年到 2017 年，其作品《找地》《买鱼》《老话》《母与女》《迷路的人》等连续五年分别入选中国年度小小说排行榜。

他自 1983 年开始文学创作，迄今在《工人日报》《湖北日报》《文学报》和《长江文艺》《百花园》《小说界》《小说月刊》等全国多家报刊发表小说和报告文学等已逾 300 篇。其小小说多次获全国大奖，其中《你应该这样》获全国“阳光与大地”文学征文一等奖，《哑炮儿》获全国建国七十周年小小说大奖赛优秀奖，《天下第一家》获《百花园》《小小说选刊》第二届全国小小说大奖赛优秀奖，《绝活》获《小小说选刊》1995—1996 年度小小说佳作奖，《牛踢庄》获《百花园》2015—2016 年度小小说原创作品优秀奖，《找地》获中国作协与湖北省委宣传部主办的“中国文学周 · 抒襄阳情”征文二等奖，《绝活》获中国小说学会颁发的“中国当代小说奖”。

截至 2017 年，其小小说已有 50 余篇入选《小小说选刊》《微型小说选刊》《中国微型小说选刊》《中国当代微型小说精粹》《小小说百题精选》《中国微型小说荟萃》《名家精品小小说选》《当代小小说佳作选读》《中国大陆微型小说家代表作》《中国当代小小说大系》和

《悦读》《特别关注》《青年博览》等各类选刊选集；多篇小小说入选全国或地方中学语文教材，其中《双虹石》入选《全国初中现代文悦读锦囊》、湖北省中学生阅读文丛《当代小小说佳作选读》，《天下第一家》入选深圳《中学生续写文本》，《双虹石》《绝活》入选襄阳《中学生晨读文本》，《找地》入选浙江温州高中八校联考语文试题。胡金洲的作品在海外也有一定影响，有多篇小小说随选集入藏美国与加拿大有关图书馆。饶有趣味的是，其小小说《绝活》发表于1996年，时隔21年后又被2017年第二期的《文学少年》(中学)刊载，足见胡金洲作品的魅力。

胡金洲的小小说创作大致可分为两个时期：自1983年至1999年为前期。本期出版小小说集《绝活》(1996年)，共收录作品98篇；而后又发表了《背影》《请吃官司》《老黑与老白》《受戒》《七叔》等。1999年至2010年，因为工作繁忙，无暇创作，故留下了10年的空白期。2010年退休至今，是其创作的后期。尤其是2013年以来，其创作呈井喷状。其新作不断被《百花洲》《小小说选刊》等刊载，如《母与女》《候补粉丝》《老娘亲》《夏四姥姥》《垢壶》《终点站》《半爿包子铺》《牛踢庄》《潘七爷》《老话》《迷路的人》等。最近几年，其小小说还常常被多家网络媒体刊载。如小小说《红糖饼》《一罐土鸡汤》《何苦亲热》《老乡亲》《欠你一顿饭局》《孔明出山考》《衣冠楚楚那些烂事儿》《醉醉酒》《分享书香》《哑巴和尚》等被著名的互联网信息引擎“今日头条”刊载；《皮影子》《鸟语者》被原创小小说网站“活字纪”刊载；《草长莺飞(一)至(五)》被公共平台“华文驿站”刊载；《幸福故事》被全本小说阅读网“华文之光”刊载；《那山，那老僧——生活禅系列之一》《画家、桥与年轻沙弥——生活禅系列之二》被“襄阳新时代”公众号刊载。这些显示出了作家厚积薄发的生活储备，老而弥旺的创作激情，老而弥丰的创作高产，以及老当益壮的创作实力。

一、胡金洲小小说的选材与主题

得益于丰富的人生阅历、深厚的文学功底和敏锐的生活感知，胡金洲的创作视野十分开阔。他“不放过他身边有价值进入作品的一人一事”①，所以，其作品的题材广阔、内容丰富，其艺术观照的生活可谓包罗万象、异彩纷呈。从题材类型看，有古代传奇、现代繁华、家庭掠影、社会折光、哲理思辨等，涵盖面颇广。就人、事、物来说，则表现出极高的容纳性：从人物看，有红军战士、老将军、副厅长、副村长、修车老头、工程师、剃头匠、小和尚、年轻沙弥、知青、骗子、洋妞等；从空间场景看，有公共汽车、街头小吃铺、理发店、星级大酒店等；从风俗民情和物事、物象看，有江城武汉的风情、鄂西小镇的民俗，有竹扎纸糊的“程咬金”(《皮影子》)、农民自酿的“五粮液”(《醉醉酒》)、儿时记忆小甜点(《红糖饼》)、知青点上的土鸡汤(《一罐土鸡汤》)。除此之外，还有鸟、鸽、鸡、狗、猫、牛、虎等各种动物。这些五行八作的人物，悲欢离合的大小事件，丰富多彩的风俗民情、物象动物，无不在作者笔下生动毕现、熠熠生辉。

胡金洲的小小说很多选择了家庭生活题材。作品中有大量关于家庭日常生活描写的精彩片段，内容涉及家庭成员的相处、家庭教育、家人情感等。在作家笔下，家人亲情浓烈、和睦相处，家庭温馨美好，通过家庭生活展示了人性的真善美。例如《礼物》讲述的就是一个妻子出差、丈夫照顾两个孩子的温馨故事。有趣的是，大儿子将丈夫照顾孩子的情况写进了他的作文之中，被回家的妻子看到，因此妻子改掉了平常喜欢唠叨的毛病，丈夫称之为“爱的礼物”。出差之前的妻子一手包办家里的事务，丈夫和孩子习惯了妻子的安排，导致妻子离开之初父子三人的极度不习惯与萎靡不振，妻子对家事的大包大揽造成了丈夫和孩子的不独立。这是家庭相处时或多或少可能会存在的问题，但是故事却给人一种温馨之感，因为为丈夫和孩子着想造成了过度的“照顾”，虽然这种照顾起了反作用，但是妻子对丈夫和孩子的爱是显而易见的。胡金洲选取的仅仅只是家庭中发生的很小的一件事，但是却能透过这个故事表现

---

① 刘诚言．扑朔迷离 异彩纷呈——读胡金洲《绝活》集偶记[J]．襄阳师专学报，1997(2)．

爱，揭示人性的真善美。

家庭对每个生命个体都是不可或缺的，胡金洲家庭题材的小小说给人一种轻松温馨之感，夫妻之间的相处是自在的，可以看到彼此给予对方满满的爱意，也可以看到父母对子女的无私伟大的爱。然而，并不是所有的爱都能够被察觉，比如《断奶》。作品采用对比手法，写出了可以被察觉的并有所回应的爱，以及无法被察觉因而惨遭误会的爱等两种情形，这种对比不仅强化了作品的生活实感，有利于揭示人性的复杂，也能从更多层面引发读者对家庭、亲情、父爱、母爱等问题的思考。

在胡金洲的小小说里，有些涉及了哲理思辨题材。这类作品内含思辨，充满哲理。例如生老病死是每个人都要面对的问题，作家对此类问题的展示和探讨，目的是挖掘复杂的人性。例如《关于死的讨论》。妻子说这世界人太多，如果每个家庭派一个代表去死，你会派谁？妻子和丈夫是组合家庭，儿子是妻子的，这个问题的答案自然是丈夫。丈夫因此心生不快，他认为自己为这个家任劳任怨，最后仍然摆脱不了被推出去的命运。妻子所说尽管是玩笑，却令他心寒。妻子提出的问题是有意思的，世界人口过多应该怎么处理？如若是你，你会派谁？透过问题的回答我们可以看到人性真实的一面。在面对死亡时，是恐惧还是冷静？是推出别人还是牺牲自己？这是对人性的考量和检验。

在胡金洲的创作中，较之家庭生活与哲理思辨题材，社会折光类题材作品更多一些。这类小说常通过平凡小事，反映现实面貌，揭示时代变迁，展示人情冷暖，反映社会问题。例如《新居》讲述的是主人公从农村搬到城市单元楼的故事。单元楼和农村的区别在于，一个足不出户，一个左邻右舍打成一片，一个冷清，一个热闹。文中写到，老人要回乡下时出门碰到对门的孩子，老人来时孩子刚出生，走时孩子已经会走路说话，看起来很大了。这则故事颇耐人寻味：物是人非，类似在桃花源中生活久了，等进入世俗社会自然会产生不知今夕何夕的感慨。都市的人们，每天呆在自己的小房子中，与邻居们老死不相往来，导致了人与外界的隔绝，人与人之间的隔膜。小说通过老人的经历和感受，反映了城市化进程的快速推进和都市人封闭的居住模式带来的弊端，体现了作者对普遍存在的社会问题的关注和思考。此外，他的小说还反映了人际关系的冷漠、戴着有色眼镜看待人，某些人以权谋私、贪污腐败等社会问题，表现了作家关注人、关注社会的高度责任感和是非分明的正义感。

契合于题材的丰富性、广阔性，胡金洲小小说在主题的揭示上呈现出多元性和深刻性的特点。

著名作家余华曾说："我写一篇小说，力求让它有意义。如果写不出意义，我就退而求其次，让它有点儿意思。如果没有意思，则宁愿不写。"①在这里，余华用"有意义""有意思"道出了小说存在的要义。对此，有人作了更加具体的阐释，那就是"温暖与呐喊——这是文学自身存在的意义支点，也正好代表了小小说创作立意的两个终极。温暖，指的是发现美、开掘美、展示美、融入美，传承先人流淌下来的价值理念、道德规范和家园情怀等，释放美学精神和哲学价值，弘扬我们希冀中的那一抹真善美的暖光，给苦难创造一条光明的精神出路。呐喊，指的是作者具有对于社会压抑人性的深刻批判意识，通过道德力量和伦理深度去揭示人性弱点，展示伟大而崇高的人性悲悯、救赎与良知的情怀"②。

胡金洲就是这样一位如上所说以"有意义"或"有意思"作为内涵追求、以"温暖"和"呐喊"作为终极立意的小小说作家。仔细阅读体味胡金洲的小说不难发现，"作者有着让他的作品净化读者心灵的美学愿望和目的"③。总的说来，作家在题材的选择和加工上，在形象的塑造和主题内涵的挖掘上，都贯穿了一种符合积极健康品位的求真向善趋美的价值取向，体现了作家严肃的责任感和使命感。胡金洲的多数作品有意彰显出"文以载道"的教化功能。对此，作家通常采用以下三种情感方式加以表现：

---

① 余华．余华文集[M]．太原：北岳文艺出版社，2004：1.

② 夏阳．温暖与呐喊[J]．小小说选刊，2016(11)．

③ 龚正荣．关于小小说微型艺术的美学思考——胡金洲《绝活》阅读札记[J]．襄阳师专学报，1997(2)．

一是对人性中真善美的肯定与赞扬，如《西行记》《哑炮儿》等。《西行记》写一个姓吴的老将军在一青年军人的陪同下到西部某城市省亲，晚上住旅馆的故事。第一晚住的是低档旅馆，六人间，条件很简陋，老吴很满意。因为无法忍受旅馆的蚊叮虫咬，青年军人第二天带老吴住进了一家高级宾馆，装修高档，设施气派，不料这一安排却遭到了老吴的严厉批评。据此歌颂了身居高位的老吴和平年代不忘本，保持艰苦朴素的劳动人民本色的高尚情操。

《哑炮儿》写一个 27 岁的名叫李一新的采石工，练就了一手排哑炮的绝活，每次遇到哑炮，他都会一马当先奋不顾身地去完成任务。一次，当他成功地排除了一颗哑炮后，却被另一颗没被工友排查出来的被引爆的哑炮炸飞的巨石砸中而英勇牺牲。他的英雄事迹被传诵和铭记。

在胡金洲的那些“发现美、开掘美、展示美、融入美，传承先人流淌下来的价值理念、道德规范”的作品中，讴歌母爱是其表达温暖主题的重要部分，如《母与女》《老娘亲》等。

胡金洲对于母爱充满感恩之情，他曾说：“我们每一个人，不是作为儿子就是作为女儿，对自己的母亲或许有这样或那样的看法与想法，但对母爱无论如何是不能质疑的。无论母亲文化高低，无论母亲性格温柔或乖戾，也无论她贫穷或富有，她自怀上你的第一天起，她那伟大无私的母爱就一直呵护你成长，直到那神奇不朽的最后一口气。我老母亲就是这样，天底下的母亲都是这样。”①《母与女》写的是一个年轻的母亲为了帮助两三岁的女儿建立对事物的正确认知而付出的可贵努力。这是“我”在公交车上看到的一幕：小女孩在唱一首童谣——“小木船，水上游，游近石头不回头。石头不动船不动，小船急得撞石头……”②抱着小女孩的奶奶纠正孙女儿说，小船不会撞石头，因为它有桨。因为小孙女儿只和妈妈坐过铁质的脚踏船，没见过小木船，也没见过桨，所以说“奶奶在骗人!”即使一个好心的姑娘证实奶奶话的真实性，也被认为是骗人。

① 胡金洲．母爱无比[J]．小小说选刊，2016(11)．

② 胡金洲．母与女[J]．小小说选刊，2016(11)．

在众目睽睽之下，为了哄住任性哭泣的孙女，奶奶只好违心地说："哪有什么有桨的小木船呀！奶奶故意骗你的！"然而，年轻的母亲却没有向任性的女儿妥协：她专程和婆婆带女儿到护城河水上游乐园去坐小木船，还自己花钱为木船配了两只新木桨。她要让孩子知道：的确有小木船，的确有划船的桨。这个年轻母亲的做法是负责的、可敬的，她用眼见为实的方式，让女儿建立了对事物的正确认知，用这种特殊的方式表达了对女儿的爱。

《老娘亲》①讲的是小时走丢长大后成为富户人家的银河寻娘的故事。银河凭借脖子上的玉坠找到眼瞎的二狗娘，而二狗娘为了怕银河丢了寻娘的心之后人会变，也怕连累银河，所以不认银河，银河却在二狗娘去世当晚做梦发现二狗娘就是他要寻找的娘。二狗娘是明智的，她经历得多，明白人性的复杂多变，她怕她的大狗找到了娘亲没有牵挂之后会变。小说通过描写二狗娘这个艺术形象，表现了母爱的无私与伟大，展示了人性的真善美。

二是对人性中假恶丑的否定和鞭挞。如《买桔》《门铃》《老话》等。这类作品意在讽刺社会的不良现象和不正之风。《买桔》②讲的是妻子明明知道贴钱，还是坚持让丈夫为几个邻居代购桔子的故事。丈夫强强买了一篮子黄澄澄的桔子，报价每斤五毛。妻子芳芳是有名的"节约模范"，明明知道丈夫少报了价钱，却不点破。当邻居王妈、左邻张伯、右舍胖嫂、对面吃劳保的刘老头纷纷前来要求强强为他们代购桔子时，妻子满口答应，并安排丈夫抓紧落实。当最后丈夫问妻子，明明知道贴钱，为什么还要让他代购时，妻子说出吃小亏以求大回报的真实意图。原来，这些人(除了对门的刘老头)都是以后用得着的人：王妈的儿子是五金交电公司的一把手，手握"批回扣电冰箱条子"的大权；张伯的儿媳妇是中学校长，能帮自己的孩子上重点班；胖嫂的外甥是外科医生，能为自己开护肤品、补品开方便之门。通过妻子的帮忙动机，讽刺了某些人乐于助人背后的"私心"和人际交往中严重

① 胡金洲．老娘亲[J]．小小说选刊，2016(11)．

② 胡金洲．绝活．买桔[M]．北京：军事谊文出版社，1996：10-12.

的功利主义目的。

《门铃》①讲的是小男孩果果帮爷爷刘书记把门的故事。果果家新安了门铃，他和爷爷约定，以后凡是有人按门铃，别人都不允许开门，只有自己一个人能开。爷爷特意交代他，哪些人可以进，哪些人不能进。一天，一对男女按响门铃，果果跑去开了门，发现男的提着一个鼓鼓囊囊的黄色塑料袋，尽管他亲切地递给果果一个苹果，但果果还是把门关上了，没让他们进。爷爷表扬了果果，并奖励果果一个苹果。不一会儿，又有人按门铃，果果打开门，见门口站着一位拿公文包的大胡子爷爷，又把门关上。被拒之门外的老爷爷急得只喊“老刘！老刘！你搞什么鬼！”爷爷听到叫喊，赶紧跑去开了门。原来来人是爷爷的朋友。但果果对爷爷的举动不依不饶，哭闹不已，因为爷爷违反了两人的约定。无奈，大胡子爷爷只好退出去，按响门铃，果果重新开门，才得以再次进门。大胡子爷爷称果果为“小检察官”。这时，果果看见先前那对男女还站在楼梯口，看了看那个黄色的大塑料袋，砰的一声把门关上了。这个故事通过那个男的手提的“黄色的大塑料袋”，隐晦地反映了某些人向官员行贿的不良现象。但如若从另一个角度看，身为书记的果果爷爷，则是拒绝贿赂的廉洁官员。

《老话》讲的是人老了，“我”和老涂对已老话题的讨论。而结尾处写老涂坐公交的一幕令人难忘。老涂扶人，有个小伙出来作证，大妈摔倒与老涂无关，大妈并非不识好歹之人，小伙觉得白忙活了；老涂坐下一辆车却等来了下班高峰期，一群年轻女工挤着上车，老涂最后没坐车。老涂觉得人多挤车，年轻人不容易，挤上车还要给老人让座，他觉得老人可以错开高峰。这一点也反映了社会发展过程中存在着一些不良风气。有争论的话题“老人摔倒扶不扶”在这里重现，然后年轻小伙的一句“白忙活了”让他和老涂形成对比，引人深思，人性在这一刻得到体现。

三是对人性中真与假、善与恶、美与丑两个方面复杂表现的对照和对比揭示，如《绝活》《关键不值钱》《哑巴和尚》等；或者“作

① 胡金洲．绝活．门铃[M]．北京：军事谊文出版社，1996：109-111.

品无明确的肯定与否定，而是让生活画面本身给以透视、启迪”①，如《刮面》《阿黄》《一罐土鸡汤》等。

四是表达对生活的深刻感悟，揭示人生哲理。例如《选择》和《征名》。《选择》讲的是三个老人要求上帝帮助自己回到从前，而最后又请求上帝重现把自己变回老年的故事。在上帝的帮助下，第一个老人永远成为一个天真可爱的孩子，他永远无忧无虑，学到再多的知识也不需要工作；第二个老人永远成为一个朝气蓬勃的小伙子，他再爱那个姑娘也不能和姑娘结婚，成为一个爸爸；第三个老人永远成为一个才华横溢的中年人，他每天忙碌于工作和家庭，只能幻想着两个老人夕阳下相互搀扶的幸福。最后三个人找到上帝要求回到从前的自己。这篇小说表达的人生感悟和揭示的人生哲理是：从出生到死亡，只有完整地经历了这个过程才是人生，不论永远停留在哪一个阶段都是不完整的，看似美好的事情其实并不然。人生就是一个个选择，活出怎样的人生，在于自己怎样选择，不要期待天上掉馅饼的美事，踏实过好自己的每一天，享受人生的每一天才是重要的。

小小说《征名》是关于给一幅画征集名字的故事。画面是一个小男孩和一个小女孩赤裸着上半身，男孩用手兜起短裤头的橡皮筋，小女孩低着头往裤头里看。应征者起名“童心”“稚趣”“两小无猜”等，直到一个小男孩和一个小女孩出现，小女孩指着征名广告上多一点的“名”(注：这里是“夕”那里多一点)字问小男孩是什么字，小男孩说是“名字”的“名”，小女孩问为啥多了一点呢，提醒了征名人。征名人给了小男孩五元，小女孩十元，两个孩子没有要，征名人将画题名为“你为什么多了一点?”，画被哄抢。这个故事歪打正着显得有意思。事实上，如果仔细分析，该作品并无明确的载道目的，只是通过这个故事，反映出社会的一种现象，即儿童和成人认知的差异性：小孩和成人思维方式不同，孩子的世界更加单纯，想问题不会像成年人那么复杂。

---

① 龚正荣．关于小小说微型艺术的美学思考——胡金洲《绝活》阅读札记[J]．襄阳师专学报，1997(2)．

二、胡金洲小小说的艺术风格

胡金洲在长期的创作历程中，发表了数百篇小小说，其中不乏像《哑炮儿》《绝活》《找地》《刮面》等获得全国大奖的小说经典，逐渐形成了鲜明的艺术风格。这种独特的艺术个性，主要表现在见微知著的美学放大艺术、耐人寻味的“留白”艺术、追求新异的“变脸”艺术和个性化的语言艺术等方面。

(一)见微知著的美学放大艺术

小小说作为微型艺术，篇幅短小，容量有限，在思想和内涵的表现上不大可能像中、短篇小说尤其长篇小说那样博大精深，也不大可能呈现时代的壮丽画卷和民族命运的宏大主题——这就是人们通常所说的在人物、情节、环境、结构、语言、主题等方面的单(单纯)、简(简洁)、明(明快)。但这并不意味着单、简、明的小小说只能承载清浅的立意和表现狭窄的精神。小小说的艺术魅力就在于在尽可能小的篇幅里最大限度地表现深刻的思想。胡金洲就是一位深谙小小说文体奥妙的小说家，把以小见大、见微知著的手法发挥到极致，所采用的则是行之有效的美学放大艺术。所谓“美学放大”，就是“在极其有限的艺术空间容量中集中表现、渲染、浓化有意味的形象因素(或某个情节场景、或某一画面镜头、或某一细节特写、或人物的特定情态，等等)，从而强化表达与揭示蕴于其中的思想内涵”①。

在胡金洲的小小说中，这种美学放大艺术的具体表现，就是通过凡人琐事，集中优势笔墨，选择生活性极强、细小而又富有意味的情节、细节、情境来强化描绘予以放大，而不是设置大事件、大动作、大场面。这种处理，不仅能让读者体会到生活感和人情味，而且有利于凸显细微处的精神和寻常事中的人性。例如《门铃》《鸟

① 龚正荣．关于小小说微型艺术的美学思考——胡金洲《绝活》阅读札记[J]．襄阳师专学报，1997(2)．

语者》《老乡亲》等，就是这样的佳作。

《门铃》写的是一位官员抵制拒绝别人向自己行贿的新举措——不让进门，旨在反映某些人出于换取不当利益的动机而给当权者“上门送礼”的不良社会风气。对这样一个极为严肃的主题，作者在构思上则巧妙地利用有趣的情节加以表现，由天真无邪的童心来折射重大社会问题，这种以小见大、见微知著的艺术处理，发挥了小小说的特长，收到了强化内涵的效果。《鸟语者》写一个身材高大的护工三年来对因车祸瘫痪在床的生物老教师的精心呵护，“三年，他没得过一次褥疮”。小说并未展示护工对老教师的护理过程，重点放在对清晨窗外林中小鸟的悦耳叫声的描写，对两只鸟相亲相爱并繁衍下一代的描写，以此来突出鸟与鸟的相爱，人与自然的和谐相处，护工对瘫痪者的爱心，即通过小场景、小动物、小人物、小细节、小事件，揭示出呈现大爱、歌颂大爱的主题。

《老乡亲》也是一篇成功运用以小见大艺术手法的优秀之作。同村的水溅与柳江是发小，却因为五亩地的归还问题反目成仇，眼看要闹到械斗或打官司的不可开交的地步。最后是水溅的远房五叔、镇上民事庭庭长水庭前来给水溅做思想工作，巧妙化解了两人的矛盾，使两人握手言和。小说的精彩之处在于，对当事一方的柳江轻笔带过，用较多笔墨写水溅的委屈、不快和愤懑，重点则写水庭在看似不经意调解中的智慧：先是用虚构的和尚的话“不日之内有一场刀光之灾”来引起水溅的“双目惊悚”；继而在水溅院子门口供奉的关帝爷的石像前撂下“请神容易送神难！善事做到底，恶事莫开头！”的话外之话，以引起水溅对自己行为的思考；接下来又用杜撰的老和尚所说的“人怕生前，猪怕拽后！”的谶言警告水溅考虑两人争斗的后果，再次对水溅产生思想触动；再接着是借向关帝爷石像鞠躬膜拜之语，向水溅发出“能忍则忍，能让则让”的劝告。经过一番努力，水溅终于同意与柳江和解。小说最后也就水到渠成地出现了这样的场景：“柳江开小车，水溅骑摩托上门赶情。水庭收下一瓶老乡亲，倒管了二人一顿饭”——法官水庭通过自己的耐心和智慧，化解了邻里冲突，维护了一方平安。另外，小说的题目也是颇有寓意的，他们喝的是“老乡亲”酒，化解了矛盾，重又变成和好如初的老乡亲，小说的整体构思是极为巧妙的。

（二）耐人寻味的“留白”艺术

对文学作品而言，所谓的留白艺术，是指艺术空白，即指作品以艺术的方式引发读者的联想、想象和思考，从而充实、补充作者没有或没能在作品中写出的形象与内涵的延伸部分。对此，美国现代小说大师海明威有过生动形象的阐释，这就是他著名的“冰山”创作理论。他把文学创作比作漂浮在大洋上的冰山：“冰山运动之雄伟壮观，是因为它只有八分之一在水面上。”他认为作家用文字表达出来的东西只应是海面上的八分之一，而海面以下的八分之七的文本，读者需要细心研读方能体会其中的意蕴。简言之，所谓“冰山理论”，就是用简洁的文字塑造出鲜明的形象，把自身的感受和思想情绪最大限度地埋藏在形象之中，使之情感充沛却含而不露、思想深沉而隐而不晦，从而将文学的可感性与可思性巧妙地结合起来，让读者由鲜明形象的感受去发掘作品的思想意义。

胡金洲的小小说将留白艺术运用得十分老练，给读者留下了丰富的想象空间，作品也以此被赋予朦胧美。例如《伞》《月圆之夜》《吻》就是极好例证。这三篇小小说的结尾都没有直接言明结果，给人一种模糊朦胧之感，同时这三篇小小说整体上也是模模糊糊的。《伞》讲的是公交上的艳遇最后却放弃，《月圆之夜》是女孩羞涩的爱情不敢做逾越的事，《吻》是大义战胜爱情而送离别之吻。《伞》结尾处纸片的飞舞，《月圆之夜》结尾处的影子以及《吻》结尾的吻和冬青树的描写，都给人留下想象的空间，故事似乎已经有了结局又似乎没有结局。故事在结尾已经尘埃落定可以预见结局了，但是结尾处的描写又引人思考。正因如此，读者才能够在作家留下的想象空间中去思考故事背后暗含的人性：《伞》为了家庭抵抗了艳遇，因为家庭的责任；《月圆之夜》女孩虽羞涩不敢做逾越的事，但说出来却是大胆而奔放的，大胆地追求爱情；《吻》看似只是离别，实际是劝男友自首，为了大义牺牲爱情。透过这些我们可以看到，留白艺术在胡金洲小小说对人性的挖掘中发挥了极大的作用。

(三)追求新异的“变脸”艺术

胡金洲是一位不断追求自我超越、博采众长、不断追求创新求变的小说家。他对某作家创作的像流水线一样出来的、模样相同的作品，合在一起就成为其风格的说法不以为然，更倾向于将写作当作川戏中的“变脸”绝活。他说：“‘变脸’戏给我们很多启发。如果让我在‘新鲜’和‘风格’之间一百次取舍的话，我一百次选择的是前者。我对自己的要求永远是：给读者多些再多些新鲜货色。”①通盘观之，其作品在人物性格、情节构架、故事结局和表现手法等方面，千人千面，各不相同。创作数量巨大却绝不自我重复，这对一个作家来说是极为难能可贵的。

在胡金洲笔下，即使同一题材，也会写得面目各异，有较大的区分度。例如《花月之夜》和《飞吻》，同属爱情题材，都写夜幕下一对恋人的对话，但两篇中的男女主人公的性格各异。前者侧重表现一种纯真的理性化的爱的追求和超乎凡俗的爱的境界；后者则重在写实，作品中主人公快人快语，尤其是女主人公向恋人频频发问，在得到满意回答消除疑问内心踏实之后，便自然而然在分手时向对方献出“飞吻”。再如《细细的雨丝》和《天空，应有星光》，同属家庭题材，都是一对夫妻一个孩子。但前者写离异后的夫妇，母亲拖着孩子与前夫在公交车上偶遇，作品主要通过男女主人公坦诚、明快的对话，充分展示了他们离异后剪不断的情丝。后一篇则写负罪的丈夫与拖着婴儿的妻子在公交车上偶遇，作品不是通过对话，而主要通过人物的表情、动作和背景的烘托来揭示男女双方深沉、痛苦和难以言状的内心世界。

只有博采众长，方能常写常新。胡金洲做到了这一点。他善于汲取古今中外小说的艺术技巧，为己所用，故他的小说在创作手法和艺术形态上呈现出多姿多彩的景观。其作品中，如《背影》《七叔》《纸花》《鸟语者》等，采用了散文和散文诗的表现形式；《绝活》《哑炮》《秘方》《红糖饼》等，则采用传统故事的表现形式；《新

① 胡金洲．生产线、变脸及其他[J]．百花园，1997(11)．

居》《刮面》《投稿》《名片》《信》等，借鉴了单口相声的手法；《邂逅》《作品》《名牌效应》《寻》等，采用了百字笑话的写法；《选择》《奇帚》等，采用的是寓言神话体；而《雨蒙蒙》《母与女》等篇，则采用了蒙太奇的表现手法，画面感很强。正因为胡金洲小说在艺术技法上的创新求变，才换来了受众阅读时的兴味盎然、乐此不疲。

（四）个性化的语言艺术

胡金洲小小说的语言个性，集中体现在生活化的语言与地方方言的运用上。前者，赋予作品以很强的生活实感，后者则赋予作品浓郁的地域文化色彩。他的小小说经常使用富有特色的方言，如“啥”“娘”“爹”等。襄阳方言中“啥”是“什么”的意思，“娘”“爹”通常是农村的孩子对自己母亲、父亲的称呼，与城里的“妈妈”“爸爸”有异。方言的使用赋予作品地方色彩和浓厚的生活气息。这样的例子很多，仅举《黎明时分》加以说明。这篇小小说中有这样一段话：“我老伴那年深更半夜要生老大，我急昏了头去找他们厂的工会主席，不巧主广给怀伢的爱人来买汤包，我硬是从人堆里把他喊出来，人家踢开排队的半截砖头和我一起颠颠地跑！一想起这事我心里就愧得慌！哎，老哥子，您说过去的干部咋恁法好啊！”①这段话中语言的特色很明显，“怀伢”是怀孕的意思，它是方言；“愧得慌”中的“慌”字在方言中也经常出现，主要表示一种不安的情绪；“老哥子”是一种称呼，加“子”字有一种亲切感在里面；“恁法好”中的“恁法”也是农村生活中的常用的语言。这段话中的语言不仅是方言而且是农村生活中的常用语言，这样的语言使得故事更加贴近现实生活，更具真实感，读起来也更加通俗、更显亲切。另外，在那些用散文或散文诗形式写成的小说中，胡金洲的语言表现出浓郁的诗美风格，如“月亮款款儿升起来，悄悄落在槐树梢儿上”②；“日头落下来。鸡儿上笼了，鸟儿归窠了”③；在小说《母

① 胡金洲．绝活．黎明时分[M]．北京：军事谊文出版社，1996：147.
② 胡金洲．绝活．花月之夜[M]．北京：军事谊文出版社，1996：5.
③ 胡金洲．绝活．山南旧事[M]．北京：军事谊文出版社，1996：155.

与女》中，作者这样描写在公交车上观赏到的襄阳护城河的雄姿和护城河河面上的景致：

> 公交车缓缓驶上西门桥，桥下横亘着华夏第一城池，中国最宽阔的一条护城河。护城河南枕岘山，北跣汉水，蜿蜒于雄兀沧桑的古城墙之根轻漫荡漾。
>
> 护城河上，十几只脚踏船残留一道道亮闪闪的水纹，慵懒徜徉。①

这段文字不仅优美如诗、明丽如画，在字里行间还洋溢着一个长期生活、工作、居住在襄阳的异乡作家对古城襄阳、襄阳历史文化及其山水相依的宜人环境由衷的赞叹之情和自豪感。

① 胡金洲．母与女[J]．小小说选刊，2016(11)．

第七章　当代襄阳诗歌创作综论

一、新中国三十年的襄阳诗歌

本期襄阳诗歌起步于20世纪50年代初。1952年苏光照发表在《湖北文艺》的《凤英回娘家》，拉开了当代襄阳诗歌创作的序幕。该诗作通过凤英向妈妈报告土改使农民物质翻了身，现在农民又要文化翻身的喜讯，热情歌颂了中华人民共和国诞生后农村的新生活。

1955年，罗成秀、王化郁先后发表诗作《新西湖颂》、《再也不能当睁眼瞎》，以昂扬激越的诗情赞扬了鄂西北人民在党的领导下战天斗地、改造大自然的事迹。1958年战士诗人乔林创作了长篇叙事诗《白兰花》，生动刻画了一位纯朴、坚定、刚毅、机警的农村青年妇女形象，歌颂了大别山根据地人民在抗击日寇侵略和国民党反动统治中所表现的英勇顽强、不屈不挠的斗争精神。该诗1958年由人民文学出版社出版，得到诗人郭沫若的高度评价，在全国诗坛产生了较大影响。

50年代末，同全国的诗歌状况相同，在狂热激进的"大跃进"时期，全民写诗，人人是歌手，表面繁荣热闹，洋溢着革命英雄主义和革命乐观主义情调，充满豪言壮语，实则内容假大空的襄阳新民歌乏善可陈。而襄阳籍诗人白云天创作的叙事诗《神鱼的故事》则是难得的收获。诗作以流行于湖北秭归的民间神话传说为蓝本，讲述了屈原投江后被洞庭神鱼运回屈原故里秭归与亲人相见的感人故事，想象丰富，文笔优美，充满神奇瑰丽的浪漫色彩。

进入60年代后，由于文艺界的"左倾"思潮愈演愈烈，襄阳诗歌创作的道路也越来越窄。"对某种现存观点的阐释代替了对真实生活内容和感情世界的体验，片面强调诗要成为时代号角而导致构思、形象上的雷同。诗的内容空泛、概念化，依靠所谓的‘豪言壮语’的渲染铺张，以至发展到伪造生活和感情，这种倾向在当时已愈来愈明显。”①最终不可避免地走入死胡同。

二、新时期的襄阳诗歌

新时期的襄阳诗歌和新中国三十年相比，无论在诗人数量、整体实力，诗歌数量与质量，还是在作品题材的广阔性、主题的深刻性，诗人的艺术个性化、创作风格的多样化等方面，都有长足发展和进步。

本期活跃在襄阳诗坛的中坚力量，是出生于20世纪四五十年代甚至更早的一批中年诗人，如吴鄂东、龚正荣、李圣强、黄耀辉、彭泉瀚、刘蒂、任金亭、彭广全、汪光房、毛翰、金口哨(原名张军，笔名初为“金口哨”，后改为“金呼哨”)等。他们成长于中华人民共和国成立之后高亢激越的颂歌时代，经历了动荡的“文革”岁月，也经过了党的十一届三中全会思想解放运动的心灵洗礼，有着丰富的生活阅历，对现实与历史有着深刻的把握与洞悉；在诗歌观念上，深受“托物言志”“文章合为时而著，歌诗合为事而作”的中国传统诗歌现实主义精神的影响，同时也多多少少受到了改革开放后吹进国门的西方现代诗风的熏陶。因而，他们的诗歌在思想与宗旨上，表现出对现实与历史的批判性与反思性；在诗艺上既表现出直抒胸臆又委婉含蓄的古典风格，又自觉不自觉地表现出借助于意象营构传情达意的现代审美趣味。

吴鄂东，男，祖籍江西铅山，1938年出生于湖北利川，1956年进入武汉市歌舞剧院工作，1964年调新疆生产建设兵团6师文工团，1975年初调襄阳市文化局、文联工作至退休。60年代开始文学创作，曾在《长江》《芳草》《绿洲》等报刊发表小说诗歌，多部

① 李耀楠，周圣弘．中国当代襄樊文学气象[M]．南宁：广西民族出版社，1993：79.

(篇)作品获国家及省级奖项。代表作为诗集《云寺》。①

《曾卓》一诗是吴鄂东的诗歌名篇，出自于诗集《云寺》第三辑“人物风骨”。该辑共刻画歌咏了李白、杜甫、李贺、苏东坡、张继、嵇康、陶渊明、孟浩然、胡风和曾卓等中国古代和现当代共十位“风骨”诗人。“风骨”是中国古代非常重要的美学概念，“风”指风采、风姿和风韵，是人的外貌所表现的超凡脱俗的美感；“骨”指骨气、品格与内在气质，是人的高尚人格和非凡气度所显示出来的力量。总之，风骨，是对一个人优雅气质和刚正品格的最高褒奖。

曾卓是一位革命诗人，20 世纪 30 年代开始写诗，是中国现代文学史上著名的七月诗派的代表人物之一。1955 年因受“胡风反党集团”冤案牵连被捕入狱。1978 年平反后，复出的诗人又开始了歌唱，先后出版诗集《悬崖边的树》《老水手的歌》。

《曾卓》一诗刻画了曾卓逆境中不消沉、磨难中显刚毅、孤苦中仍进取的风骨与精神：“一个名叫花山的地方/从来没有过百花齐放/惟‘向阳花’四季盛开//你，流放于‘花丛’/孑然，一株行走的‘毒草’//笔墨纸砚也被专政/你握在手里的锄头和羊鞭/只为挖自己‘罪恶’和/抽打灵魂//你的天空一片阴霾，乌云四合/你于雷电之中，竟然产生/诗的萌动/于没有花的地方/让自己开放诗之花/看来，诗——/原是你生命的唯一形式。”诗歌的这前 4 节描绘了曾卓遭受不幸的时代环境。5~6 节则写曾卓在狱中默默苦吟：“只能以舌作笔/蘸一滴滴血/默默地写于心墙//惟恐遗忘/反复地无声地吟着吟着/像学生时代背诵英语/你将诗献给/如十二月党人妻子一般的/你坚贞不屈的妻子/献给真理与善良——/你一生追随的两位师长。”最后一节则用“悬崖边上的一棵树/以海鸥的魂魄/以航标灯的姿态/以老水手的心怀”等诗句串联曾卓的主要诗作，传达出诗人困厄中对诗歌的挚爱，以及借诗神向人们表达祝福的善良人性。该诗选取的意象恰当、丰富，颇具象征意义：“向阳花”喻指当时

① 襄阳市文学艺术界联合会．襄阳文学 65 年．诗歌选[M]．武汉：武汉出版社，2016：8.

文学创作普遍化、模式化倾向；而“毒草”“阴霾”“雷电”“乌云”等意象则象征着黑暗邪恶势力。“借助这些象征意象所营构的环境衬托，并通过外静内动的第二人称叙事，十分突出地揭示了曾卓傲岸的风骨和宁折不屈的精神风貌，也极其真挚地传达出作者对前辈诗人的敬仰与爱戴之情。”①

如果说《曾卓》是新时期“反思文学”浪潮中涌现的一首著名的怀人抒情诗，那么龚正荣的《爱情与恶欲》则是一首优秀的充分彰显襄阳民间文化与地域文化特色的长篇力作。

龚正荣，男，1941年生于湖北武汉。1963年7月毕业于华中师范大学中文系，曾任襄阳五中教师，湖北人民出版社襄樊编辑部主任，襄阳市文联副主席，襄阳市作协副主席，湖北省作家协会会员，中华诗词学会会员，湖北诗词学会理事。1980年以来，在报刊发表诗歌、评论、报告文学、民间故事、散文及小说约60万字。出版长篇叙事诗集《如华的回眸》、现代诗体小说“人生之恋”三部曲之第一部《豪客之恋》及第二部《琴师之恋》，代表作为长篇传奇叙事诗《爱情与恶欲》。

《爱情与恶欲》根据流传于襄阳虎皮井的爱情传说故事创作而成，全诗共分井遇、誓约、揭榜、斩蛟、斥夫、炼魂、闯宫、除暴、尾声九章，共一千三百余行，1989年由长江文艺出版社出版。诗作写古代一位名叫吴平的穷书生，在城郊的一座古刹中巧遇能够呼风唤雨的乌菟夫人，后来两人喜结良缘，为民治水，献策除害，立了大功。吴平虽一度曾因惧怕权势而动摇过为民造福的决心，但后来经过激烈的思想斗争，终于打消了顾虑，和乌菟夫人一道踏倒王府墙、活剥襄阳王。长诗具有浓烈的地方色彩和浪漫主义精神。作者通过这个传奇的浪漫故事教育人们：做官应为政清廉，决不能贪污受贿弄权枉法，而应为人们谋利益；只有在共同的理想与斗争中建立的爱情，才牢不可破，才具有永久的价值。《爱情与恶欲》不仅主题鲜明、思想性强，在艺术上也显示出动人的艺术魅力。它

① 袁仕萍，张治国．现当代名人咏襄阳诗歌注评[M]．武汉：湖北人民出版社，2014：14.

吸取了中国诗歌艺术的优良传统，又适应表现新生活的需要而加以发展，形成了富有特色的艺术形式和风格。全诗语言朴实而明丽，采用了抒情与叙事相结合的表现形式，在表现传统题材时彰显了鲜明的现代意识。另外，该诗在借助楚文化的浪漫情调书写严峻的历史生活方面，以及力求将传说人物诗化的美与宇宙人生诗化的真正融合起来方面，也做了有益的探索。

与吴鄂东《曾卓》反思历史的沉重以及龚正荣《爱情与恶欲》民间故事的传奇浪漫色彩不同，诗人黄耀辉的写景短诗则显得空灵飘逸、情趣盎然。

黄耀辉，1949 年出生，湖北武汉人。1978 年开始发表诗作，1980 年加入湖北省作家协会。曾任襄阳日报社副刊部主任，襄阳市作家协会秘书长。在国内报刊发表诗歌、散文数十篇，结集出版诗歌散文集《凡心韵语》，代表作为《武当晨兴》："黎明的武当/是一片云的世界//晨风中缓缓上升着/一片洁白的海//残夜摔下了南岩/波涛卷去了它的遗骸//太阳登上了金顶/胭脂染得它笑意满腮//看三三两两游客/跨白鹤天外引来。"

"兴"是感物而发的升华。在《武当晨兴》中，诗人捕捉到黎明武当之景是一片云的世界，是一片洁白的海，晨风、残夜、太阳采用拟人手法，形象生动，富有生机，同时诗味盎然。"游客"跨白鹤，采用的是比喻手法，一片云海中衬托了游客朦胧模糊，三三两两似神话传说中的仙人飘然而至，充满了浪漫的想象空间。诗中的意象选择武当山、晨风、太阳、游客，这些意象依次走进画面，意象与意象的组合紧凑而又和谐地组成了一幅美丽的武当晨景图。诗作表达了诗人对宇宙、人生的探索，对自然的热爱。同时善于捕捉刹那间的感觉(情绪和感触)，寄寓人生的哲理和思想执着于忘情的追求，引起读者的联想，具有言简意赅的效果。总之，这是一首非常优美的诗，文辞雅致，节奏舒缓，格调清新，意境恬淡。

此外，在新时期的襄阳诗坛，若论及诗作数量、诗歌水平和社会影响，李圣强应该是较有代表性的一位。

李圣强，男，1949 年出生，湖北随州人。曾用笔名樯桅、海羽等。1981 年毕业于襄阳师专中文系，毕业后在原襄阳地区文艺创作室做创作辅导工作。1984年调襄樊市文联《汉水文学》杂志社工作，先后任编辑、编辑部副主任、主任。1986年以来兼任襄阳市作家协会副主席。创作以诗和散文诗为主，已在海内外报刊发表作品500余首(篇)，部分作品被省级电台选播，报刊转载。诗作《山村春夜》发表于《湖北文艺》1974年第2期，1975年选入湖北省高中语文教材。《我是震动棒》1984年获全省朗诵诗征文一等奖；部分作品收入《中国新诗选》《中国散文诗大系·湖北卷》《中国当代诗人座右铭汇赏》等多种选集；有诗作被译成英文介绍到国外。主要作品有诗集《远山》，散文诗集《海天片羽》等。《远山》1990年参展于北京国际图书博览会，1991年获襄阳市政府"孟浩然文艺创作奖"。

其诗作文笔老到，视角独特，题材广阔，韵味丰富。若从题材来看，他最擅长的则是乡土题材和历史题材，前者如《半店风情》，后者如《霸王之醉》。

《半店风情》巧妙地透过一个集镇的热闹场景，折射出改革大潮下农村的巨大变迁。该诗有如一个独幕剧，地点是半店——豫西南的一个小村镇，人物是农民，他们经年累月过着日出而作、日落而息的农耕生活，而改革开放的春风已经吹到这里，一切都悄然发生着深刻变化。该诗是一首情韵兼胜的佳作，诗人善于捕捉富有特色的生活环境，生动的形象与意象，多角度、多视点地反映现实生活与心灵感受，既有对现实生活的真切描绘，又有对悠远深邃历史与人生的深刻感悟。诗人用一份朴素的诗思和笔墨给予村镇一种本真淳朴的关注，酒旗、门楣、空气、目光、脚印，显示出一派田园风光，同时，熙熙攘攘的人流、炸油条、剪头发，又构成了轰鸣着澎湃的乐章。诗中流淌着浓郁的田野气息和家园底色，让我们看到了自《诗经》面世以来几千年民歌和农人的影子。同时，改革的春风吹醒了沉睡的村镇。诗人从两种不同的生活方式的描述中表现出了思想深处的悸动。本诗构思精妙，以在农村乡镇的单双日交替运作，一静一动，一冷一热的变化引起读者情绪上的起伏。语言纯熟，"拨弄着油锅里浮起的金黄"诗味陡增，渲染出荷锄而归的田园牧歌情调。总之，《半店风情》从取材到构思，从文学到书写方式，从表达到感情都给读者以清新质朴的感受。也许对于村镇的书写，朴素是最合适的风格。

《霸王之醉》演绎的是中国历史上众人皆知的楚霸王项羽和刘邦的故事。作者根据《石花镇志》的记载，以历史上项羽追击刘邦为切入点，项羽行至今襄阳谷城石花街因美酒而贻误了追击刘邦的机会和时间，所以在中国历史中才有了“垓下之围”和“霸王别姬”的凄美画面，以致宋代著名女词人李清照以诗言道：“生当作人杰，死亦为鬼雄。至今思项羽，不肯过江东。”这其中难免也有些对现实的无奈和对英雄气概的敬佩。而作者却以历史唯物主义的观点，客观地剖析了这一段历史的一个片段，深刻而带有故事性地陈述了项羽失败的一个原因，即因酒误事，这可能是我们以前在历史书上没有读到的一个片段，具有极其强烈的历史性、故事性和文化性。

作者在写作过程中并未单纯地就事论事，细致入微的事件描写背后是对人与历史的思考，是英雄创造了历史还是历史创造了英雄，或许是机遇吧！此诗结构安排合理，感情层层递进，语言简洁流畅，使诗歌具有了史的价值，对于普通读者来说接受起来也不难。

彭泉瀚，男，笔名白水，1952 年出生，湖北仙桃人。先后在老河口市政协、襄阳市政协工作。1976 年开始文学创作，1985 年加入湖北省作家协会。曾任老河口市作家协会副主席，襄阳市作家协会理事。在各级报刊上发表小说、诗歌、散文、报告文学四百多篇(首)，共 100 余万字，作品结集出版的有《彭泉瀚中短篇小说集》《彭泉瀚朗诵诗歌集》。作为诗人，彭泉瀚较有影响的诗作是 2008 年写四川汶川地震的朗诵诗《中国：灾难孕育着美丽》。

发生于 2008 年 5 月 12 日 14 时 28 分的汶川地震是中国遭受的一场巨大灾难，给“20 万平方公里的川西”造成了毁灭性打击：“汶川——残垣断壁/青川——蓑草瓦砾/北川——死城废墟”，“原本有声有色的蜀水/瞬间一片沉寂/原本如诗如画的羌山/瞬间失去美丽”。然而，中国没有被灾难打垮，汶川人民没有在天灾面前屈服，在全国人民的鼎力帮助下，灾区人民化悲痛为力量，迅速投入到抢险救灾中，创造了一个又一个生命的奇迹，在灾后重建中，筑起了一座又一座美丽的家园。

《中国：灾难孕育着美丽》以“灾难”“美丽”为关键词，突出了两者的二律背反和相互转化。作者以独特的视角和纪实的方式，对汶川地震的惨状和灾后重建进行了全方位再现，笔调沉重，但悲而不伤，在伤痛中彰显坚强，在灾难中歌咏美丽。全诗共四节，第一节描写了汶川地震后的场景和全国人民的哀伤，为下一节做了叙事铺垫；第二节写了灾区人民的不屈和战胜困难的信心以及全国人民对灾区的帮助；第三节有对历史的回顾，也有对救灾现场一些特别感人场景的描写，突出了灾难面前中国人的坚强不屈精神；第四节总结性描写了港澳台以及全球华人华侨还有当代青年对灾区的关心与帮助。全诗语言通俗质朴，感情饱满，艺术感染力强，让读者在灾难面前看到了人性的美丽，并据此凸显了中华民族不屈不挠战胜苦难的民族魂。

邓家顺，男，笔名川页，1952 年出生，湖北宜城人，湖北省作家协会会员。1972 年入伍，先后担任过警卫战士、班长、排长、指导员、教导员、副政治委员(上校军衔)。1997 年转业至襄阳市环保局工作。1983 年开始文学创作，先后在《十月》《解放军文艺》《青年文学》《后勤文艺》等军内外刊物发表诗歌、散文、报告文学等 200 余首(篇)，共计 40 余万字。出版有诗集《中国军营》、散文集《军营之恋》等。

25 年的军营生活滋养了农家子弟邓家顺的军营情结，挥之不去的军营情结最终成就了军旅诗人邓家顺。其代表性诗集《中国军营》，每一首诗作都与军营关联，写军营的事，写军营的人，回忆曾经度过的激情燃烧的岁月，缅怀中国军队的光荣历史，书写作为当代军人的使命感和自豪感。邓家顺的军旅诗歌语言朴素，感情真挚，既高度概括，又描写细腻，生活实感强，洋溢着革命英雄主义情怀，显示出阴柔之美与阳刚之气和谐交融的特殊美感。与该诗集同名的《中国军营》一诗，集中体现了这一特色。该诗第一节用“黑红的脊梁”“乘兴吼几声队列歌曲”等诗句，从外观形体与内在气质两个维度刻画出体格强健、精神面貌乐观向上的中国军人形象；第三节书写中国军人的爱情和乡情，展示其丰富的精神世界；第四节回顾中国军队血与火的光荣历史，书写人民群众对子弟兵的爱戴之情："中国军营怀胎于恐怖日子/临盆于南昌城头/拔节于雪上草地/成熟于战争与和平的漫长风雨/如今耸立在高山密林/摇曳在大海沙漠……/兵们用鲜血与汗水/混凝成特殊的钢铁之躯/用奉献和牺牲/收获一句'最可爱的'赞语"；第五节书写的是中国军队保卫祖国安全、维护世界和平的决心，以及召之能战、战之必胜的信念。

较之以上四节，该诗最动人的是第二节对新兵初入军营生活的细致描写："当你作为新兵初到军营时/在班排连所有'长'们眼里/便都把你书写成'小皇帝'/生日面条溢出丝丝柔情/把父爱母爱拉得很长很长/洗脚水袅起缕缕氤氲/准给你留下永远发烫的记忆/而当你接替他们位置的时候/你也懂得怎样做父亲了。"写出了中国军营中官兵之间至真至纯的战友情同志爱，让人感觉到，中国军营不仅是革命的熔炉、青年成才的学校，更是充满爱意、关怀的温馨大家庭。

毛翰，男，原名毛汉生，1955 年出生，湖北广水人。1973 年中学毕业后到宜城市农村插队，1975 年进襄阳地区罐头厂。1978 年考入襄阳师专中文系，1981 年毕业留校任教。后成为西南师范大学中国新诗研究所教授、华侨大学文学院教授。出版有诗集《陪你走过这个季节》《天籁如斯》等，主编《中国诗歌年鉴》《20 世纪中国新诗分类鉴赏大系》，另出版有学术专著《诗美创造学》《歌词创作的原理和方法》《中国周边国家汉诗概览》等。

作为学者诗人，毛翰的诗歌遣词典雅，讲究用典，构思精巧，主旨显豁，表现出浓郁的文人趣味和古典风格，意境优美，同时又朗朗上口，宜于传唱。即使像涉及中日两国领土之争的政治抒情诗《钓鱼岛》，也写得与同类诗作大不相同，体现出毛翰诗歌特有的观照视角、审美趣味和思想表达方式，令人耳目一新：

以虹为丝
以月为钩
有一位仙人在这里垂钓

御风为歌
鼓浪为谣
这是我中华的一座宝岛

东海的鸥来栖
东海的燕来巢
这里盛产山茶、童话、海芙蓉
还有神农的灵芝草

五百年前
我的祖先
就打坐这天赐的钓鱼台
钓一尾长鲸逍遥游
钓一卷春秋清平调

以虹为丝
以月为钩
有一位仙人在这里垂钓
青史为凭
苍天为证
这是我神州的金边银角

天外的风来谒
天外的云来朝
这里每一寸阳光、礁石和浪花
都在我中华的怀抱

五百年前
我的祖先
就高卧这天赐的钓鱼台
钓千古江山永遇乐

钓万里海天渔家傲

日出东海兮
朝朝潮
天佑中华兮
乐逍遥
海盗船来兮
触我礁

太公偕同太白到
夏虹秋月不须邀
天赐我中华钓鱼岛
请与我同歌
请与我同钓

"1996年，中日钓鱼岛争端又起"，毛翰满怀激情地写下了这首令人热血沸腾的诗——《钓鱼岛》①。该作同年刊载于台湾著名纯文学刊物《葡萄园诗刊》第152期，2001年获该刊创刊40周年新诗创作奖，其评语云："几十年来，面对一直被日本人企图染指的钓鱼台列岛，中国诗人所写的抗议性诗歌已经不少，但多从政治上立言。本诗以李白逸事，从历史典故上着墨，文辞优雅，曲折有致，可以歌唱，可以朗诵，是同类作品中难得的佳作。"②

《钓鱼岛》的成功之处，从思想性而言，在于以史为据，表达了钓鱼岛自古以来就是中国的固有领土的显豁主旨，立场坚定，旗帜鲜明，是一首难得的能引发中华儿女民族感情共鸣的保钓之歌；从艺术性而言，在于为保证主旨更加准确生动、更富力度以及更为

① 毛翰的博客．钓鱼岛[EB/OL]. http://blog.sina.com.cn/s/blog_4c6625220100me97.html.

② 沈健．从毛翰《钓鱼岛》看政治抒情诗的发展空间[J]当代文坛，2005(6).

持久的传达，重建了古典性这一行之有效的抒情策略。古典性，即古典美学风格、感情模式、话语载体、风格范式的当代转换与衍生，一种与西方现代诗歌异质性相融通的可能性空间。在该诗中，毛翰将一种民族意识形态转化为中性的审美价值诉求，即预先搁置钓鱼岛的国家、民族、主权等属性，以浑厚的汉语吟咏性、意境化、文化性等属性，将歌咏对象升华为一种文化、一种传统、一种民族集体无意识中的象征。如此一来，吟咏对象不言而喻的中华性就自然而然地暗示了创作主体的民族诉求和政治抒情，诗歌自身的充分自足性未受损害，而写作活动必要的承担性也得到了满足。

彭广全，男，1956年出生，湖北随州人，1981年毕业于襄阳师范高等专科学校中文系并留校任教，后调入襄阳市委宣传部、组织部工作，曾任襄阳市文化体育局局长、新闻出版局局长、文化旅游和新闻出版局党委书记、襄阳市政协常委。大学时代开始文学创作，发表诗歌、小说、散文、报告文学、杂文等500余篇(首)，著有诗集《告别》。

彭广全的作品，题材较广，有闲适的写景抒情诗，如《春雨》《茶山风景》，有精致的咏物抒怀诗，如《春笋》，有柔情乡情乡恋诗，如《水韵襄阳》；有激情似火的政治抒情诗，如《国歌》；也有催人奋进的励志诗，如《告别》。其诗以短小精悍见长，用词贴切，言之有物，构思精巧，诗意盎然，耐人寻味。他尤擅用拟人和比喻，如“春雷一响/地米菜和蒲公英/拽着探头探脑的毛桃树/开始了田间地头/早春的赛跑”(《春雨》)；又如“为了明天/我告别昨天/为了明天/我告别今天/我一次又一次地告别/尽管每一次/都像产床上痛苦的分娩”(《告别》)。拟人和比喻的妙用，使得情感的抒发更见情致，哲理的揭示更加生动贴切。

在新时期襄阳的中年诗人中，还有两位以书写爱情而著称的诗人，即同为50后的任金亭、汪光房，前者著有诗集《母亲树》《爱我所爱》，后者则有诗集《我给青春一个吻》。因有专章对其论述，故在此从略。

与本期的中年诗人在诗坛并肩携手同行的，是以宋明发、叶青、赵黎明、张卫华、张建成、雪耕、马安学、谢冰凌、郭付才等为代表的60后诗人。他们均接受过良好的大学(或硕士研究生)教育，知识结构较为完善，创作起步早，深受现代美学观念和中西方现代诗歌影响，在传承中国古典诗歌血脉的同时，更追求在诗歌中表现现代意识和艺术个性。

宋明发，男，1961年出生，湖北南漳人，湖北省作家协会会员。1983年毕业于华中师范大学化学系，后去西藏教育厅工作，1987年调襄阳市文联工作至今。20世纪80年代初期开始从事文学创作，发表各类文学作品近300余万字，出版有长篇传记《吴德峰传》，散文集《大荒》，诗集《爱情岛》《无语的西部》《走出西部》，有作品获奖并入选多种选本。其诗作呈现出多种色调，有的苍凉悲壮，如《西部》《长城之舞》；有的空灵纯美，如《四月的草原》；有的沉郁激愤，如《端午节》；有的则情浓意切，如《怀念父亲》。其诗的最大特点，是用奇异的语汇形成表意的陌生化，用跳跃的节奏制造言与意的分裂，用隐含的情感线索串联起密集的意象，让读者追寻着诗人的非常规逻辑，用生活经验和个性化感悟去填补陌生化意象言外之意的空白，从而实现或差异化或趋同性的文本解读与诗意增值。

叶青(1963—1996)，男，湖北南漳人。1984年毕业于华中师范大学中文系，毕业后任教于襄樊职业大学中文系。大学期间开始写诗，在《芳草》《星星》《汉水》等报刊发表诗歌100余首，有诗被选入多种选本。《中国：CHINA》是其有代表性的诗作。在英语中，CHINA的词意是“瓷器”，因为中国瓷器闻名全球，于是，该词就成了中国的代名词。该诗反复歌咏的意象是中国瓷器——CHINA。在诗人看来，瓷是中国的浓缩，瓷杯瓷碗盛着的有苦有甜有乐有愁，瓷的裂痕如长城、海峡和租界，瓷的光泽无限。因而，瓷不再仅仅是与百姓日常生活密切相关的器具、物件，而是一个蕴含丰赡的文化符号，浓缩着中国的兴衰历史，联系着中国人的根系命脉。该诗的副标题为“赠赴美留学的人”，意在告诫告别故土的异乡人，无论何时，都不要忘记中国，忘记中国历史，丢掉中国的传统文化。全诗抒发了对中国的深挚的热爱之情，正如诗末对赴美友人的殷殷期待：“这瓷也有根藤牵绕故土/也知舀密西西比河饱饮/又吮母亲的情愫/让西风变化你的节奏吧/即使用变了的声音/你也要常应母亲唤你的乳名，唤/‘China，China’/——中国，中国”。

张建成，男，笔名阿岑，1963年出生，湖北老河口人，硕士研究生学历。湖北省作家协会会员、中国微型小说协会会员、世界华文诗人协会会员。曾任老河口市烟草专卖局副局长，老河口市作家协会副主席，《鄂西北文学》执行主编。自1986年开始发表文学作品，迄今已在省内外报刊发表作品100余万字，获得文艺类奖项50多个，连续获得第四届、第五届楚天文艺文学类一等奖；出版有诗集《一条河流的情歌》、小说集《尘缘注定》等。

张建成诗歌受到了法国象征主义诗人波德莱尔《恶之花》的影响。这在其《致白色——在赤日炎炎中长久痴迷地走着的女人》一诗中有所反映。象征主义在创作方法上十分重视暗示性，正如马拉美所说："叫出一个事物的名字就会破坏诗的大半乐趣，理想的方法是暗示事情。"①诗作表达了现代人在社会中焦虑、烦躁的状态。全诗采用象征、暗示、烘托、对比、联想等艺术手法，将物体的形状、颜色、气味、声音和运动等因素交织起来，描写了诸如滚烫的空气、甲壳虫、暴力、恐怖、黑夜的穹苍、倦怠、堕落的阴夜、地狱、欲望、肉体、苍白的额头等一系列令人厌恶与震惊的意象，具有高度抽象和神秘主义色彩。

杨学耕，男，笔名雪耕，1964年出生，湖北襄阳人。曾供职于襄阳市委统战部，现任职于襄阳市供销社。中国散文学会会员，湖北省作家协会会员。1984年毕业于襄阳师范高等专科学校数学系，同年开始发表文学作品。先后在《散文》《散文天地》《人民日报》《人民日报·海外版》《芳草》《湖北日报》等近百家报刊发表文学作品200余篇(首)。已结集出版散文集《人一生的幸福》《阳光里的村庄》，诗集《我歌我心》，散文诗集《花信风》。

马安学，男，笔名(网名)安子，1966年出生，湖北天门人。1989年毕业于华中师范大学思想政治教育专业，曾任宜城日报社

① 朱立元．当代西方文艺理论[M]．上海：华东师范大学出版社，1997：9.

总编辑，宜城市科协党组副书记、副主席，现任《襄阳商界》执行主编。大学时代开始诗歌创作，1986 年 12 月以来，先后在《襄樊学院报》《中国城乡金融报》《青年月刊》《诗歌月刊》《汉水》等各级报刊发表诗歌、散文、随笔 100 余首(篇)，其作品多次获全国、湖北省和襄阳市诗歌大赛奖，并入选《诗与青春的集合》《红船》《当代青年诗人代表诗选》等多个诗歌选本。1995 年，创办宜城青年诗歌学会，并出任民间诗报《九歌》主编。出版诗集《锦绣的日子》。

谢德瑛，女，笔名谢冰凛，1966 年出生，湖北襄阳人。大学本科毕业，现为襄阳市襄州区广播电视台编辑。90 年代开始诗歌创作，在国内数十家报刊发表诗歌、散文、小说及文学评论等 200 余篇(首)，作品多次获奖并被选载。著有诗集《微笑的红罂粟》《遥远的家园》，报告文学集《大搬迁》。

郭伏才，男，笔名含笑，1966 年出生，湖南人。1991 年毕业于华中师范大学政治系，硕士研究生，现任湖北省展宏工贸有限公司党组副书记，襄阳市旅游摄影家协会主席。先后在《人民日报》《诗刊》《湖北日报》《青年月报》等报刊上发表诗歌散文、报告文学、论文等 500 余篇(首)，著有诗集《风笛吹奏者》。

三、21 世纪的襄阳诗歌

进入 21 世纪，襄阳的诗歌创作进入到一个新的发展阶段，诗人队伍不断壮大，诗作数量大幅增多，作品质量显著提高，社会影响不断扩大，呈现出诗体多样、题材多维、手法多变、主题多元的新局面。

诗人队伍是诗歌创作数量质量和整体繁荣的根本保证，21 世纪以来，襄阳的诗人队伍空前壮大，出现了以襄阳市诗词学会为依托、专注于旧体诗词创作的老年诗群，由 70 后 80 后构成的青年诗群，以及由中、青、少的不同年龄段诗人组合而成的女性诗群，另外还涌现出 90 后乃至 21 世纪出生的新生代诗人，形成了老中青少四代诗人相互砥砺、齐声共唱，旧体诗词、自由新诗交相辉映的创作新格局。现对老年、青年、女性三个诗群简述如下。

老年诗群：

焦泽浩，男，1938年出生，湖北襄阳人。毕业于华中师范大学数学系。历任襄阳市教育局副局长、教委主任，襄阳市副市长、襄阳市人大常委会副主任，湖北省诗词学会副会长，襄阳诗词学会会长。著有诗词集《韵语新声》。代表作有《沁园春·赞四个襄阳》、七律《参观襄阳高新技术区》《南漳水镜庄怀古》《鹧鸪天·咏襄阳古隆中》、七绝《诗会崔家营大坝》等。

程发义，男，1943年出生，湖北襄阳人。毕业于华中师范大学中文系，曾任湖北文理学院文学院副教授，襄阳诗词学会副会长。出版学术性著作《历代咏襄阳诗萃》《写作例话》《新词新义辞典》，著有诗词集《乡情集》。代表性诗作有《鹧鸪天·登万山》《水龙吟·登岘山》《江城子·登鹿门山》、七律《访米祠》《游白马洞有感》。

孟凡，男，笔名樊羽丁，1943年出生，湖北红安人。毕业于华中师范大学中文系。湖北省语文学科特级教师。中华诗词学会会员、襄阳诗词学会副会长、湖北省作家协会会员。出版有《心曲》《古城新韵》等五部诗集。代表诗作有《沁园春·襄樊新咏》《诸葛亮(古风)》等。

高山嵩，男，1945年出生，湖北南漳人。毕业于华中师范大学中文系。曾任南漳县教育委员会副主任。湖北省书法家协会会员、湖北省美术家协会会员、中华诗词学会会员、襄樊市诗词学会副会长。诗词作品被收入《中华诗词》《荆楚诗词大观》等。代表性作品有七律《水镜湖烟雨》《谒张自忠将军衣冠冢》、五律《霁雨汉江》《[双调]水仙子·古隆中》等。

李邦政，男，1945年出生，湖北钟祥人。毕业于华中科技大学。曾任东风汽车公司襄阳实业公司总经理，高级工程师。中华诗词学会会员、湖北省诗词学会会员、襄阳市诗词学会理事。著有格律诗词集《岁月如歌》《金秋漫吟》。代表作品有《登仲宣楼》《巫山一段云·题荟园春日照》《鹧鸪天·水镜庄》等。

罗辉，男，1950年出生，湖北大冶人。毕业于华中科技大学，硕士研究生学历，研究员。曾任襄阳市委副书记、市长，湖北省财政厅厅长、党组书记，湖北省第十一届人大常委会副主任。中华诗词学会副会长。著有学术专著《新修康熙词谱》(湖北人民出版社 2014 年版)、《诗词格律与创作》(华中师范大学出版社 2014 年版)、《常用词牌新谱》(湖北人民出版社 2014 年版);结集出版的诗词集有《四维吟稿》《流光情寄鹧鸪天》《四时吟草》《一声酬唱清如水》等。书写襄阳的代表性作品有《襄阳即事》《鹧鸪天·襄江寄怀》等。

严爱华,男,1952 年出生,湖北襄阳人。曾任襄阳市广播电视大学副教授。湖北省中华诗词学会常务理事,襄阳市诗词学会常务副会长,有《夫人城》《沁园春·襄阳昭明台寄兴》《八声甘州·登仲宣楼怀王粲》《临江仙·习家池》《一剪梅·辛卯素秋游南漳香水河》等多篇入选《诗咏襄阳》《襄阳新吟》等诗集。

郭明强,男,1956 年出生,湖北襄阳人。曾任襄阳市司法局副局长、鱼梁洲开发区管委会副主任。襄阳市律诗协会会长、襄阳市诗词学会副会长。在各类期刊发表诗歌百余首。出版作品集《岁月有痕》,内收旧体诗词近 300 首。书写襄阳的代表诗作有《寻习家池》《中秋过凤林关》《登仲宣楼》《夏夜鱼梁小酌》《临刘备马跃檀溪处》等。

徐敏,女,湖北襄阳人,中学高级教师。湖北省诗词学会会员,襄阳市诗词学会理事。有《游鹿门山》《游鱼梁洲》《春日水镜庄行》《游承恩寺》等多篇旧体诗词刊载于报刊。

舒敏,女,湖北襄阳人,供职于襄阳市人大常委会。襄阳市诗词学会会员,襄阳市诗歌研究会常务理事。有《习家池遣兴》《满庭芳·仲宣楼即兴》《疏帘淡月·走南漳春秋寨》《贺新郎·天下闻名是襄阳》等多篇旧体诗词在报刊发表或入选诗集《襄阳新吟》。

青年诗群:

朱华杰,男,1971 年出生,湖北襄阳市襄州区人。湖北省作家协会会员,中国诗歌学会会员,《格律体新诗》杂志编委。在国内各级报刊发表诗歌两百余首,著有诗集《无可奈何花落去》。其诗善于借助富有中国文化意蕴的意象书写当代人的思绪和怀古之情,如《月下醉饮》《古今的月亮》;也擅长采用象征手法,营造古典意境,歌咏真挚恒久的爱情,如《我和你》《写给你的信》等。

李征，男，笔名大刀李征，1972 年出生，湖北襄阳人。1992 年毕业于襄阳师专化学系，现任教于襄州区张湾镇第二中学。襄阳青年诗人协会副主席。2008 年开始以“大刀李征”为名游走于国内多家诗歌网站。有诗百余首散见于《芳草》《中国微型散文诗》《世界汉诗》《格律体新诗》等刊物。曾获《关雎爱情诗刊》2014 年度“十大短诗奖”，出版有诗集《大刀李征短诗选》，并有作品被收入多个诗歌选本。代表性诗作有《雨中》《家》《蝴蝶》等。

李红平，男，笔名满江红，1974 年出生，湖北枣阳人。大学毕业后供职于枣阳市文化馆。近 20 年来，在全国各级报刊发表作品 300 多篇(首)，有诗获奖，并入选多种诗歌选本。出版有诗集《大地的愿望》。其诗意蕴深刻厚重，意象鲜明生动，联想新奇丰富，节奏张弛有度，颇具艺术感染力。代表作品为《手握青铜的民族》。

周红南，男，1975 年出生，湖北襄阳人。现为襄阳日报社记者。湖北省作家协会会员，襄阳青年诗人协会理事。出版有小说散文集《哥哥巷爷爷街》，散文诗诗歌合集《青春的步伐》，诗集《接受新感觉》《家园》《城市角落》等。其诗作表现出一个新闻工作者的敏锐性和是非感，关注社会底层人物的命运，鞭笞社会丑恶现象。

李小波，男，1977 年出生，湖北随州人。毕业于华中师范大学，文学学士，管理学硕士，现供职于襄阳市国税局。中国诗歌学会会员，湖北省作家协会会员。迄今，已在《诗刊》《星星诗刊》《散文诗》《散文诗世界》《新大陆诗刊》(美国)《中国文学》(香港)《萌芽》等报刊发表小说、诗歌、散文 500 余篇(首)。著有诗集《五个人的天堂》《时光里的呓语》。

毛生平，男，1979 年出生，湖北南漳人。襄阳市作家协会会员，南漳县作家协会副主席。在《大江晚报》《襄阳晚报》《汉水》等发表散文、诗歌作品多篇，作品曾入选多个诗歌选本。出版有散文集《生命的花香》，诗集《拓荒堂诗草》，民歌集《南漳民歌》等。代表性诗作有《春天，让我们去栽一棵树》《让我们站成成熟的麦子》等。

田晓隐，男，本名田升剑，1985 年出生，湖北襄阳人。2010

年开始诗歌创作，先后在《诗刊》《诗歌月刊》《中国诗歌》《西部》《滇池》《文学界》等刊物发表诗作多篇。有作品入选《2013 年中国诗歌排行榜》《湖北诗歌现场》等诗歌选本。较有影响的诗作有《北风比我偏执》《骨头》等。

女性诗群：

左艳琳，笔名不染、不染之荷，出生于 20 世纪 60 年代中期，云南人，现为襄阳市医务工作者。因“诗歌照亮我的痛苦和幸福”而痴迷写诗，秉承“歌唱那些必须歌唱的”理念写作，诗文多见于网络，出版有诗集《照见自己的光亮》。其诗用词清丽，描写细腻，气韵流畅，意境优美，例如《如是》《此前此后》等，都是不可多得的佳作。

阎雯，1964 年出生，湖北南漳人。现供职于南漳县总工会，襄阳市作家协会会员。有《雨后桃花》《山魂》《印象南漳》等多首诗歌被收于诗集《诗韵南漳》。

李默，1964 年出生，湖北老河口人。2007 年开始诗歌创作，在《中国诗歌》《新文学》(香港)《西北军事文学》《左诗刊》等刊物发表诗作多篇。《以熄灭的方式坐在黑暗中心》《薄履之冰》《半月》等是其较有代表性的作品。

张洁，1967 年出生，现居襄阳。作品散见于《诗刊》《诗歌月刊》《山东文学》《青海湖》等刊物。有作品入选《21 世纪诗歌精选》《女子诗报年鉴》等。结集出版有诗合集《十二女子诗坊》和诗集《草上的月亮》等。曾获首届金迪诗歌奖、《新诗大观》2013 年度优秀诗人奖。《草上的月亮》《情诗》《整个夏季都是你的》等是其较有代表性的诗作。

尤晓红，1967 年出生，湖北枣阳人。毕业于郧阳师专中文系。湖北省作家协会会员。1990 年开始发表诗歌，至今在《农民日报》《武汉晨报》《汉水》等报刊发表文学作品百余篇(首)。结集出版有散文集《细细品尝的日子》《心灵的故乡》，诗集《红月亮》等。

刘诗笛，笔名陌峪，1991 年出生，湖北襄阳人。2012 年毕业于湖北美术学院服装设计系，湖北省作家协会会员。在《诗歌月刊》《中国诗歌》《诗歌风赏》《天津诗人》《延河》等刊物发表诗歌 100

余首。出版诗集《彼岸花开》。代表作《初夏》《映》《呓语》《空帆船》《终点》《世界爱情》等，集中体现了其诗简洁、尖锐、含蓄、隐秘、多义等鲜明的个性风格。

阵容齐整可观的诗人队伍为21世纪襄阳诗歌注入了强劲的发展动力。经过长期的辛勤耕耘和创作积累，本时期襄阳诗人们纷纷推出了自己的诗集，为21世纪襄阳文学奉献了有分量的成果。如2000年出版的杨丽的诗集《黎明之约》、刘文生的《黑夜的歌谣》、蔡嘉彬的《鸟群飞临》，2001年出版的宋明发的《走出西部》，2002年出版的大刀李征的《大刀李征短诗选》、刘传国的《银迪霞歌》，2004年出版的晓航的《蝴蝶人诗选》、尚建国的《天空有鸽子飞过》，2005年出版的文爱艺的《雨中花》《太阳花》、任金亭的《爱我所爱》，2007年出版的毛翰的《天籁如斯》，2009年出版的刘传国的《竹笛情歌》、竹丫子的《我们的世界水草丰满》、王俊楚的《动感乡村》，2010年出版的黄耀辉的《凡心韵语》、汪光房的《我给青春一个吻》，2011年出版的张洁等女诗人的诗歌合集《十二女子诗坊》、不染的《照见自己的光亮》，2012年出版的朱华杰的《无可奈何花落去》、邱述安的《二月蝉鸣》、徐先念的《七彩瀑》、蔡嘉彬的《风花雪月》，2013年出版的《彭泉翰朗诵诗歌集》、李小波的《时光里的呓语》、江南客的《曲线逃离》、李道立的《一生在等》、金呼哨的《方言的故乡》、吴鄂东的《方言的故乡》，2014年出版的张洁的《草上的月亮》、李道立等的诗歌合集《诗韵南漳》、刘诗笛的《彼岸花开》、周红男的《怀念一座城池》，2015年出版的焦泽浩的《韵语新声》、程发义的《乡情集》、孟凡的《心曲》《古城新韵》、李邦政的《岁月如歌》《金秋漫吟》、黄耀辉的《那一片丛林》、周少诚的《汉岘吟啸》等。

据不完全统计，21世纪襄阳诗人出版的诗集达50部以上，是襄阳新中国三十年、新时期二十年等前两个时期20部诗集总和的2.5倍，从一个侧面显示了21世纪襄阳诗歌的整体水平与实力。

最后，值得一提的是，2014年4月创刊的襄阳大型诗歌刊物《浩然诗刊》，为襄阳诗歌的发展繁荣做出了积极贡献。该诗刊由襄阳著名诗人任金亭担任主编，装帧古朴精美，栏目设计新颖，内容扎实厚重，诗画辉映，赏心悦目。正如襄阳诗歌评论家乔天正所感受的那样："《浩然诗刊》尽管是以诗刊的形式出现，但它的内容却似阶柳庭花，并有天光水色的丰富内涵。它以新的自由体诗为主，又收录了一定量的传统古体诗词，形式多种多样。……《浩然诗刊》整体布局也非常巧妙合理。内容分布上，有包括卷首语在内的十个版块。每个版块体量分配，显然是经过深思熟虑，恰到好处。'特别推荐'主要是刊登有影响有实力的襄阳地区诗人。'诗歌方阵'则主要由襄阳地区著名诗人的有实力有影响的诗歌组成，另有'散文诗'、'校园诗星'、'诗歌评论'、'美术作品'等版块，犹如味道鲜美的配料。在新老分布、轻重搭配方面，既全面兼顾又合理有致。既重点呈现了实力，又给新的年轻的诗歌爱好者提供了展示空间，给新人新秀以鼓励和鞭策，让每个有才华的人都能见证这块土地的美丽。这种新老兼顾，草木同林的版块布局，真可谓文娱兼修，相得益彰。因此，《浩然诗刊》正以诗歌为主的综合体形式累积襄阳文化之城的广博与厚度。"①

截至 2017 年，该刊已出版 7 期，共刊载超过 400 多名作者的原创诗歌、散文诗作两千余首，发表诗歌评论 40 余篇。该刊以刊载襄阳本土诗人的新锐作品为主，也发表了不少著名省外诗人、国外华语诗人的新作，充分体现了编者美文共赏、兼收并蓄、有容乃大的全国视野和国际视野。如今，该刊已成为鄂西北地区乃至全国的一个新诗重镇，在培养扶持诗坛新秀，提升创新自由诗的诗艺，促进襄阳与兄弟省市的文化交流、文学交流方面，发挥着越来越重要的作用。

① 乔天正．像春天一样——读《浩然诗刊》[J]．浩然诗刊，2017(2)．

第八章　青春诗人汪光房

一、汪光房其人其事

汪光房，男，1957年出生，湖北襄州人。毕业于华中师范大学中文系。湖北省作家协会会员，中国诗歌学会会员，中国音乐著作权协会会员。现任襄阳诗歌研究会副主席。

汪光房因其诗歌专注于对青春、爱情的歌咏，被誉为"青春诗人"；在其爱情诗中，《你的睫毛》广为流传，知名度颇高，故他又被诗友昵称为"睫毛诗人"。

汪光房出生在襄州农家，他对诗歌的热爱和痴迷，缘于上小学时语文老师张朝杰的影响和启蒙。张老师喜欢在课堂上随口念一些打油诗，汪光房很是喜欢。他不仅把老师的打油诗一字一句地记下来，还模仿着老师写一些，得到了老师的夸奖，他越写越来劲，越写越自信。这可以视为他诗歌创作的起点。大概就是从抄录老师的打油诗开始，他养成了一个下意识的习惯：不管在哪里碰见诗，他都会把它们抄录在自己随身携带的小本子上。在汪光房少年时代，农家房舍基本是土屋，很多农户会在土墙壁上贴报纸以作装饰，报纸上有时印有诗歌，走亲戚时若被汪光房看到，他甚至会请求主人家把印有诗歌的那一块儿剪下来送给他。随着小本子上抄录的诗歌数量的增加，汪光房大脑里储备的诗歌知识也越来越丰富。"每到春天，就会联想起本子上关于春天的诗句，四季如此。"①那时，汪

① 邓皓瀚．汪光房：一生只干写诗这一件事［N］．襄阳晚报，2017-05-16.

光房心里便偷偷埋下种子——将来要做一个诗人。上高中时，汪光房有了明确的诗歌创作意识，内容上多了些青春气息，风格上有意向其所推崇的诗人孟浩然那种老少咸宜的清浅平易的风格靠拢。读大学时，他开始在报刊上发表诗歌，其优美的文笔和唯美的意境很快就吸引了读者欣赏的目光。

汪光房之所以走上诗歌创作之路并成为享誉文坛的青春诗人，小学老师的启蒙功不可没。但更重要的，是襄阳深厚的历史文化对他的滋养，襄阳诸多诗歌先贤的优美诗篇对他的熏陶，以及他们炉火纯青的诗艺对他的引领与启迪。正如汪光房所言："襄阳独特的人文气候和有着深厚历史文化积淀的水土，最适宜诗歌的生长。襄阳的每一棵树，都挂着诗行；襄阳的每一条河，都诗意流淌。采一片绿叶，思绪也被染绿；掬一捧浪花，灵感也被擦亮。襄阳大地是一座偌大的剧场，每年春天都上演大型山水实景诗剧《春晓》。如果你是一位诗人，沿着李白、杜甫和苏东坡当年的足迹，作一次浪漫的襄阳游，到孟浩然隐居的鹿门山寻幽访古，亲身感受《春晓》的意境，喝一捧聪明泉清冽甘甜的泉水，你一定会诗兴大发。来到襄阳，不是诗人也诗情满怀。襄阳，这两个字读来都会诗韵悠扬；襄阳，这两个字写来都会诗意飘荡。襄阳，注定是诞生诗人、出产诗歌的地方。"①

汪光房对写诗情有独钟。大学毕业后，他被分配到家乡的师范学校教书，后又辗转多所学校任教，因写诗、办诗社、出诗刊成绩突出，被调入报社做副刊编辑，后又进入襄州区文联任专职副主席。为潜心写诗，他主动辞去了领导职务。频频的工作调动，并未给他带来物质上的富庶，但他心满意足，因为"工作每变动一次，我就离文学殿堂的门槛更近一步"②。

在襄阳乃至湖北文学圈，汪光房是有名的为诗而痴、为诗而狂的"疯子""怪人"。很少有诗人像他那样对写诗全身心投入。无论

① 汪光房．我给青春一个吻．后记[M]．北京：中国文联出版社，2010：71-72.

② 张启才．我为诗狂[N]．襄阳晚报，2010-03-12.

是夜晚躺在床上，还是步行、骑车、坐车或做家务，他都在进行诗的构思。到进入诗的酝酿、构思和写作时，他甚至到了物我两忘的境界。为构思一首诗，热菜的火锅、烧开水的电热壶被烧坏的状况出现过；饿了掀开电饭煲盛饭，发现依然是冷水生米，原来是忘了插电源；骑车出门办事，忽然想起诗句，赶紧下车用本子记下，再骑上车时竟然忘了要到何处去。有次正写诗，发现钢笔墨水忽然告罄，他竟然用牙膏把诗写完；为把刚写的诗作投递出去，他半夜骑自行车出门，差点被小区保安当成偷车贼。痴迷于写诗，无暇照顾家庭，导致当年因崇拜其诗而与之结缘的年轻妻子洒泪离他而去。

如今，年逾花甲的他，没有妻儿，孑然一身，独自生活。但他乐观向上、精神矍铄，日子过得忙碌而充实。他说要“住在诗意里”，他的居室也俨然一个童话世界，洋溢着诗美，充满着温馨浪漫气息：整个屋子的墙壁上都贴有精装细裱起来色彩鲜艳的他的诗作；屋顶也都垂有星星状的文字；客厅的墙上醒目地悬挂着“诗歌之家”四个大字，整个居室呈粉色调，浪漫而富有情趣。当前来采访的记者询问采用这种装饰风格的原因时，他这样回答：“我有一颗不老的童心，这也是我对自己诗歌青春、爱情的主题的虔诚之心。”①

超越常人的付出，让汪光房收获了骄人的创作成果。迄今为止，汪光房已在100多家国内及海外报刊发表诗歌300余首，2010年出版诗集《我给青春一个吻》。该诗集共收录诗人最满意的诗歌68首，仅相当于他全部发表诗歌总量的五分之一。他完全可以在诗集中收录更多的诗，以显示其创作成果的厚重，但他没有。对此他这样解释：“我对诗歌有一种洁癖，凡是不好的诗歌我都不会保留。自己以前发表过的诗歌，用后来的眼光看，也有些是写得不好的，于是我便会撕碎它们，然后扔进下水道。”②由此可见他对诗歌质量的苛刻要求，以及对读者认真负责的严肃态度。

① 邓皓瀚．汪光房：一生只干写诗这一件事[N]．襄阳晚报，2017-05-16.

② 喻钦涛．“睫毛诗人”汪光房[N]．楚天都市报，2011-02-14.

“衣带渐宽终不悔，为伊消得人憔悴。”汪光房之所以把写诗当作自己的生存方式和毕生追求的事业，是因为能深刻认识诗歌在净化社会风气、净化人类心灵方面的重要作用。他说，“虽然现在物质生活越来越丰富，但人们的精神世界却越来越空虚，越来越浮躁，少数人对财富的追求已经陷入一种不择手段的病态。我觉得诗人的责任就是要拯救迷途人的心灵，我们的诗就像是倒入苦海里的蜜糖，虽然微小，却可以给人以希望”①。

为“拯救迷途人的心灵”，“给人以希望”，他不仅写诗，而且给歌曲写词。由他作词的歌曲《我给青春一个吻》《再坚强一点》等，成为中央电视台上榜歌曲；《我给青春一个吻》还被拍成音乐电视，在中央和各地电台电视台播出，获多家省市电台流行歌曲排行榜冠军。由他作词的卡拉 OK 歌曲《我有一个梦想》(与周立波合作)、《年轻就要飞》《送给最美的你》等也在流行歌曲中占有一席之地，拥有较高知名度。

骄人的创作成果为汪光房带来了成功的喜悦和众多的荣誉。他的诗集《我给青春一个吻》不仅荣获襄阳市文艺最高奖第六届“孟浩然文艺创作奖”，还荣膺国家级“中国第二届当代青年诗人节”诗歌特别荣誉奖；其创作的歌词《年轻就要飞》荣获流行歌曲全国词曲创作一等奖，《中国月亮》获“中国原创音乐十大歌词奖”，《采一朵山花寄给她》获中国大众音乐协会主办的“建军九十周年现场命题限时词曲创作竞赛”特等奖。

令汪光房欣慰和喜悦的是，他的诗歌不仅得到了官方的褒奖，更重要的是得到了广大受众的喜爱和传诵。在汪光房的诗歌中，被传诵较多的是其爱情诗，其中流行最广的则是《叠一只弯弯的纸船》和《你的睫毛》两首诗。据粗略统计，引用诗歌《叠一只弯弯的纸船》的有长篇小说《女博士的风流韵事》(蓝昊著，作家出版社 2004 年出版)、中篇小说《在来宾的那些风花雪月》(本人已疯 A 著，原载天涯论坛 \ 情感天地 \ 情感文学)、短篇小说《永不开放》(崔新建著短篇小说集《飘逝的菊花裙》，大众文艺出版社 2006 年

① 喻钦涛．“睫毛诗人”汪光房[N]．楚天都市报，2011-02-14.

出版)、散文《陌生的短信》(国宴飞翔著，原载散文在线\情感散文)等近百部(篇)文学作品。此外，该诗还被评为全国十条浪漫爱情诗句，被人们当作手机短信广泛转发传播，被许多网友当做个性签名，被鲜花店、蛋糕店、糖果店、零食店、婚纱影楼等当做祝福寄语。直到今天，在网上搜索"叠一只弯弯的纸船"，仍然会出现海量信息。《你的睫毛》这首诗的社会影响也不小。有的人把它作为个性签名，有的人把它制成明信片、纪念卡，有的人把它作为手机短信相互转发，还有的人把它引用到自己创作的文学作品中。

二、汪光房诗歌的诗意

诗集《给青春一个吻》是汪光房的代表作。如果说这部诗集谱写的是一曲真挚朴实而又华丽的动人心魄的爱与美的交响曲，那么，对青春、爱情的歌咏与礼赞，就是这支交响曲的主旋律。

可以说，青春，是汪光房融入血液的无法舍弃的情结，也是激发他永葆年轻诗心、激励他在没有终点的诗路上倾情放歌的精神动力。诚如诗评家所言，"汪光房的诗歌，纯真优美，童心童趣，拂去岁月的沧桑，缝补缺失的爱恋和永恒的青春"；他"将曾经或未经的种种感悟和际遇，用阳光般温暖的心态，在亦真亦幻的冥想中，以诗歌的形式，记录抒发出来，从而形成了一段段鲜活灵动、充满梦幻和青春的文字"；无疑，"汪光房的诗，就是一种救赎心灵的阳光，更是一曲献给青春的颂歌"①。

在诗集《我给青春一个吻》中，汪光房对美好青春的记录、呈现与歌咏，主要采用了三种审美观照的策略，即塑造纯洁烂漫的少女形象，将青春具象化；营造生机勃勃的春天意象，将青春象征化；书写抒情主人公在年轻时候的幸福感受，将青春对象化。

诗集第三辑"女孩撑开花伞"中的篇什，通过对不同类型少女的描摹和刻画，呈现了青春美的多棱形态。

① 谢冰凛．救赎心灵的阳光[A]．汪光房．我给青春一个吻［M］．北京：中国文联出版社，2010：2.

《女孩撑开花伞》一诗，写的是走进细雨霏霏的春景中的穿一袭红裙、撑一把花伞的女孩给诗人的视觉冲击和由此产生的美妙遐思，从而将青春的缠绵情丝和醉人情韵渲染得生动逼真：这个“撑开花伞”“穿红裙的女孩”“是春姑娘的化身”，周身洋溢着青春活力。她“洒落一串串甜甜的欢笑，欢笑里绽放五彩的花瓣”，她“将花伞悠悠一转”，“花伞变成了”播放“触动旋律”的“圆圆的唱片”，她将秀发轻轻一甩，则“甩出了春的浪漫”。在诗人看来，是她用“撑开的花伞碰醒了春的灵感”，让自己喜出望外地收获了“美的诗篇”。

《水乡少女》一诗写出了青春淳朴天成的婉约之美。水乡少女将“荷花伞”当“乐器”，借着“轻敲”的“细雨”，“弹奏出美妙的旋律”；“水乡少女的歌声”，像“晶莹的水滴，洒向原野，萌生一片醉人的新绿”；“水乡少女的花裙，抖落了花开的秘密”，引“几只水鸟飞来，把春的故事寻觅”。

《卖花的少女》写出了青春缤纷的色彩和醉人的芬芳：卖花少女“正值如花的年龄”，有如“一朵报春的花，开在二月的早晨”。“少女手中的花篮，装不完季节的缤纷。”这一篮吸引“蝴蝶翻飞”的鲜花，“醉了满街行人”，也“香了一座古城”。《少女挥舞红纱巾》写出了青春融化寒冬的火热激情：“红纱巾飘成一幅画/飘成一片燃烧的云”，“少女挥舞红纱巾/冬与春在枝头悄悄拥吻”。

汪光房将青春具象化的春天书写，以《走进春天》《我和春天有个约会》《歌唱的小鸟》等诗为代表。

《走进春天》先是以“桃花已将春光红透，空气酿成醉人的美酒”、思绪“被清风摇曳成青青的垂柳”等诗句，描绘出桃红柳绿的春季美景，进而用拟人的“花朵笑着向游人致意”表现人与自然其乐融融、和谐相处的关系，最后用“扬起手帕”的少女的舞蹈和“一群活泼孩子”的快乐嬉闹的特写镜头，表达人们对春天的热爱和惬意快乐的精神状态。

《我和春天有个约会》一诗，以层层递进的抒情方式，展示了我和春天“约会”的过程，表达出我与春天的亲密无间和浓情蜜意。第一段写约会的准备，为全诗营造浪漫的抒情氛围：“写好一首诗/带上一包话梅/今天是个浪漫的日子/我和春天有个约会”；第二段写春天的“美丽漂亮”“温柔妩媚”，以及我对春天“梦里想了多少回”的“深深爱恋”，交代约会理由，表达与春天相见的迫切心情；第三、四段，用“我抚摸柳叶”“我亲吻花苞”“躺在青草地上/她的怀抱让人醉”等诗句，表现我与春天的缱绻柔情；最后用“洞房我已准备”的诗句，表达永远拥有春天的美好愿望。全诗模拟与恋人约会的口吻，生动呈现了约会的过程，极易引发读者的感情共鸣。

《唱歌的小鸟》一诗，用“孟浩然的那首《春晓》/被你演绎成通俗歌曲/从唐朝唱到今天/唱得年年岁岁花红柳绿”“你是天生的歌唱家/城市乡村都有你的歌迷”以及“你把真情的歌声献给人间/人间才如此美丽”等诗句，从小鸟歌唱的独特角度，从“时光不老”的时间向度，写出了人们自古至今对美不胜收的春天永不厌倦的热爱之情。

在《年轻真好》《我被青春撞了一下腰》《让我们荡起双桨》等诗中，汪光房通过书写年轻时的经历、感受和体验，抒发了对青春的热爱、留恋、感激与赞美之情，从而艺术地完成了对青春的审美对象化。

“年轻是人生的财富和骄傲”，“年轻是新奇的构思和创造”，“年轻的名片是梦想乐园的门票”——《年轻真好》从梦想、创造、财富等三个维度，道出了青春对人生的可贵。

《我被青春撞了一下腰》一诗，写出了当我们遭遇青春(无论是憧憬、经历或回忆)时，不管我们处于何种年龄阶段，青春带给我们的都是激励、感动、快乐、满足的积极心理体验和感情体验，因而，青春之美也在诗行中呼之欲出：“我被青春撞了一下腰”，“忧愁和烦恼都离我而去”，“快乐飞上了眼角眉梢”；“轻轻叫一声哎哟哎哟”，“美滋滋的心里充满自豪”；“生活原来这样美好/写一首抒情诗丢在风里/任小鸟唱成动听的歌谣”；“我被青春撞了一下腰/真呀真想让全球知道/请给我一双飞翔的翅膀/我要飞上天把太阳拥抱”。

《让我们荡起双桨》是一首咏唱青春的歌谣，更是一首立志者、奋斗者、开拓者的赞美诗：“让我们荡起双桨/歌声在湖面流淌/轻轻捧起洁白的浪花/绽放我们年轻的渴望//让我们荡起双桨/宣布青春的起航/真希望双桨化作双翅/带着我们向远方飞翔//让我们荡起双桨/年轻的心豪情万丈/彩云是我们青春的诗卷/太阳是我们青春的徽章//让我们荡起双桨/迎接人生的风浪/用我们火热的青春/点亮明天的曙光”。全诗以诗意盎然、激情四射的诗句，真切地塑造了积极进取、奋发有为的中国青年的整体形象。

除了青春，歌咏爱情也是汪光房诗歌的重要主题。汪光房的爱情诗在诗集《我给青春一个吻》中占了相当的篇幅，计有《你的睫毛》《你送我一朵笑》《四季之恋》《我不愿再和你网聊》《我的相思》《叠一只弯弯的纸船》《爱的邮路》《思念日渐消瘦》等。其中《你的睫毛》《叠一只弯弯的纸船》在受众中流传最广，而又以《你的睫毛》①最具有代表性：

> 你的睫毛是两束青草/我的目光在上面偷偷地咬/尽管没有啃下什么/却能把我的心喂饱//如果你发现/请不要害羞不要气恼/原谅我的痴情和冒昧/别把这只小羊从身边赶跑

这首诗在用词方面机智、活泼且不乏幽默。“目光”本是视觉用词，却与“咬”字搭配，俏皮地展现了一种单纯而又小心的恋爱絮语。其异于一般爱情诗的创新之处在于，“从一个别致的路径，由一连串巧妙的隐喻，自然流畅地倾诉了诗人独有的爱情感悟”②，这可能是该诗深受受众喜爱、广为流传的原因。

古往今来，相思常常是爱情诗作中的重要表现内容。从《诗经》里的“蒹葭苍苍，白露为霜。所谓伊人，在水一方”，到王维的“红豆生南国，春来发几枝。愿君多采撷，此物最相思”，再到纳兰容若的“一生一代一双人，争教两处销魂。相思相望不相亲，天为谁春”，人们对爱情中的相思从未消退过书写的热情。汪光房的诗作对相思也有着独特的诗意描写，如《爱的邮路》：

---

① 汪光房．我给青春一个吻［M］．北京：中国文联出版社，2010：1.

② 熊万里．汪光房的柔性［EB/OL］．http：//blog. sina. com. cn/s/blog_3d547dab0100vfrr. html(2011-06-10).

谁用魔法无边的巨手/把你我别后的每一天/拉长为三千个春秋/思念也被扯疼了/盼重逢啊/我盼得太久太久//在今夜失眠的灯下/我要托信笺/捎去对你的祝福和问候/这满纸的文字/半秒钟也不愿再等/扑啦啦竟欲振翅飞走//今夜风疾雨骤/莫让如火的情在雨中湿透/我忍着泪/赶忙贴住信的封口/待明晨我请绿衣使者/送它们踏上爱的邮路

在这首相思诗中，诗人不仅记得离别的日子的时间长度，更感慨这种离别仿佛是神秘莫测的力量对陷入爱情的两人的捉弄，而对这种相思之愁，作者移情于物，把抒情主人公因相思而产生的愁云洒落在灯光之上，更能体现相思的浓郁。同时在抒情主人公写信倾诉相思之苦时，又一次使用移情手法，把抒情主人公的感情，以满纸扑啦啦要飞走的文字作喻，使得全篇对相思的描写别出心裁，因而更加真切感人。

随着社会的变化，爱情的形式也变得更加多样化，网络成为重要的交流和维系感情的媒介。然而，人们在享受网络便利的同时，也往往陷入到另一种心灵的困顿。汪光房敏锐地捕捉到了这种“心灵困顿”，借助《我不愿再和你网聊》一诗，对网络传递爱情的新形式表达了自己独特的感受：

我不愿/我不愿再和你网聊/虚拟的世界/毕竟虚无缥缈//听按键跳动/不如听你的心跳/网络技术/怎能传达我情感的微妙//视频也只见你的影子/你清醒的呼吸我触摸不到/一块冷冰冰的荧屏/阻隔了多少美好//我还担心鼠标会变成老鼠/将我打出的文字吃掉/我只想/只想真实地把你拥抱

诗中，诗人通过抒情主人公明确表达了自己对于网络这种沟通爱情新形式的排斥，通过列举网络传递爱情的缺陷，表达出对真切可感的真实爱情的呼唤。

汪光房有“青春诗人”“睫毛诗人”的美誉，但作为一个具有高度社会责任感的诗人，其诗歌的内容和主题的表达，绝不仅仅是对青春、爱情的“浅吟低唱”，而也有着对市场经济语境下物欲横流的社会不良现象的激愤的针砭批判，还有对战争与和平、人类如何相处这些重大问题的深切思考，前者如《这个社会也病了》，后者如《地球是一只船》《我愿战争早日灭亡》。这些内容的加入，扩大了汪光房的题材观照视域，也增强了其诗思想上的深刻性。《这个社会也病了》①这样写道：

烈日快要烤焦大地/夏哟，病得不轻/人们的思想都脱水干枯/梦被蒸发得无影无踪//知了用了中医疗法/扎了一根银针又一根银针/夜晚，再喂一粒月亮的药片/让高烧的夏慢慢降温//这个社会也病了/对诗也冷漠，对钱权多情/一些贪欲烧心者发生异化/变成吃肉的老虎逐臭的苍蝇//银针，药片/药片，银针/恐怕只有中西医结合/才能治好我们这个社会的病

这首诗歌表达诗人对当前社会各种不良现象的批判，利用夏日的高温病态，来映射社会的种种不良现象，表达对真善美的向往。同时，从诗中可以清楚看到，他在思索现实的过程中，在发现现实存在的种种问题的时候，没有陷入一些地方文学作者常常表现出的或怨天尤人，或视而不见，或听之任之，或随波逐流的态度，而是以积极乐观的心态和针砭时弊的勇敢姿态面对现实的种种问题，正如他在《人的思想是自由的精灵》中所表达的态度和立场：“人的思想/是自由的精灵/谁都无法囚禁/就像镣铐锁不住风的翅膀/锁不住真理的身影”。

三、汪光房诗歌的诗美

汪光房的诗歌，形成了鲜明独特的美学风格，突出地表现在以下三方面。

---

① 汪光房．我为诗狂[M]．北京：中国文联出版社，2014：36.

(一)清浅率真的语言之美

文学在市场化的创作环境中，很容易出现过分迎合读者的倾向，容易出现语言粗俗化现象，导致诗歌失去应有的典雅与美感。而改变这种状况的有效途径，就是在学者型语言的艰涩与生活化语言的平易中寻求平衡。作为襄阳籍的本土诗人，汪光房的诗歌创作在语言运用上就找到了这种平衡，在吸收本地深厚的文化底蕴的同时，又有意识地摆脱学者型用语习气的干扰，从而让其语言呈现出清浅率真的风格和美感。其表现之一，是选取生活化的表现意象。如《拥抱明天的朝阳》：

> 嗓子嘶哑了/就用伤口唱歌/泪水流干了/就让鲜血化作杜鹃怒放//将苦难交给岁月收藏/只把希望装进行囊/用不屈的信念/铸成永不倒下的拐杖//继续人生的征程/脚板踏碎一路冰霜/穿过黑夜/拥抱明天的那一轮朝阳

诗中，面对生活的苦难，诗人鼓励人们即使受伤、流泪、流血等，也要对明天怀抱希望。作者没有选取抽象的意象，而是选取苦难生活的众多意象，如“嗓子”“伤口”“泪水”等日常生活中的常见物象予以具体描写，表达出浅显通俗的思想感情，易于为普通读者接受。

汪光房清浅率真的语言之美的另一个表现，是用词方面机智活泼且又不乏幽默。如《我愿战争早日灭亡》：

> 我愿战争早日灭亡/送进火葬场燃烧的炉膛/让它永远不能借尸还魂/不再给人们制造祸殃//把所有的枪支栽进泥土/同绿草红花一起生长/长成一棵棵橄榄树/树叶上闪烁着和平的阳光//我愿划过天空的炮弹/变成白鸽自由飞翔/向人们报告和平的佳音/鸽哨汇成欢乐的海洋//如果夜晚有炮声响起/那是烟花满天绽放/火药味变成玫瑰的芬芳/人间变成幸福的天堂

身处和平年代的当下，诗人提出即使在绿草红花、白鸽飞翔、和平的阳光下，我们也不要遗忘战争曾给人类造成的巨大灾难。诗人通过对绿草红花、橄榄树、阳光的意象与炮火、火药、炉膛的意象的对比描写，表达出热爱和平、厌恶战争的感情态度，以及对世界永远和平的美好企盼。

在《我的影子私奔了》中，诗人写道：

> 花香在清风里发酵/蝴蝶蜜蜂都醉了/春姑娘是大众的情人/她的粉丝可真不少……我的影子从地上飞起/被一只燕子领走了/它义无反顾地离我而去/扑进春姑娘的怀抱

我们常说“如影随形”，离开了人，影子就不会存在。人会私奔，但没有生命（或者说依附于人才获得生命的影子）断然不会私奔。然而，诗中的“影子”却会“私奔”，这不得不让人惊叹诗人的丰富想象，以及用语之俏皮、幽默，也足见诗人对文字的敏感与机智。

汪光房诗歌语言清浅率真风格的另一个直观的体现，是选词用词上的通俗、浅显、平易，并自带诗意。仅举一例说明，如《叠一只弯弯的纸船》：

> 叠一只弯弯的纸船/装满我的思念/乘着如水的月光/漂到你的床前//愿这弯弯的纸船/停泊在你的枕边/让我的思念与祝福/守护着你的睡眠//愿这弯弯的纸船/在你梦里扬帆/爱神为它导航/驶向繁花盛开的彼岸

在这首诗中，使用的动词有：叠、装满、乘着、漂到、愿、停泊、守护、扬帆、导航；使用的名词有：纸船、月光、窗前、枕边、思念、祝福、睡眠、梦里、爱神、彼岸；使用的形容词有：弯弯、繁花盛开。这些词语，没有一个高冷生僻的词汇，全部是人们日常生活中的习用词语，明白如话，但它们经诗人巧妙组织之后，就成为富有意味的诗句，营造出缠绵悱恻的意境，非常适宜该诗所表达的爱情与祝愿主题，以及所追求的童心童趣、纯真优美、鲜活灵动的艺术风格。这种语言特点，在汪光房的每首诗作中皆有体现。

（二）齐整对称的形式之美

在形式上，汪光房很讲究诗歌整体的齐整和对称之美。为此，他常用的修辞手法是排比。排比运用，不仅使整首诗歌气韵贯通，读起来抑扬顿挫，而且在形式上，因为相同句式结构的采用，段与段之间遥相呼应，也自然地构成了对称之美。汪光房诗中的排比，在用法上会依据诗的构思而灵活安排，大致有两种情况，一种是局部的，从句式上可以看出它们明显的呼应和对称关系，如《年轻真好》，全诗三节，每节都以相同的诗句开头："年轻真好/年轻是人生的财富和骄傲"；"年轻真好/年轻是新奇的构思和创造"；"年轻真好/年轻的名片是梦想乐园的门票"。诗里用了三个排比句，从梦想、创造、财富等三个维度，揭示了青春对人生的可贵。

排比使用的另一种情况是一贯到底，如《幸福》：

> 幸福/有时就是品味月光一片/这免费的美酒不用买单//幸福/有时就是阅读落花一瓣/这是岁月馈赠的诗笺//幸福/有时候是凝望一缕炊烟/会带你回到天真烂漫的童年//幸福/有时候就是赞美一只春燕/会把希望的种子洒满人间

排比手法的运用，使人对幸福的理解更加清晰，且所描写的情境如"赏月品酒""花下阅读""傍晚炊烟"等画面感非常强，另外比喻的运用也使得诗歌更加生动活泼。再如《你送我一朵笑》①：

> 明媚的春天
> 你送我一朵欢乐的笑
> 谁知它从我手中飞走
> 变成一只唱歌的小鸟

① 汪光房．我给青春一个吻［M］．北京：中国文联出版社，2010：2.

火热的夏天
你送我一朵清凉的笑
谁知它滑落茶杯之中
变成别具风味的饮料

金色的秋天
你送我一朵甜美的笑
谁知它飘向果树枝头
变成一个熟透的蜜桃

浪漫的冬天
你送我一朵洁白的笑
谁知它变成一片雪花
吻上红梅含羞的花苞

如上所示，作者在这首诗的每段第一句，使用了相同字数、相同结构的诗句，每段第二、三、四句亦与第一句相似。从诗意表达上，概括了“你”四季送给我的笑，以及这些笑带给我的美妙感受，甜蜜感十足，感染力很强。在形式上则构成了全诗极为规整的建筑美和对称美。

总之，在汪光房的诗歌中，排比的运用普遍而熟练。“通过排比的运用，把那种清晰、活泼，以及丰富性，画面感，层次感，都收纳在诗中，细细读来，韵味无穷，意味无尽。”①

(三)平顺和谐的音韵之美

汪光房的诗歌极具音乐性。他的每一首诗都适合朗诵，抑扬顿挫，朗朗上口。这是他的诗歌深受读者喜爱、流传甚广的重要原因，也是他创作的歌词屡获大奖，并深受作曲家们青睐的秘诀。可

① 王晓燕．一曲青春的赞歌——读汪光房诗集《我给青春一个吻》[J]．浩然诗刊，2014(2)．

以这样说，他的诗歌，是在新的文化语境下对现代格律诗的有益尝试和可贵贡献。

中国新诗从诞生至今，已逾百年。在此期间，无数诗歌理论家对中国的诗学理论进行了孜孜以求的探寻，无数诗人也在创作实践中苦苦寻觅最适合中国新诗健康发展的良途佳径。在探索中，诗歌的内节奏与外节奏的问题引起了人们的关注。事实上，内节奏作为一种音乐精神，蕴涵于一切高品位的文学作品、艺术作品中，这样的作品往往给人“像诗一样的感觉”；而外节奏的中心是音乐性，是诗歌的专属和诗的定位手段。一种感情体验可以外化为小说、散文、戏剧，但有了外节奏，它就外化成了诗。一个颇具说服力的事实是，在中国诗歌发展史上，那些得以久传不衰、为人们耳熟能详、津津乐道的诗歌经典，如《诗经》首篇《关雎》、李白的《静夜思》、孟浩然的《春晓》等，究其不朽的原因，与其说是它的内在诗情，不如说是它的外在音乐性。在对诗歌的外节奏的探索中，闻一多、何其芳等人的新格律诗的理论主张和创作实践影响深远。闻一多从视觉和听觉两个维度建立格律，以达到音节上的“音乐美”、辞藻上的“绘画美”和追求节的匀称和句的均齐的“建筑美”。闻一多看重从视觉去建立格律，“何其芳则看出了闻一多‘豆腐干’体的局限，更重整齐中的变化，更看重从听觉去建立格律。他的理论是对闻一多的发挥，又是对闻一多没有区别中西诗歌和古汉语与现代汉语而产生的形式主义倾向的补救”①。

闻一多、何其芳的主张，旨在对过于自由化的新诗予以适当约束，使之更具视觉上和听觉上的美感。然而，随着时间的推移，新诗的自由化尤其是分行上变得日益随心所欲，甚至出现了不分行的“诗”。这种趋向的结果，让诗歌丢失了诗歌合一的传统，诗从歌中脱离，“进而让诗失去了节奏，没有了乐感，逐步散文化、小说化。而诗作为文学的精华，一旦等同于散文与小说，诗的存在也就失去了意义。必然导致新诗日渐泛滥，写者多于读者。如果任由这

① 吕进．三大重建：新诗，二次革命与再次复兴[J]．西南师范大学学报，2005(1)．

种局面持续下去，新诗的白话文写作道路将由此被断送”①。正是在这样的背景下，著名诗歌理论家吕进提出了“新诗二次革命”的主张。他提出，当下要进行“诗歌精神”“诗体”“诗歌传播方式”的三大重建。而“提升自由诗，成形现代格律诗，增多诗体，是诗体重建的三个美学使命”②。而其重点，就在于“成形现代格律诗”，也即对现代格律诗予以规范。“格律体新诗创作的规范化过程，其实就是在打破旧体诗的束缚之后，有破有立，进一步规范新诗的创作过程，就是如何将古体诗的音步、音韵理论运用到新诗创作中的过程。”③

从“古体诗的音步、音韵理论运用”上看，汪光房的诗歌完全可以被视为“新诗二次革命”的实践成果。汪光房的诗歌，在外节奏上，呈现出平顺和谐的音韵美，即音乐美。具体表现为两方面：一是音韵的娴熟运用。押韵，让诗更富韵律感；遵循现代汉语表意特征，诗歌分行变得有规律可循。以《你的睫毛》为例：

你的睫毛是两束青草/我的目光在上面偷偷地咬/尽管没有啃下什么/却能把我饥饿的心喂饱//如果你发现/请不要害羞不要气恼/原谅我的痴情和冒昧吧/别把这只小羊从你身边赶跑

先说分行。全诗两段八句，每句都表达一个完整意思，句子之间又存在着密切的逻辑关联。第一段：第一句是陈述，第二句是写对陈述对象实施的行为，第三、四句陈述第二句的行为结果——而两句之间也存在一种转折关系。第二段：第一句是假设出现的情形，第二、三、四句是对假设出现情况可能导致结果的“希望”或“不希望”的主观诉求，第二、四句是“不希望”诉求，第三句是“希望”诉

① 大刀李征．襄阳新诗二次革命的先行者[EB/OL]. http://wxxj.xysww.com/view.asp? id=7528(2011-01-02).

② 吕进．三大重建：新诗，二次革命与再次复兴[J]. 西南师范大学学报，2005(1).

③ 大刀李征．襄阳新诗二次革命的先行者[EB/OL]. http://wxxj.xysww.com/view.asp? id=7528(2011-01-02).

求。两段诗之间在总体上构成了因果关系。这样的诗行、诗段安排，把“我”对“你”的相思的饥渴和内心的忐忑表现得形象有趣。再说音韵。全诗押“ao”韵：草、咬、饱、恼、跑，且都为第三声，在音调上具有起伏的柔性和弹性。一韵到底的用韵和用词的音调选择，不仅契合诗歌情感的表达，也极大强化了该诗外节奏的音乐美感。

汪光房诗歌音乐美的第二个表现，是音步的合理运用，做到了“诗歌合一”，让诗读起来具有节奏感，通过这种外现的节奏感，能带动和唤醒诗歌所蕴含的音乐精神的内节奏。以《叠一只弯弯的纸船》为例，该诗在诗句的排列组合上，充分体现了现代汉语自身的词性特点，形成了有规律的内在音步。读者在朗读诗歌的时候，会据此选择适当的停顿节点和停顿次数，这就形成了抑扬顿挫的节奏，读起来有如下效果：

叠一只/弯弯的/纸船
装满/我的/思念
乘着/如水的/月光
漂到/你的/床前

愿这/弯弯的/纸船
停泊在/你的/枕边
让我的/思念/与祝福
守护着/你的/睡眠

愿这/弯弯的/纸船
在你/梦里/扬帆
爱神/为它/导航
驶向/繁花盛开的/彼岸

全诗每句都有三个音步，形成了音节的完全对称，契合于诗意表达的完整性。同时，在音步的类型的选择上，也基本践行了闻一多倡导的音步理论：即把每句诗按词语的音节划分为“一字步、二字步、三字步”。具体操作时以二字步、三字步为主。一字步只能在诗行的行首、行尾出现，且一字步只能与三字步携手出现。汪光房的《叠一只弯弯的纸船》的音步类型由二字步、三字步构成，没有一字步。唯一例外的是末句的第二个音步采用“五字步”。如果换成三字步的“甜蜜的”或“绚丽的”的用语，也不会改变诗意，表达效果也许会更好。

在汪光房的诗中，像《叠一只弯弯的纸船》这样的整首诗音步完全对称的诗作占相当大的比例，由此可见他对诗歌外节奏即音乐美的重视。

第九章　爱的歌者任金亭

一、任金亭及其代表作

任金亭，男，1953年出生，湖北枣阳人，毕业于湖北大学中文系。湖北省作家协会会员。曾任襄阳市诗歌研究会主席，现为《浩然诗刊》杂志社主编。

他从20世纪70年代末开始诗歌创作。先后在《布谷鸟》《长江文艺》《星星诗刊》《文学报》《诗歌报》《湖北日报》等全国知名报刊上发表诗歌、散文等作品200多篇(首)，集结出版了《爱，是不能忘却的》《母亲树》《爱我所爱》等多部诗集。

任金亭是从农村走出来的一位诗人，也写过不少的乡土诗。尽管从是否专注于描写乡土习俗、反映农村现实、塑造农民形象、展示农民命运、传达农民诉求等方面考察，他也许还不能被称为严格意义上的乡土诗人，然而挥之不去的乡土情结、浓郁醇厚的乡土气息和亲切淳朴的乡土风格，却是读者能从他的诗歌中明显感受得到的。他出身于农民家庭，始终保持着农民的纯朴本色。他的诗如同他本人一样朴实，“连情感也是泥土的颜色”①。更为可贵的是，在他从事诗歌创作的三十多年间，当中国诗坛各种前卫的、时髦的诗歌流派、诗歌群体纷至沓来、此起彼伏之时，当“一些人总是想方设法要把‘现代派’的帽子弄来戴在自己的头上而炫耀，追求‘自

① 邹建军．诗与爱的播撒——评诗集《母亲树》[N]．世界论坛报，1993-08-01.

我'，沉溺'内心'，津津乐道于'朦胧'"①之时，他始终保持着定力，"丝毫没有迷失过自己的方向，好像在坚守一个诺言，始终把握住了诗的本质，揭示了永恒不变的主旋律——爱，这是一种泛意的爱，深沉的爱，大写的爱"②，始终保持着用纯朴的诗句去呈现真、表现美、讴歌爱的淳朴诗人的本色。

任金亭的诗歌深受读者喜爱，在襄阳读者中有较高知名度，在湖北省乃至全国，也有一定影响。2006 年、2007 年，襄阳市委宣传部，襄阳市文联和作协等单位先后两次在襄阳市电视台演播大厅为他举办专场诗歌朗诵会和诗歌欣赏会；由全国知名专家学者参加的"任金亭诗歌学术研讨会"也在襄阳市和诗人家乡枣阳市举办过多次。襄阳市许多知名朗诵艺术家、作曲家，为他朗诵诗作，为其诗歌作曲、配乐。2007 年由襄阳电视台录制的"十佳魅力妈妈颁奖暨任金亭《爱我所爱》诗歌朗诵会"节目被全国多家视频网站转载，在社会上产生了良好反响，点击率达 30 多万人次。为了推介宣传任金亭的作品，借以扩大襄阳市的城市影响力，2009 年 10 月 5 日，襄阳市文联、作协和襄阳市电视台联合举办了任金亭《爱我所爱》诗歌朗诵会光盘首发式。③

2009 年，任金亭诗集《爱我所爱》获得了襄阳市文艺创作最高奖第五届"孟浩然文艺创作奖"。评委会给这本诗集的颁奖词是："童年苦涩的记忆，青春舞动的旋律，在充满爱意中表达，在表达中倾诉着对故土、生活、亲情和友情的炽烈爱意。情意真挚、热切、细腻；语言清新、淳朴、平易；意境柔美，温情感人。"④这段颁奖词，是对任金亭作为"爱的歌者"的生动诠释。

---

① 邹建军．诗与爱的播撒——评诗集《母亲树》[N]．世界论坛报，1993-08-01.

② 冰凛．厚礼——也谈著名诗人任金亭先生的《母亲树》[J]．乾坤，1996(创刊号).

③ 黄朝忠，王小钵．访《爱我所爱》诗集作者任金亭[J]．襄樊商界，2009(12).

④ 黄朝忠，王小钵．访《爱我所爱》诗集作者任金亭[J]．襄樊商界，2009(12).

出版于2005年的《爱我所爱》①，是任金亭最具代表性的诗集，汇集了诗人近三十年创作的优秀诗作63首。书名“爱我所爱”，取自于台湾流行歌曲《一剪梅》的歌词“爱我所爱，无怨无悔”，契合于整部诗集的内容。正如作者所言：“我写的诗大多数是反映爱的，母爱、友爱、情爱、人间之爱，这个名字符合我的意愿和诗的内容。”关于诗集的编排，据作者解释，是“按内容顺序，从小写到大，从苦写到甜，从传统写到浪漫，从封闭写到开放，这个排序记录了我不同时期的思想状态和人生经历，也反映出社会的发展与变迁”②。

诗集共分四辑：第一辑“苦涩的记忆”，收录的是书写诗人青少年时代家乡人与事、情与景的诗篇。

《清清襄水河》《麦秸垛》是对无忧无虑快乐童年的温馨回忆。前者记录了孩提时代“我把石块儿投向水里，水里溅起一朵浪花/我把笑声撒向水里，水里溅起一朵浪花”的欢乐时光；后者则表达了对“见到你/我就心热”“我童年嬉戏的温床”的“高高的麦秸垛”的深情怀念。

但本辑这类轻松快乐的作品很少，更多的诗作带着苦涩的味道，烙印着深刻的时代痕迹。如《蚕豆花》呈现的是“饥馑的四月/蚕豆花拉长孩子们/贪婪而又饥饿的眼睛”的令人心酸的图景；《她走了》写的是和“我”“在一起剜菜/在一起长大”的“她”因为“换亲替哥哥出嫁”，不得不离开青梅竹马的“我”，“流着泪”“到很远的地方去”的悲剧，这不仅是农村女孩的命运悲剧，也是两个相爱的农村男女青年的爱情悲剧。《难于说清的事》讲述了“二狗哥”因为学着电影上的样子与相爱的“她”接吻，被关进了乡公所的经历，控诉了禁欲主义的荒诞年代对爱情的禁锢以及对人的心灵的摧残。《死牛》写的是一头耕牛的死给一个贫苦农村家庭造成的巨大悲恸与绝望，以至于作为一家之主的爸爸在“哭得天昏地暗”之后“便倒

① 任金亭．爱我所爱[M]．北京：大众文艺出版社，2005.

② 任金亭．为爱而歌唱——在诗歌研讨会上的发言[EB/OL]．http：//www.xfeb.com/rjt/2007-4-19/(2017-11-2).

过去了”。当然，在本辑所收录的 20 首诗作中，给人印象最深的，是写母亲、歌颂母爱的诗作，如《让儿子轻轻一吻吧》《塑像》《母亲树》《跟着母亲》《寄给母亲的第一缕情丝》等。

第二辑“青春的旋律”，共收录诗歌 21 首。主要是书写改革开放之后襄阳的城市与乡村欣欣向荣的蓬勃生机，歌颂当代襄阳的建设者为襄阳的发展繁荣作出的巨大贡献，表达诗人为时代的进步鼓与呼的豪迈情怀。如《不可遏止的风》《我是白天，我制造》《在一个工地》《襄阳，潇潇洒洒的》等。

《不可遏止的风》将改革开放比喻成“沿江而起的强劲的温柔的风/牵动人们心魂的富有节奏富有旋律的风”，在家乡的热土上掀起了青春骚动：“携着悠悠情思的坦坦荡荡的/浩然之诗风呵/终于以树之形象/以鹰之形象/以山脉之形象/造型于这片壮丽的热土/造型于这片/丰饶的大地呀。”

《我是白天，我制造》用“我是白天，我封闭/我封闭汽车喇叭的刺耳怪叫/我封闭叫买叫卖的扯野吆喝”的诗句，状写了开放之初的城市呈现的尽管有些杂乱却初步繁荣的景象。

《在一个工地》描写“暴晒在三十八度的日光下”的农民工“挥舞着洋镐”的劳动场面，歌颂他们为塑造这座城市“健壮的美”的辛勤付出；《给古城墙修葺者》则从一个具体的角度，写从农村来到都市的泥瓦匠们，用“紫檀木油亮的杠杆/和着绛紫的绳索/绛紫的肩头/——起吊着”，”在通向城堡的台阶上/在通向历史的隘口处/正进行一幕/力的造型”等极富画面感的诗句，讴歌他们为恢复古城风貌、为再现襄阳“充实与雄浑的历史”所作的巨大贡献。

在本辑所收录的诗篇中，写得最青春勃发、激情四射，同时也最激动人心的，是那首塑造襄阳城市形象的长篇抒情诗《襄阳，潇潇洒洒的》。

第三辑“爱我所爱”，共收录书写爱情的诗作 9 首，十分细腻地记录了诗人的爱情经历和爱情体验，生动讲述了诗人自己的和他人的爱情故事，表达了对纯洁爱情的向往与歌颂，对不幸爱情(婚姻)的悲悯情怀，传达出对爱情真谛的领悟与思考。如《背叛》《世界　灿然似水》《牵手》《女人，总是要嫁给一个男人的》等。

《背叛》写的是“一个暮色苍茫的黄昏”，“在小巷微晕的灯光下”，“我”与一个有着“苗条丰润身姿”“穿一身薄薄的、淡绿色的连衣裙”的“青春少女”的美丽邂逅，以及内心所掀起的巨大情感波澜：“当她充满着自信似乎对着我似乎又不是对着我微微一笑的时候”，“在这黑暗与光明的交接处，一种善良的美的诱惑，使我突发起一种异样的感受，而这种感受冲击波般地将我心头积淤的忧愁和烦恼统统扫为乌有”。这是一见钟情的快乐感受，也是唯美化的单相思心理体验。

《世界　灿然似水》写的是一场关于爱情的温暖梦境——“我”与一个陌生女子在密林间的逍遥之游：我们“踏厚厚软软落叶/如行云驾雾/无定向走着/迷失于森林之中”；“我们仰卧于林中听歌/四野寂静如诗/意识沿密密丛林走远”；“飞泉之下/一泓碧潭清澈如镜/有鱼翔动/揉双双倒影/我们溶水一体晃动起来”。当美梦醒来，“天光如旧/伊人鱼游远去/幻化为远天风景”，只见“河山如画/世界灿然似水”。整首诗用语清丽，意境空灵，将梦境的虚幻之美、大自然的神秘之美和爱情的迷离之美渲染得细腻生动。

《牵手》是诗人献给自己“丰腴中透露着成熟/典雅中蕴含着秀美”、既“清纯妩媚”又“活泼阳光”的妻子的一首赞美诗。诗中，诗人用饱含深情、空灵唯美的诗句，将“我”与“她”相识的忐忑、相知的愉悦、相爱的甜蜜和最终牵手的幸福与感激之情表达得细腻而真实，具有很强的艺术感染力。

与上述色调明快、诗情盎然、美丽绚烂的爱情诗篇不同，长篇叙事诗《女人，总是要嫁给一个男人的》是一首关于农村妇女的爱情婚姻悲歌和命运悲歌。

该诗通过“她”的不幸遭遇，揭示了那个特定时代农村妇女无法摆脱的一种宿命：一个有着“薄薄的奢望”和“十几年的幻想”的“很美”的山村少女，在“那个甜嘴的媒人”的蛊惑之下，稀里糊涂地嫁给了一个“没文化”“口笨”又家境“很苦”的男人。尽管她对“眼前的这个男人”感到“心酸”，但千百年来教化女性嫁鸡随鸡、嫁狗随狗的封建古训，让她似乎没有理由“去埋怨”命运的不公，只能用“女人总是要嫁给一个男人的/女人总要和一个男人/过一辈子的/无论什么样的女人/无论什么样的男人”的话语来慰藉自己。慢慢地，她开始去主动寻找两人相处的共同点，并逐步适应了这种没有爱的婚姻生活。恪守着千百年来流传下来的从一而终的妇德，她经受住了那个“幽灵般”影子的甜言蜜语的诱惑，继而当影子“企图以野性征服她时/她，以一个女人本能的顽强/用拳头，用牙齿/护住了一身洁净”。尽管如此，但命运并没有应诺她“要守他一辈子”的“祈祷”：一场突如其来的横祸——丈夫“开山时被石炮炸死”，让她彻底失去了赖以生存的依靠。她无法承受这样的打击，和丈夫一样，“在一块浸血的石头上”“猝然倒下”。等她醒来，却变成了一个“呆痴地抱着孩子从家门到坟头，从坟头到家门”不停行走的精神病人。诗人以凝重的诗句讲述了这个令人唏嘘的悲情故事，对这个不幸的农村女性寄予了深切的同情。这首感情沉重的诗作，既呈现了任金亭爱情诗歌的多样风格与不同色彩，更凸显出诗人诗作关注人的生命意识、关切人物命运遭际的思想深刻性。

第四辑“美的流动”，共收录诗作 13 首。主要描写襄阳的自然山水之美，表达诗人对襄阳这座山水名城的真挚的热爱之情，如《襄河，母亲的河》《春雨江南》等。也有一些诗人外出旅游所写以“美的流动”为主题的绘景抒情之作，如《海滨浴场》《晚霞》《浪》等。

总之，任金亭诗歌以独到的感悟观照生活，用真诚的诗心抒发情感，他的每一首诗都留下了时代深深的印记，在给受众带来美感的同时，也能在爱情、亲情、生活、人生等诸多方面带给读者思考与启迪。

二、任金亭诗歌的主题意蕴

任金亭诗歌的主题意蕴丰富，如果将其诗作看作一首交响曲，那么它的主旋律就是爱——正如学者所论，“这爱，无疑含有情爱，但远远不止情爱。他的爱域是广阔而自由的，是博大而有力感的"①。而其中，最动人心魄的是三个乐章，即描写母亲，感恩母爱；歌咏农民工，表达关爱；塑造襄阳城市形象，表达对家乡的热爱。

主题之一：讴歌母亲，感恩母爱。

从上述对诗集《爱我所爱》篇目构成的简介中不难发现，任金亭诗歌的内容十分丰富。无论是对童年往事的回忆，对襄阳建设者的歌颂，对爱情的赞美，还是对襄阳美丽山水的诗意呈现，整部诗集的核心是一个"情"字。在这部诗集所营造的统一而又多样化的情感空间中，最令人回味并为之深深感动的，是诗人对母亲的回忆与赞美——对母亲形象的塑造，表达对母爱的感恩。

人是感情动物。优秀的文学作品之所以能打动人心，其奥秘就在于一个"情"字。书写母爱，是文学作品，尤其是诗歌的一个永恒主题。母爱之所以伟大，不仅仅因为母亲身上所体现的自然而淳朴、对儿女不计任何回报的无私奉献情怀，更在于"母爱，是一种特殊的、原始的、血统的爱。在特定的历史环境中，这种爱会演绎得更深刻，更动人，更完美，更富有生命力"②。

诗人曾动情地说："我很感恩我的母亲。是她给了我生命，并在艰难中把我抚养长大。小的时候，包括我工作以后，家境都非常不好。父亲早逝，兄妹七个，怎么活呀！所以我的母亲没有过上一天好日子，一生艰难和清苦，但她无怨无悔。每当工作之余，夜深人静的时候，母亲的形象总是在我的脑海中浮现。挥之不去的童年之梦，挥之不去的故乡之情，每写一首诗，我的心里都非常沉重，非常内疚和痛苦。我写我的母亲，为的是一种纪念，更多的是一种解脱——精神和感情上的解脱。"③正是源于这种朴素而不无内疚的

① 邹建军．诗与爱的播撒——评诗集《母亲树》[N]．世界论坛报，1993-08-01.

② 任金亭．爱我所爱·后记[M]．北京，大众文艺出版社，2005：190.

③ 任金亭．为爱而歌唱——在诗歌研讨会上的发言[EB/OL]．http：//www. xfeb. com/rjt/2007-4-19/(2017-11-2).

情感，任金亭写下了《让儿子轻轻一吻吧》《塑像》《母亲树》《跟着母亲》《寄给母亲的第一缕情丝》等讴歌母亲、感恩母爱的诗篇。当以相似的体验阅读这些诗篇的时候，读者的内心就会情不自禁地深受触动。在诗中描写的艰难岁月的泪水中，在青春年少的心潮澎湃中，在寒冬腊月雪花飘飘的苦涩记忆中，我们看到了质朴而深沉的母爱，也看到了世间最珍贵无私的感情。

在刻骨铭心的童年记忆中，出生于枣阳农家的任金亭家境贫寒，姊妹众多，父亲早逝，因而整个家的生活重担都落在母亲一个人身上。要维持一大家人的生计，把孩子们一个个拉扯成人，不难想象对一个瘦弱的女性来说该有多难："艰难/连串的艰难/灶房空空/连烧柴也是问题。"(《跟着母亲》)在这种严酷的现实下，"母亲肩负重载/拉扯着七个孩子在人生旅途上缓缓迈进"，用"干瘪的奶头""怎么也供不上我小嘴吮吸的苦涩的乳汁"(《让儿子轻轻一吻吧》)，养活着她的孩子们。母亲一生节俭，"连一个好看的发夹也没戴过/而那把沿用了四十多年的老豁牙的梳子说换也没换"；母亲勤劳持家，她常常因为"赶不及棉衣""顾不上鞋袜"，而连夜为我们缝补破旧的衣物；母亲宽容大度，她总是理解和包容偶尔犯错的孩子，当我把那双母亲"用心血用情丝密密制作的""浅蓝色土布鞋"弄丢后，母亲并没有责骂我，而是"一把将我搂着"，"抹着我的泪"，"给我一个温暖的吻"（《跟着母亲》）。这个温暖的吻，不仅仅是对于儿子的宽容，更是一份难以超越的爱。

在任金亭的诗歌中，母亲的艺术形象是十分鲜明的：她勤劳、善良；朴实、坚毅；宽厚、慈祥。但是，这个母亲形象，我们不能把她仅仅看成诗人的母亲，事实上，她也是我们身边那些正在含辛茹苦养育儿女的平凡而又伟大母亲的群体形象。在《跟着母亲》中有这样的诗句："弯弯曲曲的路上，/走着一位老人，/一位白发苍苍的老人，/一位伺偻着身子的老人，/她把母爱和父爱，/一齐给了她的儿女们，/一条清晰的脚印，/在她脚下延伸，/多像一条五线谱，/是的，那是母亲谱出的，/一曲人生的歌呀！……"由此可见，诗中的母亲，正是中国千千万万个母亲的缩影。老人走过的弯弯曲曲的路，正是中国母亲所经历的苦难历程。

于是，在《母亲树》中，诗人情不自禁要代表天下千万儿女对母亲进行深情地歌唱："我的用勇气和信心高举着儿女高举着自己的希望之旗的母亲之树呀！/我们是您头顶上一片片黄黄的而一直欢动的叶子，/日日夜夜为您而歌唱，/为您而歌唱，为——您——而——歌——唱。"

由此可见，诗人对母亲的塑造和歌颂，并没有仅仅停留在狭隘的"小我"层面，而是扩大到"大我"层面。而这体现的正是诗歌的本质——超越小我，升华到大我境界，使得诗歌具有普世价值。同时，这也说明，任金亭是一个具有强烈的现代意识的诗人，把家庭经历和时代诗情融合在一起，他的诗歌才能从微小的层面之中呈现出一种广博的魅力。

主题之二：感恩农民工，表达深切的底层关怀。

在中国，农民工(或称"进城务工人员")是一个庞大的特殊群体。据有关部门统计，截至 2017 年 12 月，全国农民工总量达 2 亿 8652 万人。① 他们原本是在农村靠种地为生的农民，随着国家的城市化发展进程，为了改善家庭生活状况，为了抚育和培养自己的子女，他们不得不抛家别子、背井离乡，来到陌生的城市，从事各种脏、累、苦却收入菲薄的工作，更多人成为建筑工地的一线工人，这就是人们眼中的农民工。在文学领域，农民工的生活和命运更多地在小说作品中得到了表现和关注，被称为"打工文学"。然而，在诗歌领域却鲜有表现。而任金亭却较早、较多地关注和思考农民工的问题，创作出了《走好，我的农民工兄弟》《漂泊人生》《那一碗水》《 在一个工地 》《感叹》等诸多反映农民工生活命运的诗歌，这是对诗歌表现题材的拓展和对中国诗歌发展的贡献，也体现了诗人对社会底层人群的深切关怀。

在诗歌《走好，我的农民工兄弟》中，诗人以忧伤的笔调对农民工的生活状态、离家心理作了全景式系统性的描述：农民工是"二十一世纪，/一个弱小的群体，/一个躁动的群体，/为了抗争

① 进城务工人员[EB/OL] https://baike.baidu.com/item/进城务工人员/758713? fromtitle=农民工&fromid=581&fr=aladdin (2018-09-12).

命运，/为了寻求生活的美丽，/在这春雪料峭的隆隆季节，/向着南方，/向着都市，聚集，聚集……”他们以群体外出打工为生，不分男女，不论老壮。“打工仔”“农民工”……他们甚至没有一个准确的称谓。他们每年都“在这新春过后，/在这年味依然浓烈的/正月初七”便“背着行囊，/踏着积雪，/一群一群的，/开始了他们人生中/年复一年的，/聚集与迁徙”。“他们中的大多数，/是年前腊月二十八前后，/从打工的城市/候鸟一样/匆匆飞回的。//短暂的亲情，/短暂的相聚，/短暂的甜蜜……//他们多想再住些日子，/再去亲亲孩子，/再去理理家务，/再去陪陪爱妻……可是——不能！//要赶在乘车的高峰之前，/要避开途中要命的拥挤，/要及早找一份稳定的工作……必须——离去！”

在《漂泊人生》中，诗人写出了农民离家打工的无奈和忧伤：“出走只是无奈/其实，并不想走//乡路连着城市/城市像个吸盘//该走的都走了/心，却久久不散//莫回头，回头/会更伤情。”对他们而言，在城市打拼，最痛苦的并不是繁重体力活的辛劳，而是无处不在的歧视与鄙夷、对亲人的牵挂以及因劳务所获而愧对亲人的内心煎熬：“身份变了/地位就变了/歧视和鄙夷/是常有的事/有几个活钱花了/该忍的就忍吧/有一百种活法/自己选择自己”；“最难受的/是看到城市的孩子/想起自己的孩子/最难忍的/是看到城市的女人/想起自己的女人”。何以解忧？唯有杜康：“二锅头是最好的朋友/烦了，就醉上一回”；“警察来了，他怕/拿不出证明/他的‘暂住证’丢了/他被警察带走/工友们都看着他/三天后，他回来了/只是不再说话”。出门在外的人“传递回去的都是喜讯/因为，已把痛苦咽下/也有瞒不过的时候/三年没回家的二叔/回来了，只是/少了一只胳膊”。然而这样的艰辛并没有获得一份应有的回报，因为“他的老板跑了/他的工钱没了”，“他绝望地冲向楼顶/亮相于城市/他的喊声，像狼嚎/西北风冷冷地刮/他的喊声，他的喊声像狼嚎/凄凄地飞”。诗人以极为写实的叙事手法写出了农民工生活的无奈与艰辛，语言平实真切，笔调忧伤而充满着同情，而诗的结尾“这个城市很大很大/他的声音很小很小……”更是写出了当今社会农民工的生活状态以及工资被拖欠等实质性的社会问题，从而引发读者的沉思。

在诗人笔下，农民工是淳朴的，如水一样：“那年/正在田地耕作的他/见我踉跄走来/想我一定是中暑了//他将一碗/清凉清凉的井水/倒进我干裂的口中/这水/神奇般使我清醒/在城市/遇到此情/也许也会有人送水来的/不过　那水/一定没有那么凉/那么泥土味儿/也没有那么/清而纯//想起那碗水/心里清澈如镜。”(《那一碗水》)因而“一碗清清亮亮的水”总是会“使我想起农民兄弟的纯净”。

在诗人笔下，农民工兄弟是最美的。他们是城市建设的奉献者，也是城市繁荣背后的无名英雄。他们为人朴实、质朴纯洁、生活简单：“他们是农民/农闲了，在这拼拼气力”；“他们真能吃/每顿都是三海碗呵/吃完，仰天一躺/便倒睡在大地”。然而他们“黑渍渍的背/暴晒在三十八度的日光下”，“热风，和着力的美”却能“掀起一股股粗犷的旋律”。他们平凡而又伟大：“正午，在工地零乱的青古板上/他们的胸腔在大海般地起伏着/以至于使我感到整个地球/都在抖动、颤栗……”这就是农民工的生活：“阳光为他们造型/大野之风在为他们造型/塑造他们坚实的骨骼/坚实的思想/来不及浓妆淡抹/他们的手是粗糙的/他们的脸是粗糙的/他们衣服乃至头发/都是粗糙的/而粗糙的决不是他们的性格/在岁月蜂拥的潮汐中/在生活坚实的地盘上/他们/一手举着洋镐/一手撑起儿女……”他们是城市现代化进程中最伟大的人，他们的身上有一种“和着力的而又健壮的美”(《在一个工地》)。

诗歌是诗人的灵魂，情感是诗歌的精髓。上述诗作的最大特色就是“将农民工的生活、心理以及时代潮流相交融。将人与社会发展取得了精微的契合”①。这种借社会发展规律反映时代的变迁、打工者的境遇和感情的艺术手法，是任金亭诗歌的一大特点。以上诗作所体现的任金亭诗歌的另一特点，则是将写实与白描融为一

① 王晓燕．思考，也是一种爱——任金亭诗歌中对农民工的关注与爱[EB/OL]．http：//wxymusicl. blog. 163. com/blog/static/14095989920117238304545 9/(2017-11-8)．

体，赋予人的感情和社会现象可以感触的外在形态，也就是通常所说的“寓情理于自然现象”的抒情方式。诗人简单朴实的语言，把农民工生活的现状、出门打工的场景，描摹得活灵活现，耐人寻味之余，又让人陷入深深的思考。

任金亭之所以如此动情地描写农民工形象，反映他们的遭遇与命运，源于他自己的农民出身，对农民在整个国家发展中所占重要地位的深刻认识，对农民身上所体现的我们民族坚毅、顽强伟大精神的深深敬意，以及对他们发自内心的敬仰与感激，正如诗人所言：“我生在农村，并在农村长大，对农民的纯朴与善良，艰难和清苦，有着入微的体验和感受。农民，这个平凡而凝重的字眼，一提及他们，我的视觉便幻化出他们各种各样的形象来。农民是中国生存的底蕴，没有他们所做出的牺牲和贡献，我们的生活就无从谈起。那些面朝黄土默默耕作的庄稼汉，那些在艰辛中努力攀援无怨无悔的庄稼汉，面对他们，我感受到人类的伟大与温情。”①

当然，任金亭对农民工的书写，不仅仅是为了讴歌与感恩，最深刻的动因是想通过自己的诗歌，唤起读者乃至整个社会对农民工群体的关注，使他们变成和大多数城里人一样福利有保障，生活有品质、有尊严的群体，正如诗人所言：“感恩他们，就去写他们，写他们是我的责任。只有写出他们，唤起社会对他们的关注和同情，以至于最后改变他们的命运，这才是文学的真正目的。”②如今，在党和政府的关怀下，农民工的生活、工作环境、经济收入、福利待遇和生活品质与以前相比，已经有了很大改观，我们和诗人一样，期待并相信：未来农民工兄弟们的生活会越来越好！

主题之三，塑造襄阳城市形象，表达对家乡的挚爱之情。

在任金亭诸多同类诗作中，最有代表性的应该是抒情长诗《襄阳，潇潇洒洒的》。

全诗共五节，第一节，从整体上写襄阳“潇潇洒洒”的形象气

① 任金亭．爱我所爱·后记[M]．北京，大众文艺出版社，2005：189.

② 任金亭．为爱而歌唱——在诗歌研讨会上的发言[EB/OL]．http：//www.xfeb.com/rjt/2007-4-19/(2017-11-2).

质——“襄阳——潇潇洒洒的/潇潇洒洒的街道/潇潇洒洒的楼群/潇潇洒洒的林荫道和/潇潇洒洒的雪白的墙”，并将之比拟成一个具有“非凡的风度和灵气/蓬勃的生命和活力/健壮的体格和容貌”的“健康活泼的人”，从而水到渠成地完成了对襄阳是一颗“在汉江边上闪闪发亮的珠子”的形象定位。第二节，通过“夫人城”的故事，“水淹七军”“马跃檀溪”“突破西门”等典故，以及对诸葛亮、王聪儿、孟浩然、皮日休、米芾等文化名人的礼赞，呈现了襄阳的悠久历史与厚重文化，揭示出襄阳地灵人杰的鲜明特点。第三节，是对潇潇洒洒襄阳人的刻画。勾勒了襄阳人“智慧”“顽强”，“热情而爽快”“豪放而大度”的个性气质，尤其突出了襄阳人闻名遐迩热情好客的淳朴性格：“襄阳人广交四方的朋友/襄阳人从不怠慢一位客人/为表达自己的真情与实意/他们以特有的喝酒方式/用上等的‘襄江红’‘演义酒’/劝客人喝好/将自己灌醉。”第四节，写改革开放后襄阳这座古老的城市旧貌变新颜——“古老狭窄的石板路，消逝了/悠悠颤晃的木水桶，消逝了/飘摇摆渡的小舢板，消逝了/消逝得无声无息不留痕迹”，从而与第一节中所写的“潇潇洒洒的街道”、楼群、林荫道和雪白的墙的襄阳的城市新貌形成巧妙的印证。第五节，从宏观上状写襄阳“潇潇洒洒的都市/潇潇洒洒的城廓/潇潇洒洒的车流和人流/潇潇洒洒的色彩和音响”，从诗意上强化襄阳是一座“散发着迷人的吸引力”的现代化魅力之城，并用“那个在汉江边上闪闪发亮的珠子”与第一节形成结构上的照应。

全诗分别从活力之城、历史之城、热情之城、现代之城、魅力之城五个维度进行书写，既各有侧重、相对独立，又诗脉贯通、浑然一体，成功塑造了潇潇洒洒、朝气蓬勃的襄阳城市形象，作为襄阳人的自豪感以及对于襄阳的热爱之情也贯穿全诗、溢于言表。

三、任金亭诗歌的艺术特色

如前所述，任金亭诗歌具有挥之不去的乡土情结、浓郁醇厚的乡土气息和亲切淳朴的乡土风格，这是其诗歌在内容上显现的基本面貌，也构成了其诗歌独特的艺术成色与鲜明个性，并通过富有乡韵的朴素意象、带有乡土气息的故事情节和具有乡味的平易淳厚的诗语等得以具体呈现。

特色之一：富有乡韵的朴素意象

意象是诗歌特有的表情达意的艺术载体，如果缺少内涵丰富的意象，一首诗作就会因为表意浅白直露而无法建构深邃的意境，失去诗歌应有的悠长韵味，无法产生艺术感染力。任金亭的诗歌，并不刻意去营构那些所谓高、大、上或孤、寒、冷的意象以标新立异，而是以最适合、最贴切传情达意为度，并总是与乡韵、乡土、乡情紧密相连，从而让诗作形成自然、朴素、淳厚的艺术品格。换言之，乡韵是任金亭诗歌意象最质朴的内蕴，其诗作中所有想要呈现的东西，无论是乡村的自然风光、人情与物事，还是历史的沧桑印痕、人的隐秘微妙的内心情感都因与乡韵的融合而令人产生质朴与亲切之感。

任金亭诗歌中富有乡韵的意象大致可以分为两类。一类是诗人歌颂与赞美的故乡自然之景，例如《清清襄河水》所描写的“襄河”：“襄河的上空/湛蓝湛蓝的/襄河的流水/碧绿碧绿的/湿漉漉的河滩/松散散的沙洲鸟儿悠闲地拍打着翅膀……”在这首诗中，作为意象的“襄河”，不仅是一条美丽的河流，也是故乡的象征，“我”青少年时代的所有欢乐与幸福、忧愁与痛苦、牵挂与不舍都与它紧密相连。因而“襄河”的运用，不仅有利于表达该诗的乡愁主题，也有利于将不同的生活片段和生活场景串联起来，发挥其穿针引线的结构作用，使全诗的内容浑然一体。

又如，诗歌《襄阳，潇潇洒洒的》中对于襄阳城的历史、文化的书写：襄阳是一个文化底蕴深厚的城市，这里有“夫人城”“水淹七军”“马跃檀溪”“突破西门”的典故，有一代又一代的文人墨客，“那个诸葛亮，那个王聪儿/那个孟浩然，皮日休，米癫子……”，他们把“襄樊历史的空间/演绎得神秘而莫测/美丽而忧伤”。同时，这里还有“淳朴直爽”“明智而晓理”“热情好客”的襄阳人。诗人在自己亲身经历的基础上，描写故乡之景，其景真实，淳朴而动人，诗人的乡恋情怀无不蕴含其中。

再如，在散文诗《母亲树》中，诗人用直抒胸臆的方式对身处异常艰苦环境却坚韧、顽强、乐观的母亲进行了深情赞美："我的瘦弱的在贫瘠的土地上挺直着腰肢苦苦生长的母亲之树啊，/我的缺少温暖爱抚只身抗御着饥寒从冬天熬到春天的母亲之树啊，/我的用勇气和信心高举着儿女高举着自己的希望之旗的母亲之树啊！……"在这里，作者用"树"的意象来表现处在艰苦环境中的母亲，"在某种程度上，生命的疼痛感与树的生命历程是相似的，而'树'之意象在某种意义上可以等同于'根'之意象，'根'正是他们的生命之所在。"①所以，用树的意象来比拟母亲的形象，具有显豁的象征意义与深刻的文化意蕴。在任金亭歌咏母爱的诗篇中，类似意象的运用还有《让儿子轻轻一吻》一诗："站在母亲的面前就像站在大山的面前，我该说什么……"这里将母亲比做"大山"，更凸显母亲形象的伟岸。而在《清清襄河水》中，又赋予"襄河"母性色彩，不论走到天涯海角，"我永远都走不出母亲的怀抱"。因此，这些诗篇中，在各种意象的衬托下，母亲的形象并不是刻板单一的，而是多姿多彩的。

任金亭诗作中的另一类意象，则是作为诗人追忆与感怀载体的富有乡村生命气息的景物，例如《蚕豆花》中所描写的那"如幽幽蓝火"般能"点燃早春微嫩的希望"的"茵茵的蚕豆花"；《麦秸垛》中那"献出麦粒之后"堆积在地上的"金黄黄　一堆堆"的"麦秸垛"等。蚕豆花、麦秸垛不仅是农村时令的报时表，更是最富乡村生活气息的景致，它们是一个时代的农村印记，是伴随诗人苦难而窘迫童年的真实风景。很多人没有经历过20世纪农村的苦难生活，而今，生活在新时代大都市的我们，只能"从诗人为我们展示的一系列富有乡韵的朴素意象中来体味那个时代，并以此来感受那个时代的脉搏，感恩那些贫瘠岁月，乡土的养育，感怀那段苦难的岁月，感恩乡情的温暖与陪伴"。②

特色之二：带有乡土气息的故事情节

作为一种抒情文体，诗歌在抒发情感的同时往往离不开叙事，

① 王晓燕．评任金亭诗集《爱我所爱》[J]．文学教育(下)，2010(9)．

② 王晓燕．任金亭诗歌中的乡土情怀[J]．浩然诗刊，2015(1)．

这就要求诗人能恰当处理好诗歌抒情与叙事之间的平衡①。任金亭是诗人，也是个会讲故事的人，更是个能用诗歌讲故事的人，但他的故事中没有惊艳的爱情，华丽的友情，有的是“乡气”的意境，“土气”的故事情节，——从这个意义上，可以说他是个乡土诗人，字里行间透着“土气”，但正是这些“土土的”人和“土土的”事揪着人心，惹人心疼。例如：诗歌《女儿情》从头到尾都是一个女儿的自白，但从中我们可以看出黑娃的憨厚与真诚，母亲的知恩图报以及女儿不忍离开母亲所做的决定。诗中“商品粮”“责任田”“山窝窝”“黑娃”等词明显烙印着乡村生活的痕迹，而其中的故事与情感也带有泥土气息：主人公“女儿”是一个大山里的女孩儿，她十分理解母亲的心理，希望自己嫁一个吃商品粮的男人，过上舒适的日子，但她不能服从母亲的决定，一方面，是因为她看不惯那个“吃商品粮”的人的模样儿，另一方面，是因为时代变了，农村实行了联产承包责任制，家里有钱花了，日子富裕了，山里人用不着再跳农门了；再说，她也不想离开“山窝窝”的家乡，不想离开母亲(言外之意是父亲走了，她要陪着母亲尽孝)。当然最关键的是，她和一个叫“黑娃”的小伙子感情很好，黑娃经常来家里帮忙，人勤劳、忠厚，人品老实靠得住，是自己的理想伴侣。所以，她希望母亲能同意她的选择。这样的故事情节如果放在现在，肯定让很多人不理解，但任金亭却将其写入诗中，写出了一段辛酸的故事，写出了一个时代农村存在的真实环境：山村、落后、家里没有男丁的穷困生活……当然，也写出了农村的变化和人们恋爱观的变化。

再如《二婶》中那个悲苦的女人：“她是逃难的那年/嫁到他跟前的/没想到他这样地短命……/他唠叨当初没留下个遗照陪伴她/她常在梦中梦到他/惹得她老落泪。”诗人并没有矫情地写二婶多苦，而是通过一系列的事件来展示人物的生活经历，并以此来侧面

① 王晓燕．思考，也是一种爱——任金亭诗歌中对农民工的关注与爱［EB/OL］．http：//wxymusicl. blog. 163. com/blog/static/1409598992011723830454 59/(2017-11-8)．

讲述村里其他人的生活，感动于二婶对逝去丈夫的深厚感情，村子里那些“爱吵架的小两口不吵了/那个爱争嘴的能媳妇不争了/小村变得平平和和的了”。就这样，二婶成了小村的一面镜子。诗人善于将淳朴的情感赋予简单的情节，并用口语化的词语完成故事的讲述，让读者能懂其诗、明其意，并从中感受到生活的淳朴之真、诗歌的朴素之美。

特色之三：具有乡味的平易淳厚的诗语

如果说诗歌是一个美的躯体，结构是它强健的骨骼，那么贴切的语言则是它丰满的血肉。从某种意义上说，一首诗能否吸引人，首先就表现在其语言特色上，同时，作家的语言特色往往是其创作风格的重要体现，是其区别于其他作家的重要标志之一。

读任金亭的诗，不仅能了解诗人青少年时代鄂西北农村的一些生活状况，同时还能听到诗人质朴、白话式、富有生活气息的农村语言。例如，在《让儿子轻轻一吻吧》中，诗人写道：“啊，母亲——/我是您用干瘪的奶头，是您用怎么也供不上/我小嘴吮吸的苦涩的乳汁奶大的；/我是扯着您的衣襟，赤着脚丫跟着您上山下地风里雨里长大的；/我是扒在门缝里哭了喊喊了哭最后爬在潮湿湿的灶门边睡大的；/我是您后来用榆树钱、槐树花；用地米菜、马齿菜细细调剂着喂大的；/我是在您的一声声如泣如诉的好人歌的声调里变大的呀。”从而抒发了儿子怀念母亲的炽烈情感。在《山妹》的末段，诗人巧妙地写出了“山妹子”对从城里来的“洋学生”的暗恋和不舍：“洋学生住了两月就要走了/洋学生发誓毕业后再来看她的/可是无论如何也安抚不了她/她死死地盯着山尖的那片蓝空/似乎要把那儿望个窟窿”；在《她，走了》的开头写“在一起剜菜/在一起长大/我们是一个村的娃娃”，从而为末段写“我”失去因为替哥哥换亲而远嫁他乡的“她”的无奈与愤怒设下铺垫；在《跟着母亲》中，诗人以“跟着，影子般地跟着/您说，我是‘尾巴根’”开篇，表达了“我”小时候对母亲的依恋之情和母亲和蔼可亲的舐犊之情；在《在一个工地》中，诗人用“他们真能吃/每顿都是三海碗呵/吃完，仰天一躺/便倒睡在地上”等文字来突出农民工生活的简单和随遇而安的满足。

在以上所列举的这些诗句中，“门缝”“灶门”“榆树钱”“槐树花”“地米菜”“马齿菜”“窟窿”“剜菜”“娃娃”“尾巴根”“海碗”等充满乡味且极具生活化、口语化的语言，是诗人对于故乡最纯真的记忆，也是家留在诗人骨子里最具血缘情感的维系，故而读来既平易、朴实，又让人倍感亲切。

第十章　当代襄阳散文创作综论

一、散文的文类特征

所谓文类，就是文学分类，是文学史按照一定审美标准，对既有文学文本进行对号入座归档的一种方式。

文类的划分与通常的分类有着本质不同。在现实生活中，人们对事物的分类，目的在于识别与选择。但文类的划分却不同，在文类划分的背后，隐含着强大的权力因素。文类划分的意义在于：建立创作规范，不同的文类有不同的规范，而规范一旦得到普遍认同，就会变成共同遵守的章程和约束。表现为两方面：对读者来说，它是理当如此的"期待视野"；对作家来说，它是必须遵循的"写作模式"。

散文是文类的一种，人们通常将它与小说、诗歌、戏剧并举，合称为四大文类或四大文体。在中国文学史上，散文是成熟较早的一种文类，迄今为止，它也出现过多次影响深远的辉煌，如先秦诸子散文，唐宋散文，明清散文，五四散文，20 世纪 60 年代的抒情散文，20 世纪 90 年代的多元化散文。在 20 世纪 90 年代，还有一个引人注目的现象，那就是"五四"时期的名家散文通过大量重印涌入图书市场，重返文学舞台，时至今日，这些名家散文和五花八门的国学经典一样，依然保持着产销两旺的发展势头。然而，即便如此，和小说、诗歌、戏剧这三种地位显赫的文类相比，散文依然无法改变其边缘化性质。

小说、诗歌、戏剧之所以成为地位显赫的文类，是因为经过长期的创作实践和历史沉淀，它们已经完成了从经验描述到理论抽象的转换，成为能够被肯定性定义的文类。比如，我们可以说，小说是一种包含人物、环境、情节三要素的虚构的叙事文体；诗歌是一种抒写诗人性灵的分行的文体；戏剧是以歌、舞、肢体语言、人物对话等为表现形式的叙事性的舞台表演艺术。对于散文，却无法进行肯定性定义。于是，著名文学家叶圣陶先生给散文的定义是："除去小说、诗歌、戏剧之外，都是散文。"①叶圣陶先生采用的是排除法，将显赫文类排除之后的剩余部分都归为散文，因而，这是一种否定性定义。正如当代著名的文艺理论家南帆所言：这决定了散文不可改变的边缘性地位，导致散文始终无法被纳入文学正宗，享有正统的权势。②

散文的边缘化，除了定义的困难，还有一个重要原因，就是缺少理论的强大支撑，而小说、诗歌、戏剧却不同，得力于叙事学理论的发达和诗学理论的长盛不衰，这些原本显赫的文类变得更加显赫，而缺乏系统的文类理论的支持，散文变得愈加边缘化。

但是，和小说、诗歌、戏剧这些地位显赫的文类相比，散文也有自身的特点和优势，它们集中体现在一个"散"字上，这意味着，散文文体，有着没有文类规则羁绊的轻松与洒脱，简言之，就是自由。散文的自由，体现在很多方面：一是门槛低。任何一个粗通文墨的人，如果有兴趣，都可以写散文。二是题材广，可以用包罗万象来形容。三是内容杂，可以用酸甜苦辣来形容。四是手法活，可以用喜怒笑骂来形容。五是客串性。散文的自由削弱了写作的专业性，任何人都可进入散文园地一试身手。对此，当代著名散文家周涛就曾打了一个形象的比方，将散文形容为文学楼房里的客厅：小说、诗歌、戏剧都有被墙壁隔开的独立居室，唯独散文没有，它是客厅。谁都可以到客厅来坐坐，聊聊天，包括文学以外的人。但是客厅不属于谁，它是大家的。它的客人最多，主人最少。20 世纪 90 年代，文论家余秋雨的文化散文，季羡林、张中行的学者散文，

① 叶圣陶．关于散文写作[A]．俞元桂．中国现代散文理论[C]．南宁：广西人民出版社，1984：156.

② 南帆．文学的维度[M]．上海：上海三联书店，1998：277.

小说家汪曾祺的文人散文和张承志、张炜等的精英散文，就充分体现出客串性特点。

由襄阳市文学艺术界联合会主编、襄阳著名散文家谢伦、牛宪刚编选的《襄阳散文65年·散文选》，可视为一部浓缩的当代襄阳散文史，同时，也充分体现出散文客串性特点。在这部文集里，不仅收录了以散文见长的著名作家席星荃、王伟举、郑浩、牛宪纲、唐家举、葛昌永、谢伦、蒲继刚、唐启意、张三元、杨学耕等的代表作，还收录了著名寓言作家凡夫、著名文艺理论家李宪国、著名诗人宋明发的散文，以及著名小说家李叔德、王建琳、曾海水、李修平、周才彬等的精美篇什，还收录了文学圈外的楚林《本草撷珍》。这篇散文，无论题材还是文笔，都让人耳目一新。

文学边界的模糊和文类藩篱的拆除，使个体特征成为散文存在的唯一依据。换言之，是否具有鲜明的个人风格，成为衡量作品优劣的基本尺度。诚然，散文是自由的，散文创作也很容易上手。然而，一个有志于散文创作的人，无论是专业还是业余，要想写出优秀的散文并非易事，要写出名篇，成为名家、大家更是难上加难。它提醒我们的散文家们思考一个问题：如何在漫无边际的散文王国里去追求并且达到艺术的至高境界？事实上，为我们所熟知的那些文学大师们，无论是鲁迅、周作人，林语堂、梁实秋，还是老舍、沈从文、汪曾祺、季羡林，他们都不是以轻率的态度对待散文，而是全神贯注、全力以赴地投入到创作当中，因为他们深知，散文这种文体的风格是“清”，而不是“浅”，他们要在文中所彰显的，不仅是驾驭语言的智慧、学富五车的渊博、宠辱不惊的儒雅与超脱，更是创作主体的生命体验、真切情感、襟怀气度和人格高度。

尽管21世纪的中国散文纷纭多样，但依然具有该文体所赋予的区别于其他文体的基本精神，即对底层生活的深切观照，对个体和人类命运的终极关怀，对鲜活人性的深入发掘。综观当代襄阳散文，应该说充分体现了散文的基本精神。不少散文家的作品在写出个人独特感受的同时，还试图连接一个更为广阔的人心世界，摆脱了狭小的个人私语，而走向一种公共空间，表达了社会的基本良知和对生活的热爱。

二、当代襄阳散文的格局与特征

从中华人民共和国成立至今，走过近70年发展历程的当代襄阳散文，经过三十年的艰难起步，新时期二十多年的探索积累，21世纪迎来了全面的繁荣期，因而我们赞同这样的观点："襄樊，正在成为湖北的散文重镇。"①

(一)当代襄阳散文的格局

就传统意义上的文体谱系而言，襄阳当代散文显示了一种"大散文"的格局。这种格局以一般散文、报告文学、传记文学创作为主体，辅之以寓言文学和游记文学，可谓品类繁盛，气象万千。②

论及襄阳的当代散文，早年有陈荒煤的散文集《荒野中的地火》《梦之歌》，张光年的《江海日记》《向阳日记》《文坛回春纪事》等，继有席星荃的散文集《沧桑风景》《记忆与游走》以及谢伦的《黄昏里的山冈》、曾海水的道德经济散文系列、蒲继刚的杂文体散文系列等优秀作品，其中的不少文本曾获得过相关散文大奖。此外，宋明发、晓苏、葛昌永、唐家举、李修平、牛宪纲、邢玉玺、程乐君、杨晓琳、涂宏伟、林大学、吕先觉、张三元、唐启意、周才彬、杨学耕、艾子、彭宗卫、周峻岭、肖棣等人及其散文书写，以集团方式强化了襄阳当代散文的整体形象。值得一提的是，出生于1989年的蒋方舟7岁开始写作，9岁写成散文集《打开天窗》，另有作品集《我承认我不曾历尽沧桑》《故事的结局早已写在开头》等，显示了襄阳散文创作后继有人。

关于报告文学，陈荒煤的报告文学集《刘伯承将军印象记》《陈赓将军印象记》和韩希梁的长篇报告文学《飞兵在沂蒙山上》《六十八天》等，都曾产生过广泛影响。陈怀国的《洞天风雪》、胡树国的

---

① 凡夫．六十年襄樊文学大扫描[N]．襄樊晚报，2009-10-20.

② 引自中南民族大学龚举善教授在2017年7月29日举办的"当代襄阳散文论坛"上的发言。

《高山盛开大寨花》、李叔德的《创造·沉重的苦难》、刘久和的《荆山雄鹰》《塑造完美的我》、王伟举的《世纪沧桑》《汾清河的儿女们》《百鸟为什么朝凤》、邢玉玺的《扬眉剑出鞘》、宋明发的《阳光下的事业》等，以艺术的方式谱写了时代前进的旋律。同时，与襄阳有关的重要报告文学事项有三：一是襄阳市作家协会于2016年3月26日召开的报告文学专题座谈会；二是2017年4月20日邀请中国报告文学学会副会长、河北省作家协会副主席李春雷为襄阳部分作家开设关于报告文学创作的讲座；三是承办多届徐迟报告文学奖。这些活动无疑推进了襄阳的非虚构文学创作。

与此相关，襄阳的传记文学也取得一定实绩。韩希梁20世纪50年代末出版的著名长篇传记文学《黄继光》发行33万册，并被列为全国青少年必读书之一，激励了几代人。宋明发的《吴德峰传》、胡树国的《备染羊城》《世界名人婚变故事》、张传华的《热血忠魂：抗日名将张自忠传奇》、陈文道的襄阳名人传记系列——《风流米芾》《诸葛亮传奇》《故事博览》《山水诗人孟浩然》等，堪称襄阳当代传记文学中的佼佼者。

在寓言创作方面，凡夫无疑是领军人物。而董治平、黄朝忠、李圣强、何流、黄耀辉、尹全生、汤礼春、晓梦、葛昌永、邓耀华、吕华阳、周平、马崇敏、朱爱华、王大春、安晓山、张卫华、文君、胡新颖、一冰、王道勇、秦慰、王忠山、杨文勇、屠瑞、小马、胡平、楚林、王俊楚、乔连财、百合、王维扬等作家或专一性或客串性的加入，使得襄阳寓言文学的创作队伍变得强壮起来，同时也逐步扩大了该文体的受众面。

（二）当代襄阳散文的特征

走过近70年发展历程的当代襄阳散文，取得了骄人的成就，呈现出鲜明的特征。

第一，襄阳拥有一支数量可观的散文创作队伍。在襄阳市委宣传部创建的"文学襄军"网站上，截至2018年8月31日，在"襄军支队"板块里，共收录了480位作家的资料，其中散文家的人数为182人，占当代襄阳作家总人数的38%（近四成），作家阵容不可谓不壮大。其中，50后或出生更早的作家数量最多，他们的创作为当代襄阳散文的繁荣奠定了坚实基础，主要有以下作家：

卢苇，男，1948年出生于湖北省老河口市。湖北省作家协会会员。已结集出版有散文集《文雅英芬》、小说集《林青谦良》《思博颢文》、长篇小说《断简碎甲》等。散文代表作为《白水河漫笔》《古地读啸》。

黄耀辉，1949年出生，湖北武汉人。1978年开始发表诗作，1980年加入湖北作家协会。曾任襄阳日报社副刊部主任，襄阳市作家协会秘书长。在国内报刊发表诗歌、散文数十篇，结集出版诗歌散文集《凡心韵语》。散文代表作有《智慧的风景》《山景》《寒山寺随想》等。

李圣强，男，1949年出生，湖北随州人。曾用笔名樯桅、海羽等。1981年毕业于襄阳师专中文系。曾任襄阳市文联《汉水文学》杂志编辑部主任、襄阳市作家协会副主席。创作以诗和散文诗为主。出版有诗集《远山》、散文诗集《海天片羽》。其散文短小精悍，文笔洗练，内蕴丰富。代表作有《寻找那盏灯》《永远的荒滩》《那条蛇》等。

林大学，男，号晴雪居士，1951年出生，湖北襄阳人。湖北省作家协会会员。出版有散文集《晴雪堂随笔》，获襄阳市文艺最高奖第六届“孟浩然文艺创作奖”。

周解民，男，笔名逸民，1952年出生，湖北武汉人。湖北省作家协会会员，中国美术家协会湖北分会会员。现为襄阳市美术家协会顾问、襄阳市文联特聘研究员、香港大中华文化艺术研究院湖北分院院长，主编或独立出版画集多部，并出版散文集《文心墨缘》。

郑浩，男，笔名关水，1954年生，湖北省老河口市人。高级编辑。历任襄阳市新闻出版局局长，中房襄阳公司董事长，市外办主任，襄阳日报社社长。现供职于襄阳市政协。系中国民间文艺家协会会员，湖北省作家协会全委会委员，曾任襄阳市民间文艺家协会主席。出版有散文集《地球村散墨》《古镇·老街·旧事》，部分作品在全省、全国获奖。散文代表作为《南非太阳城与野生动物园》《何乐》。

牛宪纲，男，笔名牛歌，祖籍河南息县，1954 年出生于襄阳。湖北省作家协会会员。出版有散文集《水边的歌手》、旅行笔记《万里走双骑》、长篇纪实散文《忆三弟》《听云楼随笔》。其中，《忆三弟》获第七届“孟浩然文艺创作奖”。

唐家举，男，1955 年出生，湖北枣阳人。1970 年入伍，1987 年转业至襄阳国税局，曾任副局长。湖北省作家协会会员，中国散文学会会员，襄阳市作协副主席。出版有《秋夜听雨》《天涯游踪》《军号声声》等散文集。代表作有《初进神农架》《老屋雪夜》等。

邢玉玺，男，笔名梓石，1956 年出生，湖北襄阳人。历任襄阳市公安局局长，襄阳市副市长、市委常委、政法委书记。曾任襄阳市中级人民法院执行局局长。1989 年开始发表作品，2007 年加入中国作家协会。著有报告文学《扬眉剑出鞘》，散文集《坐看云起》《星落长河》《山水雅韵》等。

葛昌永，男，笔名长吟，1957 年出生，湖北枣阳人。曾任枣阳市财委副主任、粮食局局长、审计局局长，枣阳市委宣传部常务副部长等。中华诗词学会会员，中国书法家协会会员，中国作家协会会员，中国散文学会会员。曾任中国书法家协会理事，湖北省书法家协会副主席，湖北省政府文史研究馆馆员，湖北省书法院副院长，湖北省作家书画院副院长。在各类报刊发表文学作品二百万字以上，著有诗集《未黄集》《半玄集》。出版有《碧珠》《听月》《天风》《畅寥廓》《闲语堂》《飞翔的高度》等多部散文集。有多篇散文在《人民日报》《散文百家》《散文选刊》等重要文学报刊获奖。多篇散文获得年度散文排名榜和年度报刊优秀散文奖。其中，散文《左公柳》获《人民日报》“走进西部”征文一等奖，《夜渡巫江》获《人民日报》新游记征文二等奖，《雾访白水源》获全国报纸副刊好作品三等奖，散文《楚河汉界静悄悄》获湖北新闻奖。湖北作协成立 50 周年时，被评为优秀作家。2002 年 4 月 27 日中国作家协会、湖北省作家协会在北京共同主持了“葛昌永作品研讨会”，《人民日报》《光明日报》《文艺报》《湖北日报》等媒体作了专题报道。

程乐君，男，笔名洞箫，1955 年出生，湖北恩施人。现为襄阳民企经理人。湖北省作家协会会员。著有散文集《别时茫茫江浸月》《仓岩之上》。代表作为《名城匠人录》(共九篇)。

曾海水，笔名海水。曾供职于襄阳市财政局。湖北省作家协会理事，曾任襄阳市作家协会主席、《汉水》杂志社长兼主编。著有散文集《意大利之行》《流金淌银》《金光银道》。

李修平，男，1956年出生，湖北保康人。1982年开始发表文学作品，出版散文集《雨夜梦想》《浮生独白》《牵手》。

另外，当代襄阳散文尤其是21世纪的襄阳散文的中坚力量，是年富力强的60后作家，主要有以下代表人物：

吕先觉，男，1961年出生，湖北保康县人。湖北省作家协会会员。曾在报刊发表过小说、散文近百万字。著有长篇报告文学《国家记忆：感天动地铁道兵》。散文代表作为《父亲的重量》《小村石器》。

张三元，男，1962年出生，湖北红安人。大学毕业后分配到襄阳工作，现为武汉工程大学马克思主义学院教授，硕士研究生导师。湖北省作家协会会员。在《散文》《长江文艺》《湖北日报》等报刊上发表文学作品40余万字，入选多种文集。代表作有散文《唐诗高地》《朋友米癫》等。

蒲继刚，男，1963年出生于四川峨眉山市，现供职于中国南车集团襄阳内燃机车厂。在《中国青年报》《杂文报》和香港《文汇报》《大公报》发表杂文、散文400多篇，作品广泛被海内外报刊、网站转载。

唐启意，男，1964男出生，湖北南漳人。湖北省作家协会会员。1983年开始发表散文。作品散见于《人民日报(海外版)》《工人日报》《经济日报》《北京日报》《新民晚报》《湖北日报》《长江日报》等报刊。著有散文集《萤窗随笔》。

周才彬，男，1964年出生，湖北保康人。现任保康文联党组书记、主席。先后在《散文》《美文》《中国青年报》《长江文艺》等报刊发表散文多篇，被贾平凹誉为“有手就有纹”，作品也被《读者》《青年文摘》等知名刊物转载，收入三十多种选本。

杨学耕，男，笔名雪耕，1964年出生，湖北襄阳人。中国散文学会会员，湖北省作家协会会员。著有散文集《人一生的幸福》《阳光里的村庄》。

任爱国，笔名艾子，1968 年出生，湖北保康人。自由作家。曾获《长江文艺》“完美(中国)文学奖”，著有散文集《原乡》。

彭宗卫，男，1969 年出生，湖北保康人。作品散见于《人民文学》《芳草》《湖北日报》等报刊。著有散文集《时光的芭蕾》《内心即是天堂》。

21 世纪襄阳散文作家的后起之秀，是 70 后散文家，主要代表有郝慧勤、胡平、楚林等：

郝慧勤，女，襄阳市诸葛亮中学教师。襄阳市作家协会会员，襄州区作家协会副主席。先后在《芳草》《新作家》《世纪风》等各类报刊发表作品百余篇(首)，作品曾入选《中国散文大系》《2012 年度中国散文经典》等书。

胡平，女，1975 年出生于四川，现供职于襄阳市食品药品监督管理局。先后在《芳草》《新作家》《羊城晚报》等报刊发表文学作品数百篇。散文代表作有《并不遥远的风景》《宁静而诗意地栖居》等。

第二，从大散文角度来看，在报告文学、散文、寓言文学等文类上都出现了具有全国影响的领军人物：报告文学领域的王伟举，散文领域的席星荃、谢伦和楚林，寓言文学领域的凡夫。

王伟举，男，1952 年出生，湖北宜城人。毕业于武汉大学中文系。曾供职于襄阳市文联，现为中国作家协会会员，中国报告文学学会理事、副秘书长，湖北省报告文学学会副会长。自 20 世纪 70 年代至今，已先后在《长江文艺》《芳草》《报告文学》《湖北日报》《人民日报》《工人日报》《北京文学》《中国报告文学》等报刊发表各类作品 200 多万字。主要作品有小说集《花地》、报告文学集《飞旋的世界》《东方底特律之梦》《超越神话》、长篇报告文学《世纪沧桑》《汾清河的儿女们》《百鸟为什么朝凤》等。曾获得《长江文艺》小说佳作奖、襄阳市“孟浩然文艺创作奖”、《人民文学》全国报告文学征文优秀作品奖、徐迟报告文学奖、湖北省政府“五个一工程”奖。

谢伦，男，1962年出生，湖北枣阳人。中国作家协会会员。迄今已发表散文、小说、诗歌等100余万字。著有散文集《黄昏里的山冈》。其长篇散文《鄂西人物十记》获2008年“孟浩然文艺创作奖”及2009年《长江文艺》“完美（中国）文学奖”；散文集《黄昏里的山冈》先后获第五届冰心散文奖、第五届湖北文学奖、第八届湖北省屈原文艺奖。著名诗人、湖北省作协副主席、《长江文艺》主编刘益善对谢伦散文评价极高，认为：“谢伦的散文在全国都有一定的影响，在湖北散文领域已经是当之无愧的代表性作家，他的作品语言感染力很强，而且文字优美，意境幽远，给当今鱼龙混杂的散文领域吹进了一缕清新的风，为湖北散文向美文的回归做出了难能可贵的贡献。”①谢伦散文不仅体现了“真”“散”“美”的散文真谛，也显示了独具个性的艺术风格（因有专论，此处从略）。

楚林，女，本名周世菊，1975年出生，襄阳市襄州区人，襄州区张湾社区卫生服务中心临床医生。中国寓言文学研究会会员，专栏作家，有大量文字散见于《北方文学》《本草生活》等报刊，出版有散文集《遇见最美的本草》。该作品于2017年4月获得全国第十二届文津图书奖“推荐图书”，2018年1月入选全国第二届中华优秀传统文化普及推荐图书，2018年6月获第八届冰心散文奖优秀奖。《遇见最美的本草》是一本精彩的以中药为主题的散文集，在这本书里，作者将目光聚焦人间最美的草木——能够活人救命的本草。从中药说开去，把药理医理、博物知识、传说故事、处世体验、人生哲理有机地融合在一起，成就了50篇美丽的本草故事，在一次次本草与人的奇妙邂逅中，一味味中药犹如一个个至情至性的人跃然纸上。

凡夫，本名段明贵，1947年出生，湖北襄阳人。曾任襄阳市委宣传部副部长，襄阳日报社党委书记、社长、总编。中国作家协会会员、中国寓言文学研究会会长、湖北省作家协会原副主席。1980年开始寓言创作，共发表寓言2000多篇，作品先后获2002

① 王大春，周建春．写作让人丰满——记冰心散文奖获得者、市作协副主席谢伦[N]．襄阳晚报，2012-08-28(7)．

年、2006年冰心儿童图书奖，第一、二、三届“金骆驼奖”（全国寓言文学最高奖）。著有《凡夫当代寓言》《张果老选马》《狐狸的神药》等寓言文学集10多种。其中，《快乐》《狮子和兔子》等5篇寓言分别入选人教版、北师大版、冀教版和香港版中小学语文课本。

著名作家金江对凡夫评价颇高。他称赞凡夫寓言是献给读者最好的礼物，认为他所写的寓言故事一般老人孩子都看得懂，具有通俗性和趣味性，从角色的形象构造到思想的传达都有其吸引人的地方。

“寓意寄理”是寓言最核心最本质的文体特征，寓言常常借助动物故事来揭示某种哲理，给读者带来启迪和教益。生活哲理是寓言所寄之理的重要一类，它体现出作者善于洞察生活的慧眼、渊博的知识和真诚的智慧。凡夫就是一位善于通过动物寓言来传达生活哲理的作家。而寄寓生活哲理也就成了他寓言传达思想内容的一个重要特征。他的许多寓言讲述的是在日常生活和人际交往中要学会“换位思考”的道理。如《驴走了》讲的是马和驴的故事：马嘲笑驴整天只知道围着磨转，驴因受不了马的羞辱而离开了磨，结果马被主人绑着拉磨，这时候马才知道驴的辛苦。它告诉我们，在现实生活中要学会理解和尊重，学会换位思考。否则，当我们嘲笑别人的时候，自己也就成了被嘲笑的对象。《花园里的猪》讲的是猪和蝴蝶彼此隔膜的故事：猪认为的美是酸酸的潲水喝得美，吃饱喝足四腿一伸睡得美；而蝴蝶认为的美则是淡淡花香和绿茵茵的草坪，蝴蝶和猪都对对方认定的美无法理解。这个故事告诉我们，即使是同一事物，因为各自的角度不同感受不同，因而认知也会有所不同，我们不能将自己的认知强加于别人，也即“己所不欲，勿施于人”。《小猴运沙》讲述的是猴子运沙的故事：小猴到河滩运沙给老猴砌墙，但是小猴发现它们仅有的竹筐装满的沙基本会漏出。猴老大运沙失败，猴老二说自己步伐快，但是同样还没到家沙就漏完了，猴老大和猴老二都将自己的失败归咎于竹筐的问题，开始争吵，最后猴老幺却把沙运了回来，它只是采用了先把沙浇湿的方法。这则寓言同样是通过会说话的动物告诉人们，很多时候要学会从另外一个角度去想问题、做事情，因循守旧、一成不变，最终只能导致失败。

凡夫寓言寄寓生活哲理的另一个层面，是告诉读者：人生要有目标，只有合理制订目标，并脚踏实地去实践，才能最终实现目标。例如《云雀明白了》一文，通过麻雀、公鸡、鹌鹑、雄鹰等对飞得高的定义来阐述人只有将目标定得足够高才可以走得更远，才能实现更远的目标的道理。需要指出的是，为了让故事更有趣更精彩，让所阐述的道理更能被读者所接受，凡夫在寓言中常常有创新之举，即赋予某些动物不同于人们习常认知的逆向性陌生化特征，通过颠覆的方法，成就故事的新颖，从而有助于更确切地表达主题。例如《猫的礼物》一文，他一改老虎在森林中威猛霸气的形象，用“最没有本事的一个”来形容老虎，颠覆了读者原本在心目中所认知的老虎形象，虽然寓言阐述的依然是人们熟知的“授人以鱼不如授人以渔”的道理，但是在角色扮演上却完成了一次创新。在《小老鼠立志》中，凡夫也对小老鼠这个角色类型进行了重新塑造。在大家所习见的动物寓言中老鼠是爱偷吃、懒惰因而常遭其他动物嫌弃的角色，但是凡夫却有意作了反转，先赋予老鼠有远大志向的性格，然后再说老鼠光有想法不拿出实际行动最后没能登上珠穆朗玛峰而羞于见人，从而告诉读者想成功不能只靠幻想而需要脚踏实地去一步一步完成的道理。

凡夫寓言的另一个思想特征，是批判社会不良现象。其批判涉及的层面多、范围广，如对改革开放的狭隘偏颇认知问题，领导作风不正和不重视人才问题，公款吃喝与贪污腐败问题，学术界的追名逐利、弄虚作假问题，等等，这不仅显示出凡夫对现实生活的深刻洞察和深刻思考，也反映出作家高度的社会责任感。凡夫在改革开放初期，认真观察社会生活出现的新事物，深入思考这些新事物背后所蕴含的思想哲理，借助寓言传达自己的所思所想和基本判断。例如在《肺与鼻孔》中他就用一句“有利有弊”表达了对改革开放的看法，闪耀着唯物辩证法的思想光芒。《先锋探路》一文，用一个探路的故事，发表了他对改革的看法：一个将军在行军途中不认识路，派出先锋去寻找新的路，结果先锋只找到了一条走不通的路，但是将军却没有责罚先锋，他认为先锋避免了军队走向错误道路的可能。这一故事告诉读者，在改革道路上，错误不可避免，要正确认识探索中的失败。无论对改革大业还是个人业绩，不能只看到失误，而看不到贡献，要一分为二。这则寓言，同样表达了可贵的辩证法思想。

除了对改革这类重大政治问题的思考，凡夫的寓言更多的是对现实生活中普遍存在的不良现象的批判。如《毛驴的评语》就对领导专断、压制人才现象进行了批判。该故事用当上领导的毛驴的刚愎自用、妄自尊大，暴露了社会上一些无德无能、公报私仇领导的丑恶嘴脸，同时也反映了一些有突出才能的优秀员工得不到重用的社会现实。作品中用一句“思想觉悟低，大事干不了，小事不愿干”来形容无能领导对人才的评语，十分形象地嘲讽、批判了某些领导嫉贤妒能、压制人才所惯用的伎俩。在《摘去金箍的孙悟空》中，凡夫用孙悟空的形象给读者提供了如何当好领导用好人才的建议；《鸭和他的上司》则反映出某些领导不切实际的瞎指挥，导致优秀的员工变得平庸。《狗熊请客》对领导公款吃喝、奢侈浪费的现象进行讽刺；《乌鸦的论文》批判了学术界不学无术之辈通过论文造假欺世盗名、沽名钓誉的卑劣行径；《歌星金奖证书》一文批判了社会上某些单位和个人，以举办赛事为名，骗取参赛费，随意发证书、给头衔的不正之风，借乌鸦的经历，对获奖证书满天飞的造假行为表达了深恶痛绝的态度。

凡夫寓言别具魅力。杂文笔法的成功运用是其鲜明的艺术特征之一。杂文是一种文艺性的小品文，其特点是“杂而有文”，是一种能够迅速反映社会现实的文体，具有极强的讽喻性和独特的艺术感染力。凡夫曾说：“我喜欢文学，也喜欢哲学，寓言和杂文园地，是我用以杂交文学和哲学的试验田。”①凡夫寓言大量运用杂文手法，技术相当娴熟，艺术效果也十分明显。例如《乌鸦的证书》一文，讲到一个手握很多全国奖、国际奖证书的乌鸦在鸟儿聚会上展示自己的歌喉，鸟儿们嫌难听纷纷走开了，乌鸦却不明白为什么自己有这么多证书大家还觉得其歌声不好听。故事据此讽刺了那些

① 凡夫．过目不忘[M]．广州：花城出版社，2000：2.

徒有证书却无真才实学的人，这与杂文的立意是一样的。当乌鸦唱歌难听吓走鸟儿的时候，却引出了乌鸦世界级别的唱歌奖证书一事，这里使用的就是典型的夸张和荒诞手法。该作品正是运用了杂文的立意和夸张的手法，对某些买了假证却无真才实学的公务人员进行了辛辣的讽刺，也引发了人们对这种普遍存在而有碍社会公平公正的不良社会现象的忧虑和反思。再如《自吹自擂的母鸡》一文，讲一个母鸡下了一个蛋就到处炫耀说："我下的蛋，个个大!"燕子听见后告诉母鸡"谁下的蛋大，放在一起比比不就知道了"，但是母鸡仍然不听，依旧每次炫耀自己的蛋大。如果寓言到这里就结尾，尽管也能表达出寓意，却会留下不够深透的遗憾。因此，作者精当地给燕子加了句"自吹自擂有了瘾，想改也难"的评价性总结，这一杂文笔法的画龙点睛之笔，既增强了故事的幽默感，也凸显了讽刺的主旨。

巧设悬念、构思巧妙，是凡夫寓言的另一艺术特征。如《毛驴行贿》一文，讲毛驴羡慕千里马的待遇和名声，通过走后门也加入了千里马的行列，但是受不了千里马的考核和训练，最终离开了千里马的队伍。作品中，凡夫制造了两个悬念：第一，伯乐该不该收毛驴的茅台酒？第二，该不该把毛驴编进千里马队伍？从而引发读者的阅读期待。后来毛驴被淘汰，读者会好奇伯乐该不该归还茅台？他又会怎么做呢？结果，伯乐退了茅台并且告知："毛驴没有千里马的本领我想开后门也不管用。"这个故事因悬念而精彩有趣，故事结局既出人意料，又在情理之中，充分体现了凡夫长于设置情节和精于艺术构思的才能。

凡夫寓言的另一个艺术特色，是语言精练准确，极富美感和韵味。例如《避雷针和风向标》一文，在介绍避雷针时用"万钧雷霆""剑雨刀风""直指云空""岿然不动"等词语形容了避雷针刚正不阿的形象；在介绍风向标的时候则使用了"朝南暮北""忽东忽西"等负面性词语，这些感情色彩下匿名的词语与寓言中所揭示的哲理达到了高度契合，极具韵味和表现力。又如《小鱼和大海》一文，在介绍小鱼的生活状态时用了"在一条……生活着一条……还有一群……他们一起……十分快乐，十分幸福"，这一组连贯的数词，使得作品的表达显得既平易通俗，又富有变化，诗意丰富，美感十足。

诚如前述，当代襄阳散文创作成果丰硕。截至2016年，据不完全统计，襄阳作家共出版个人散文集38部，其中21世纪出版的散文集有29部，占到了总数的76%，从一个侧面反映出21世纪襄阳散文创作的不俗实绩和勃勃生机。

与此同时，不少作家已经显现出个人的独特风格。例如唐家举的游记文笔细腻，善于从风景中悟出人世沧桑的真谛；曾海水财经题材的散文别具一格，深入浅出，精美的文字融入了人生哲学；卢苇的文化散文优雅从容，表现出中国传统文化的精神风貌；郑浩先生的国际题材游记，视野开阔，文笔行云流水，不仅尽显异域情调，而且充满对普世价值的思考和追问，在活泼生动中显出可贵的思想深度。另外牛宪纲的随笔体散文、蒲继刚的杂文体散文等，还有真切自然、浑然天成、悠远冲淡的谢伦散文，凝重、典实、清雅的席星荃散文等，都已形成了自己的风格和特色，显示出当代襄阳散文作家正逐步突破地域限制，力求日益享名于全省，走向全国，向着散文名家、散文大家目标迈进的可喜态势。

第十一章　席星荃散文

席星荃，全国知名散文家，襄阳散文的领军人物之一。他本名席兴全，1950年出生，湖北襄阳市襄阳县(现襄州区)人，毕业于湖北大学中文系，长期担任中学语文教师。中国作家协会会员，中国散文学会理事。1981年开始散文创作，迄今已发表散文300余篇。和那些著作等身的作家相比，席星荃散文的数量不算多，这和他更在意散文的质量有关，他曾说“数量不是很重要，重要的是质量；没有质量的数量没有价值，也没有意思”①。同时，也和他的创作动机和写作态度有关，正如作家叶梅所言“对于席星荃来说，散文就是一个好梦。他的写作既不为稻粱谋，也不为名声谋，他写散文半是做梦半是勤奋。他把对人生，对社会，对自然的种种思考付诸笔端，思考得认真，写得也认真”②。这种非功利化的认真写作，自然更容易产生被社会认可的高艺术品位的佳作，其作品频频获得多项大奖——如首届《长江文艺》散文随笔奖、第二届老舍散文奖优秀奖、第三届冰心散文奖以及襄阳市第三届、第四届“孟浩然文艺创作奖”等，就充分证明了这一点。

一、席星荃的两部散文集

席星荃的代表作是《沧桑风景》《记忆与游走》两部散文集。

散文集《沧桑风景》分4辑，共收录散文44篇。其中，“少年

---

① 席星荃．沧桑风景．自序[M]．武汉：长江文艺出版社，2002：1.

② 叶梅．前言[A]．席星荃．记忆与游走[M]．天津：百花文艺出版社，2005：1.

之什”一辑收入《家乡》《拾穗少年》《野菜》《荒园记》《一路风景》《收获二题》《拜年》《母亲与新年》《过年下雪》《少年读书郎》等10篇；“人生之什”一辑收入《有风和无风的风景》《大学梦》《梦里故人来》《送儿上学》《寻常巷陌》等15篇；“自然之什”一辑收入《长风千年江湖老》《关于树的话题》《忆隆中》《我与汉水》《黄家湾》等8篇；“历史之什”一辑收入《马与英雄》《读〈资治通鉴〉札记》《晏殊的夕阳意象》《城市与山》等11篇。

席星荃在这部集子中写了自己的诸多之梦：童年的梦，成长的梦，读书的梦，上学的梦，故乡的梦，亲人的梦，田野的梦，城市的梦，过去的梦，未来的梦……在这些梦里有辛酸，有欢乐，有苦难，有幸福，有失望，有希冀，但作者给我们的决不是这些表象的印象，他用自己独特的感受、感悟和发现，把我们引到一个比现实更高的层次——心灵的天地里去梦游，使我们能够领略到辛酸背后的愉悦，苦难蕴含的营养，失望前面的希望，幸福后面的隐忧，希望路途中的坎坷。该集子中的许多篇章写的就是作者童年和少年时代在乡村度过的那段难忘的岁月。一些平凡的生活，像挖野菜、刨红薯、搂豌豆、割荒柴、过新年、听鸡鸣等，到了作者笔下，便别有一番情趣，使人浮想联翩、思索不已。

这部集中的散文，大多写的是身边事、身边境，有的甚至是小事、琐事，像过年的雪，田野的风，山间的一棵树，屋前的一片荒园，山里的一段日子，路上的一段风景，等等，但作者在写这些事物的时候，却能够充分发挥散文的特点，展开想象的翅膀，把人们带进一个广阔的世界，给人以无尽的遐想。在《关于树的话题》一文中，作者从家门口一棵普普通通的老槐树，联想到武当山腹地的那棵老树、华山顶上的松柏；想到树跟人一样，由于出生地和周围的环境不同，而有不同的命运；想到树也有世系，也有一个社会，“一代代的树出生了，长大了，老了，死了。而新一代的树又开始了轮回”①；想到古书中树和人的关系，想到释迦牟尼的菩提树，想到庄子从树的命运中看出一种人生哲学，想到汉末东晋人的折柳

① 席星荃．沧桑风景[M]．武汉：长江文艺出版社，2002：120.

赠枝；想到树与农民，与诗人，与自己的关系；又由树想到人类的环境保护，等等，不仅给人以大量的关于树的、历史的、文学的、哲学的、社会学的知识，更为难得的，是给读者创造了掩卷深思的广阔空间和阅读后的惊喜与愉悦。

《记忆与游走》是席星荃的第二部散文集。与其第一部散文集《沧桑风景》对少年生活的回忆以及对人生、自然、历史等的思考不同，这部文集"是一本专事描述一个村庄的历史与现实的良苦之作，处处流淌着隽永的诗意，朝着乡土的方向，朝着真实而诗化的维度，如梦似真地呈现开来，获得物质具象饱满与精神内质深含的双重开启"①。

《记忆与游走》由引子和四辑散文构成。"引子：槐树畈的地理、传统和人物"是全集的总纲，从回忆过去的岁月出发，细致而深情隐晦地梳理槐树畈这个鄂西北真实而沧桑的小山村的人事物华。"记忆与复原"部分主要以回忆的方式讲述野地、院落、乡井、庄稼、丧葬传统等小村旧貌，是"引子"中地理的具体展开。"虚幻的影像"部分，是对亲情的书写。如呈现作者童年温馨记忆的《年华与童谣》，歌颂母爱的《母亲的歌·骑白马》，展示时代变迁的《鸟的村庄》等。"远去的回响"部分是作家对年少时乡村经历的点滴拾掇，如夏泳、捡柴、拾穗、串门儿、看乡戏、做货郎等等，"隐现着作者对当下乡村巨变的审视，暗藏着对正在迷失的乡村传统的深情眷恋和哀怨"②。在最后一辑"似梦的游走"部分，作者从记忆现场回到当下，以一种远离的姿态，书写现在的村庄与回乡的我难以调和的距离感，伤怀与落寞基调贯穿始末。"整本集子，记忆与游走两部分的色调与情感基调殊异甚大，记忆部分是一种对静态存在的乡间风物的娓娓叙说，处处流溢着一股温暖的色调"，而游走部分则"更多的是对现实不能承载这种归依情绪的伤怀与无

① 梁艳萍．世纪转型期的湖北散文研究［M］．武汉：长江文艺出版社，2011：106.

② 梁艳萍．世纪转型期的湖北散文研究［M］．武汉：长江文艺出版社，2011：107.

奈。以一种节制、冷静的笔触表达浸透了岁月沧桑的感怀，看似平淡的却早已浓得化不开，这种真情不露伤的情感疏导及行文方式，彰显出冷静而深厚的艺术魅力”①。

二、席星荃散文的类别与意蕴

席星荃散文从题材来看，大致可分三类。“第一类，是通过他的家人、亲戚、邻里的遭遇，回顾农民往日的苦难和反映近年农村的巨大变化，写得凝重；第二类，有近乎小说的对历史人物的描述，有纪实性的对自己寻访考察襄阳古迹经历的记叙，写得典实；第三类，是对庄稼、树木的咏赞，写得清雅。”②

席星荃出身于农家，在贫困窘迫的生活中长大，与生活的贴近得天独厚，因而，他的第一类作品，无论是《沧桑风景》“少年之什”中的散文，还是《记忆与游走》“虚幻的影像”与“远去的回响”部分的篇什，都蕴涵着深厚的乡土气息。他的作品中最为动人的是乡村情结。那是饥饿苦难与美好自然、血浓于水的亲情紧紧相伴的情结，他一方面咀嚼着苦难，一方面唱着梦一般的牧歌，思考着人类寻找和回归家乡这个富有哲学意味的话题。

席星荃长期担任中学语文教师，博览群书，知识渊博，热爱文学，始终如一，其文字散发着浓郁的书香。因而，他在描述历史人物的作品中，运用了许多古籍、史料，经史子集均颇有涉猎。但其散文绝无掉书袋之弊，其作品所引用的古籍，无论是习见的《论语》《史记》，还是一般人翻阅的《天工开物》以及《荆州图志》《襄阳府志》《襄阳耆旧记》，都为表现题旨之所必须，与上下文紧密配合，文气连贯自然。

席星荃的第三类散文，如《沧桑风景》的“自然之什”和《记忆与游走》“记忆与复原”部分的若干篇章，蕴含着浓浓的诗意。他是一

① 梁艳萍．世纪转型期的湖北散文研究[M]．武汉：长江文艺出版社，2011：106.

② 王先霈．我读席星荃的散文[N]．湖北日报，2011-09-23.

个经历过困厄而向往诗意的人，他所追求的诗意源于历史，植根现实，而又具有超越性，这是他的散文中最可珍贵的要素。这种要素，在他的这类散文中得到最好的表现。在这些散文中，庄稼和树木，是人休戚与共、心心相印的朋友，每一种庄稼，每一棵树，各有独特的生命历程，都会感受冷或热、干燥或潮湿；都有各自的希冀和企盼，牢记自身的使命，竭尽其力向地底、向天空去汲取。无论是被安置在肥沃的垄亩还是被抛放到瘠薄的山梁，它们都既不庸堕也不颓丧，而是要让生命之花约丽绽放以尽到自己的职责。与五谷六畜葆有通感，是民间文学的特色，亲自沾露荷锄的人，才有这样的心理能力。“读席星荃的这些散文，往往联想起陶渊明的‘有风自南，翼彼新苗’‘平畴交远风，良苗亦怀新’，仿佛田野之风吹沐着读者的身心。”①

席星荃的散文，在思想上“具有现实主义小说的显著特征，表现出怀念故土、关注底层劳动人民、歌颂正面价值的文学情怀”②。作者在《记忆与游走》中所描写的他生于斯长于斯的那个叫“槐树畈”的“遥远的小村”其实既不遥远，也并非孤立存在。事实上，这个小村在以传统农耕生活为主体的千百年华夏大地上是典型和富有代表性的。作者呈现的记忆中的那些“绿草地”“蚕豆田”“剜野菜”“放牛”等，都是生活于农村的人所熟悉的；又如他描绘的“乡村院落”，包括草房小院、磨房和碾道、猪圈与鸡笼、粪坑与麦糠棚等，都是大江南北许许多多植根于农家的孩子们感到亲切的。至于那些庄稼歌谣，唱出的是栉风沐雨的庄户人的共同感受和心声。“席星荃散文中写出了农事的艰辛，也写出了汗珠映现的乐趣。归根结底，是写出了自然之子的根本。是底层劳动人民心中涌出来的文学元素，经过作家提炼后又将文学还给了劳动人民。这也许就是

① 王先霈．我读席星荃的散文[N]．湖北日报，2011-09-23.

② 引自著名诗人、散文家石英 2007 年 11 月 15 日在京举行的“席星荃散文集《记忆与游走》研讨会”上的发言。

我前述他的散文是真正‘写生活’最可贵的价值所在。”①

席星荃散文的主题意蕴是表达怀乡之情以及对失落的精神家园的追寻，而回忆与喟叹则是其表达主题意蕴的基本方式。

“席星荃的散文基本是回忆乡村的风景人事，既写出了个人的童年和青年时代，也写出了逝去不久的社会历史，无形中让人生出轻轻的感喟。”②在他笔下，儿时所见的风景、风物是那么优美，那么令人神往难忘。作者以平静的笔触娓娓道来，眷恋之情溢于言表。这些风景和风物，代表着农耕文明的诗意和单纯，与现代日益物化的社会相较，虽然原始，却更具撩动心魄的魅力。作者回望过去的风景是假，叹惋历史的变迁是真，悲悯人性的失落，心灵的粗糙，世风的沉沦，才是他潜在的动机。所以从他平淡的文字背后，读者总能回味出一丝哀婉和悲凉，而他越是将过去的一切写得美好，越能感受到他内心挥之不去的惆怅。其作品结尾几乎总在感叹，如《庄稼歌谣》结尾："早期的诗歌产生于田垅稼禾之间，但《诗经》的时代之后，农民们似乎离诗歌日益遥远了。现在，似乎连不是农民的人们也越来越远地离开了诗歌"③；《乡井》的结尾："我的曾祖早已进入历史的苍茫云端了，那口村井虽然依然残存在老屋百步之外，但往后的日子里，不可能再有这样的故事和这样的热闹"④；《野物》的结尾："世界单调了许多。孩子们少了许多的乐趣，生活少了许多的故事与惊险"；还有《野菜》的结尾："由于化学药剂的广泛使用，野菜越来越少了。这不是坏事，但我总有点怅怅然，觉得那份乡野的风光里少了一点儿什么……"这自然是一种怀旧，然而却不是普通的怀旧，而是一个有良知的知识分子对物质文明负面影响的深深忧虑，对和谐生命的热切呼唤，也是对日渐粗粝的人性的拯救。作为一个重视诗意栖居的乡土作家，他所眷恋

① 引自著名诗人、散文家石英 2007 年 11 月 15 日在京举行的“席星荃散文集《记忆与游走》研讨会”上的发言。

② 夏元明．席星荃散文阅读印象[J]．文学教育，2010(6)．

③ 席星荃．记忆与游走[M]．天津：百花文艺出版社，2005：46.

④ 席星荃．记忆与游走[M]．天津：百花文艺出版社，2005：53.

的乡土实乃人们不应该盲目抛弃的精神家园。当亲眼目睹日益恶化的生态，亲身感受日益疏离的人情，亲身体验日益衰败的传统文化之时，人们就能深知作者的用意所在。

在席星荃怀乡类的散文中，《野菜》《请听那鸡鸣》以及《代销店》等是较有代表性的篇章。在《野菜》一文中，席星荃细致介绍了野菜的生长习性、种类及烹饪方法，字里行间流露出对野菜的怀念。文末他对“野菜越来越少了”的境况表达了遗憾和失落。是野菜的味道鲜美令作者对它念念不忘吗？其实不尽然。他怀念的，不仅仅是野菜，还有野草、野花等以前长在土地上的各种植物。以前人们吃的食物都是纯天然的，要么是自家菜园里种的，要么是路边采的野菜，吃起来很放心。随着科技的发展，人们研究出各种对抗害虫的药剂和增加作物养分的化肥。照理来说，现在的食物应该吃起来更美味，但事实上人们在买回这些瓜果蔬菜后总要将其进行多次清洗，生怕上面有农药残留。技术的进步给人们带来的便利毋庸置疑，可人们也该学会与自然和谐相处。席星荃怀念野菜其实意在告诉我们大地上的每一种植物，都有其存在的理由。应该保护自然，还生存环境以山清水秀，而不要等到最后只能在回忆中慰藉自己的心灵。

在《请听那鸡鸣》一文中，席星荃详细描写了自己几次听到鸡鸣的不同心境。通过这几次的经历，他一步步走向成熟，对于人生有了更深刻的认识。可是在搬到城市后，他再也听不到鸡鸣声了。城市里人声车声足够喧嚣，使人无法静下来去聆听自己内心的声音。文中所写第一次听见鸡鸣是他 20 岁的时候：“那时很穷，听到阵阵鸡鸣好似潮涌，就会想起母亲常说的‘谁有穷根？谁有富苗？’的俗语，以及做人要发愤努力的话。觉得自己有的是力气，还有很长很长的岁月，不会没有出头的日子，听那鸡声，分明就是明证。”年轻的时候纵然有困惑迷惘，但对前途还是充满了信心，于是听那鸡鸣仿佛也是在为自己加油打气。“后来从鸡鸣里更多听出的是清纯——水一样的明净与安详。”这时候席星荃又大了几岁，经历了一些风雨，但是不会那么轻易被挫折击倒，能够自己挺过去，所以此时的鸡鸣声听起来是宁静的。他还写自己最难忘的是在鸡声中上路："没有人送行，连狗也不为你发一声吠叫。……但正是此时，路边的人家里倏地冲出一声鸡鸣，像一把突兀而起的号角，划破这霜天，在这凛冽的大地上疾速地传播，一声又一声，声声相连，村村相应……你的心便不再发冷，觉得有这样的鸡声相伴就很不错。"临行前的鸡鸣就像家人依依不舍的送别和对游子的祝福与期盼。每一次听到鸡鸣，席星荃都有不同的感受。古往今来的仁人志士更是如此，鸡鸣声中寄托了人们当时的情感。当今时代城市化发展越来越迅速，鸡鸣声几乎快要消失不见了。这是席星荃所不愿见到的，这不仅代表了自然环境已被严重破坏，更意味着一种当代人内在精神的严重缺失。

《代销店》"作为一部缅怀故乡风物的淳朴之作"，其"至为简单却不失意境之悠远。说其简单，不仅仅因其文字的平实朴拙，更因作者在故乡记忆的诉说中，殊为规避了此类散文易见的乡愁情绪"①。作者的叙述首先从介绍代销店的地理环境开始。通过点染沟渠流水和荒场坟包，呈现出代销店周遭的平常景色。不动声色的客观再现，剥离了写作者在环境描写中最为常见的价值寄托，奠定了全文日常化的叙述基调。接着是对代销店商品不附加任何感伤怀旧的情感因素的娓娓介绍。耐人寻味的是，当针线、煤油、手电筒、蜡笔和糖果这些商品在作家的叙述中一一呈现之时，读者却分明感受到了一股记忆的暖流在心头荡漾。世事的奇妙正蕴藉于此，尽管这些沉默的小物件永远无言，但却足以召唤起我们久违的故乡记忆。因为这些商品不仅代表了我们每个人曾有的童年，而且更在语言之外表达了真正的生活。"这种生活常常在人们的言说之外，是一种被语言所遮蔽了的存在，它只能借助代销店里的那些具象细节，才能展现自己的隐秘原貌。"②

与对遗失的精神家园和消逝的乡村岁月的深情缅怀相对，席星

① 叶立文．散文的减法——评席星荃的《代销店》[J]．文学教育，2010(2)．

② 叶立文．散文的减法——评席星荃的《代销店》[J]．文学教育，2010(2)．

荃对工业社会与工业文明持鲜明的批判态度。在他看来，物质文明的过度发展，导致世风日下，人心不古，就连他自己也不能免俗。

在《我与汉水》一文中，他曾提到了一件事：那一日，作者在大堤上看风景，遇到了一个带着孩子的年轻女人，那个女人向作者求助，希望作者帮忙介绍一份零工和一个再婚对象。作者当时答应帮她问问，他们约定下下个星期日再相见。可是到了约定的日子，作者有事并没有赴约。后来作者又多次到过大堤，然而每次去他都会想到那个女人，想到自己失信于人，心里充满了内疚。作者说："我想，这个负罪感大概一辈子也摆脱不掉了。"这句话表达了作者深深的自责心理。在那之后作者一直在反省自责，因为他认为自己丢掉了做人的原则——诚信。事实上，作者不仅是在反省自己，同时也是在思考当今社会的风气以及价值观。据说古时候，人们夜不闭户、路不拾遗，是因为人们对他人有着充分的信任，而这，正是作者心中的理想社会。在旁人看来，作者没做什么伤天害理的坏事，但他自己认为失信一事很严重，这是一种对人格精神的高要求。只要人们还有自责心，那这个社会的风气就不会太差。反之，如果人人不守信用且毫无悔改之意，那么人与人之间就会缺乏最基本的信任，这个社会也会无法正常运转。

除却土地上生长的植物之外，席星荃还关心、牵挂着天上的鸿雁。在《鸿雁》一文中，他从少年时的梦谈起，引出一系列自己对鸿雁的思考。他认为鸿雁与高士有关。高士，顾名思义就是志趣、品行高尚的人，且多指隐士。"鸿雁是鸟中高士，它远离人类，栖息繁衍于大漠、高原等荒僻之地。"如此看来，鸿雁和高士一样，隐居于群体之外，不受世俗束缚，有着自己的人生态度。竹林七贤之一的嵇康曾写下"目送归鸿，手挥五弦"的好句，简单的两个意象即勾勒出嵇康肆意潇洒的风姿。嵇康本人也像鸿雁一般纵情桀骜，这是他为人处事的个性。本来他可以接受山涛、钟会的劝告，入朝当官，但他偏不。他不愿意追求权力、金钱，这些于他而言没有任何意义，他宁愿靠打铁为生。因为他知道做官就意味着要违背自己的本性，抛弃自己的良心，所以毅然选择了坚守自己内心的那块净土，因此他喜欢鸿雁。人们往往喜欢用与自己类似的东西自况。因此，该文明写鸿雁，实际是写作者自己。通过鸿雁，我们能看见诗人的内心——那颗孤傲高洁、不与世俗同流合污的纯净的心。古人对鸿雁的感情，今人恐怕很难体会了。在席星荃看来，商品经济时代，绝大多数人奉行金钱至上的原则，精神品格的价值早已无人探讨，毕竟人们都认为那根本不值钱。这样的变化不能不引起我们的深思。时代在进步，但是人的精神意志在倒退。人一旦丧失了自我坚守，那么他最终就会沦落到像动物一样可悲。作品最后写道："人生不能总处于烈火烹油、鲜花著锦的阳亢境界，还应该有'杨柳岸，晓风残月'——阴柔的氛围。试看当今世人，一窝蜂地追求热烈、繁盛与欢愉；而在看似追求到手之后，又真有多少欢愉和幸福呢？"①这是对人生境界的反思，也是对生命阴阳失调的诘问，更是对当下世人失衡的欲望追求的忠告，虽然语气温和，却振聋发聩，引人深思。

三、席星荃散文的艺术特色

诗意隽永，是席星荃散文的艺术特色。而诗意化的语言则是其具体表现。

诗意化的语言，不仅能给文章增色，也更能吸引读者的阅读兴趣。"天格外高迥，地格外广袤。山淡淡地蓝着，在远远的天边；水静静地流着，在少年的脚下。"这一段是《拾穗少年》里少年席星荃伫立在田野之间所见到的画面，优美如一首山水田园诗。"天"与"地"相对，"山"与"水"相对，文字对仗工整，读起来颇具韵律感。整齐的句式勾勒出了当时高远的天空、淡蓝的山峰，让人如临其境，流连忘返。然而，再优美的景色如果无人欣赏也是徒然，席星荃对家乡景色的怀念恰恰印证了这一点。城市化迅速发展，乡村常住人口急剧缩减，就算有再好的风景又如何？表面看席星荃似是在写环境的破坏造成的恶劣后果，实际上是在写人心的变化。散文清新优美的语言下蕴含着他对环境和人生的思考，有了深刻思想的

① 席星荃．沧桑风景[M]．武汉：长江文艺出版社，2002：120.

支撑，文章读起来也更有深度。

一切景语皆情语。荒园中不同季节的不同景色正反映了席星荃内心情感的变化。“寒月清辉，阒寂无声，而心事浩茫，翻腾着青春年华的苦乐忧思。冬天，飞雪千里，北风驱雁；塘中冰薄，水上枯荷；而雪压翠竹，清韵与生机扑面而来，倒给过我许多感动。”这是《荒园记》中的一段描写。四个字的排列组合读起来朗朗上口，有如诵读古代诗歌。寒月枯荷等意象使人深感冬季的萧索，人在此时也会变得愁苦起来；而雪压翠竹的景象又激励人生出无限的勇气与力量来。这就是诗意化的语言的魅力，简洁又不乏感染力。试想，此处的描写若换成现代文的句式，效果必会大打折扣。

席星荃的写景散文，善于通过生动形象的修辞手法描写故乡优美的风景，其中也表达出对故乡的热爱与怀念之情。如作者写《搂豌豆》(《收获二题》中的第一篇)时已经离开故乡二十多年了，开头“回望过去的日子却历历如新”一句表明，他虽然人离开了故乡，心却一直留恋着故乡，渴望重新回到故乡。在席星荃笔下，故乡的景色都融入了他深深的怀念与挥之不去的叹惋之情，读起来有一种对美好事物逝去的无可奈何的感觉。作者想要表达的收获的喜悦、对故土的怀念在这两篇散文中被形象地传达出来，文章结尾却戛然而止，令人深思。“大麦，小麦，蚕豆，豌豆，有的成熟了，有的临近成熟，大地成了海洋，有风的时候，波涌浪叠，绿遍天涯。”人们通常只会在形容一片花田时说“花的海洋”，席星荃将原野上的农田形容成一片海洋，说明他从心底觉得这片土地像花海一样美丽，充分体现了他对故土的热爱。“豆麦的香气浓郁扑鼻，野蔷薇的花刚谢，苦枳花又洁白一片。村头的园子里头，金黄的菜花开过，正是极漂亮的。”作者在文章开头即对各种植物进行了一番大致描写，“大麦”“豌豆”“野蔷薇”等，每一种都没有遗漏，由此我们可以看出在作者心中，这些植物都是美好的，他想要把它们的美全部展现给读者。因此作者描绘了一幅十分美好的初夏图景，看到这幅图景，人们怎么会不喜悦呢？等待收获的豌豆田在作者眼中是这样的：“有些豆秧子雨浸得厉害，颜色有点发乌，枯枯的，伏在田里，已没了一月之前盛花期时的艳装和光彩，一副疲惫不堪的模样，像产后妇人；豌豆荚却饱满地举着，里面满装着饱涨的白生生的豆粒儿。”此处将“豆秧子”比作“产后妇人”，一方面写出了它被雨淋湿的狼狈，另一方面又表现出了它的“虚弱”——是那种妇人生了孩子后光荣、自豪的“虚弱”，因为它又给世界带来了一个“小生命”。农民这一年的辛苦劳作有了收获，才算没有枉费流下的汗水。真正开始聚焦搂豌豆的场景时，作家这样描写：“收豆人一边割豆，一边把它卷起来往前推，像卷一床宽宽大大的棉被，推不动的时候就算一堆。”这里把“豆根”比作“棉被”，充分表现了豆根蓬松柔软、任人摆弄的特性。“豆苗被豆秧覆盖了一冬一春，浸润过无数的霜雪雨露，现在一下露出来，像新媳妇的脸一下揭下盖头，新鲜得冒气。”这里将“豆苗”比作“新媳妇的脸”实在是别开生面，读来十分新奇。仔细一想，正是席星荃写的那样，豆苗被压在地下整整两个季节，看起来就像害羞的新媳妇一直躲在丈夫身后不敢出来见人。席星荃散文中搂豌豆的描写能给人一种身临其境的感觉，仿佛他正置身于田野之中看着男女老少有说有笑地搂豌豆，不，或者说他也是搂豌豆的一员，这就是席星荃散文语言的力量。他的这篇散文主旨是为了表现收获的喜悦，因此该篇语言运用了非常多形象的比喻、拟人等修辞方式，极易引起人们的联想和想象，所以才有刚才说的身临其境之感。所谓“充分而鲜明”，应该就是如此。

俗话说：“到什么山头唱什么歌。”席星荃很好地掌握了这一秘诀，他每一篇散文的语言都是为表现主题服务的。写哲思时，平实深刻：“真正朴素的人必是大智大勇者。没有渊博与洞察就没有真正的朴素。”(《衣着的朴素与德行》)写情致的时候，委婉哀伤：“读这些文字的时候正是秋天，抬起头，碧天沉沉，暮云暖暖，旷野寂寥，心中充满忧伤，又充满慰藉；充满不平，又充满希望。”(《叹息与歌唱》)写情感时，真挚感人：“这是二十几年前的声音，这些天他总是听到它，一遍一遍的。同时，他还清晰地看见了她的笑盈盈的脸。”(《岁月的眼睛》)写事物时，意趣盎然：“沏上茶，你走到阳台，且去远眺城外的青山，近看河里的行船，一刻之后再回到书案前，那时茶已泡香，便握了杯回到书案前，读数行书，呷

一口茶。"(《饮茶的日子》)

席星荃散文艺术的另一个突出特点，是善用小说笔法。

席星荃之所以采用小说笔法来写散文，缘于他对自小的生存环境与他所从事的农耕生活无以复加的熟悉，说起来自然如数家珍，写起来往往不能自已，特别是他最熟悉的自己的亲人、邻居和其他人物。小说以刻画人物为其主要特征之一，为增强文本的形象性，作者自然地把某些人物特征引入到散文中来。

稍加比较不难发现，席星荃写景的散文多，写人的散文少，但写人的散文(不是指他在《沧桑风景》中写的历史人物，而是指他在《记忆与游走》中所写的他熟悉的故乡的人物)在表达作家的思想感情上却占有较重的分量。席星荃写人，与其写景一脉相承，都是在写历史，写历史对人的精神的影响，对人的命运的影响。与他的写景散文不同的是，其写人散文更能够将我们带到令人难以忘怀的时代，看到人与历史的纠缠。从表面看，席星荃不是一个批判意识和反思意识特别强烈的作家，他所有对历史的怀想，对历史的荒唐和苦难的揭示，都是借助一些小人物：于不经意间展开，通过小人物的悲欢，折射出历史的沉重。在席星荃的笔下，有终日挖野菜的小孩，有因为贫穷而找不到媳妇的村汉，有因为儿孙不孝自服农药的老人……这些在乡村司空见惯的事件，经作者的悉心勾勒，赫然呈现于我们眼前，令我们不得不对历史有所质问，对个人在历史中的所作所为产生深刻的警醒。

在席星荃为数不多的写人散文中，《篙娃家的废墟》是一篇给人深刻印象和令人震撼的作品：篙娃家境贫寒，好不容易勤扒苦做盖起了三间瓦房，养大了儿女，儿子却不幸被乡下的医生打针打死。失去儿子的篙娃夫妇，日子过得很悲痛。经过再三挣扎，他们才从悲痛中缓过气来，又生了一个儿子。不想这个儿子的出世违反了计划生育政策，按规定要接受处罚。篙娃知道这些政策，他没有什么可罚的，只好自己扒掉了屋瓦，拆了梁架，抛弃了责任田，到城里过起了流浪的生活，好好的一个家成了一片废墟。像所有的故事一样，作者的语气十分平静，然而在平静背后，我们却感受到了巨大的心灵震动。

四、席星荃艺术风格探源

一个有着独特艺术风格的作家，往往与众不同，识别度很高，极易为读者作辨认，正如冰心所言："无论是长篇，是短篇，数千言或几十字，从头至尾，读了一遍，可以使未曾相识的作者，全身涌现于读者之前。他的才情，性质，人生观，都可以历历的推知。"①席星荃就是一位极易被读者辨识的散文家："一个注定远离着的现世者，在属于自己的安放之处，沉迷于对精神、文化的探寻，孜孜不倦，不投靠市场，精心于散文的创作，用有限的文字承载无限的情思，以沉静、素朴、节制、求索的为文风格展现了淡定不惊的高贵姿态。"

同时，席星荃的这种为文风格，也极有说服力地印证了法国作家布封"风格即人"的著名判断。综观席星荃的人生经历和散文创作历程，不难发现，他独特的散文风格的形成，主要受了两个方面的影响：一是童年和青少年时期乡村生活的影响，二是长期担任中学教师的影响。

席星荃的童年和青少年时期是在乡村度过的。这段生活虽然贫困艰辛，但他也因此得以充分亲近大自然。在上学之余，在山川田野之间，他获得了自然赐予的快乐。除了干农活，他和小伙伴还会撵野兔，捉鱼，烧毛豆，打架，赤条条跳入小河。正是这种亲密无间的接触，使席星荃沉迷于对大自然的爱而无法自拔，即使后来离开乡村这份爱也从未消减。于是，创作时他就将对大自然的这份深爱幻化成浇灌文字的甘泉，一个个方块字在他笔下仿佛开出了美妙的花朵，读来令人口舌生香、回味悠长。在席星荃看来，每一种自然景物都有其独特的美，它们对于人类来说不可或缺。因此他的散文几乎都带有植物的清新自然。翻开其散文集，我们会感觉像是盛夏漫步在树荫下，凉风习习，有一种说不出的舒爽。

---

① 鲍霁．中国现代散文艺术鉴赏论．[M]．北京：北京师范学院出版社，1988：92.

尽管在乡村时候有干不完的农活，但席星荃还是想方设法阅读了许多书籍，如饥似渴地从中汲取着知识养分，这些养分成为后来他在困惑迷惘时的精神慰藉。小学的时候，席星荃和小伙伴们将小人书传来传去，看得十分着迷。从那个时候开始，他就对中国古代典籍产生了浓厚兴趣。他在《少年读书郎》中提到，他在堂哥那儿第一次看到了宋词。这本精致古典的小书在他眼里是那么美丽动人，他幼小的心灵受到了极大的震撼："那本小书天天伴我入梦。"在梦里，江南变成了他的故乡。"春水碧于天，画船听雨眠。"泛舟于碧水之上，这是一幅多么惬意的图景啊！对于从小生长在山村的席星荃来说，这样的画面对他有着无限的吸引力。作为土生土长的农村孩子，他当时还没有离开过家乡，他的所见所闻全都是发生在自己生活的土地上的。毫无疑问，这本宋词变成了席星荃窥探外面世界的窗口。在他看到这本书的时候饥荒刚过，人们不再饿着肚子做事，于是精神上的需求也就开始显现出来。在物质匮乏的年代里，书籍就像一个个万花筒，让人了解到世界的多姿多彩。读着一首首清丽柔婉的词句，他与作者一起感动、悲伤、无奈。那些寂寞难以排遣的日子，是诗词陪他度过的。在那些艰苦黑暗的时光里，是古书给了他力量，支撑他走到现在。

小学和初中时期虽然艰苦，但还算快乐。到了中学毕业，正值"文革"，因为"闹革命"，学生们不再上学，席星荃也不得不辍学回家务农。那个时候他不被生产队掌权者待见，只能在生产队干最重的活。也许就是在这时候，席星荃养成了谨慎的性格。有论者评价席星荃在散文集《记忆与游走》封面上的照片，说他"眉间打着结，一派苦大仇深的模样"①。的确如此，而他的这副样子正是这段憋屈经历留下的痕迹。后来他因为在批判大会上发了两次言，又办了几回专栏，凭鹤立鸡群的"才华"才进了学校当起了民办教师，后来又成为公办教师。当教师的经历对席星荃的散文写作产生了深远影响。教师是一个要求严谨的职业。尽管我们很难读到席星荃谈自己教师经历的散文，但从他的为文中，我们能够感受到他身上具

① 夏元明．席星荃散文阅读印象［J］．文学教育，2010(6)．

有的教师"认真""敬业"的职业素养。这一点明显地体现在其散文对于字词句的锤炼的严谨态度上。从《长风千年江湖老》一文可以看出，席星荃为了弄清古蔡州遗址，不仅查阅了大量古籍，还多次前往实地进行考察，对附近居民也进行了多次走访，直到最后终于发现大旺州就是蔡州才心安理得地回家写下了这篇散文。当教师的经历使席星荃在写作时更加注重考证求真，写下的文章内容更加翔实，可信度更高；反过来看，写作的经历也促使席星荃阅读各种不同类型的书籍，养成了良好的阅读习惯，最终有利于席星荃更好地教书育人。

得益于深厚的知识储备和丰富的生活阅历，以及长期秉承的严谨的写作姿态，席星荃散文显示出兼收并蓄、多姿多彩的风貌，正如著名评论家王先霈先生阅读席星荃散文的感受："席星荃散文的数量不算特别多，其中佳作很是不少，尤使我发生兴趣的，是他有好几副笔墨。"他的第一类凝重的回忆家乡生活的散文，第二类典实的描述历史人物和记叙自己寻访考察襄阳古迹经历的散文，第三类清雅地呈现自然风物的散文，体现出了多样化的风格，"尤其是第一类和第三类之间，风格差异很大，有时简直不像是出于同一人之手，由此可以见出作者的几重身份、多种积累和创作上多方面的探索。"①

① 王先霈．我读席星荃的散文[N]．湖北日报，2011-09-23.

第十二章　谢伦散文

谢伦，男，1962 年出生，湖北枣阳人。现供职于襄阳市广播电视台。中国作家协会会员，襄阳市作家协会副主席。1997 年开始文学创作，迄今已发表散文、小说、诗歌等 100 余万字，散见于《散文》《散文 · 海外版》《散文选刊》《芳草》《长江文艺》《中国作家》《黄河文学》《上海文学》《北京文学》等杂志。作品收入多种文集及年度精选集。著有散文集《黄昏里的山冈》等。长篇散文《鄂西人物》获 2008 年襄阳市“孟浩然文艺创作奖”及 2009 年《长江文艺》“完美(中国)文学奖”；散文集《黄昏里的山冈》先后获得第五届湖北文学奖、第五届冰心散文奖、第八届湖北省屈原文艺奖。

2013 年 3 月受《人民日报》《上海文学》《散文选刊》和澳门基金会的邀请，赴澳门参加第五届“我心中的澳门”笔会，写成 9000 字散文《澳门书》，发表于当年的《四川文学》，并获第五届“我心中的澳门”全球华人散文大赛三等奖，后被收入《澳门的云淡风轻》一书(澳门出版)。2014 年 7 月参加由中国作协、湖北省委宣传部、襄阳市委市政府组织的“筑中国梦、抒襄阳情”活动，写成 5000 字散文《襄阳，我的私人影像》，获得散文类一等奖。2015 年 5 月，参加由湖北省作家协会与湖北日报组织的 31 位“湖北新锐作家创作联展”。2015 年 9 月，参加由湖北省作家协会组织的湖北作家与东三省(辽宁、吉林、黑龙江)作家共同举办的“地域文化与文学创作”研讨会，奔赴沈阳、长白山、延吉等地与东北作家们一起采风交流，写成 6000 字散文《大地深处》，后在《湖北作家》发表并结集出版。

一、谢伦散文的诗美风格

谢伦散文真切自然、浑然天成，有如“幽人空山，过雨采蘋。薄言情悟，悠悠天钧”①。这一鲜明的艺术风格在其代表作散文集《黄昏里的山冈》里得到了集中体现，也得到了学界的充分肯定。中南民族大学罗漫教授称赞谢伦散文“像一幅幅淡淡的农村田园画，看似淡墨无痕，一种如孟浩然田园诗‘淡得看不见诗了’的风格”；《散文·海外版》主编甘以雯女士评价谢伦散文在“情感的浓度，人性的深度”方面“达到了一定的高度”，认为在迷失人性本我的激烈竞争中和人心浮躁的当今社会里，“静心阅读谢伦的散文，对于保持本我，净化感情，抚慰心灵，会得到积极的启示”；著名诗人刘益善先生评价谢伦散文“文字优美、意境幽远……为湖北散文向美文的回归做出了难能可贵的贡献”②。总之，谢伦被誉为“是一位能代表湖北散文创作水准的‘实力派’作家”③。

《黄昏里的山冈》所彰显的谢伦散文悠远、冲淡的诗美风格的主要表现是：文集通过生活故乡和精神故乡的真情抒写，表达了“文化乡愁”的深邃主题。生活化的方言与文雅化的口语赋予作品语言通俗畅达、灵透清秀的鲜明特色；比喻、拟人、对比等修辞技巧的运用为作品增添了灵动的文采；精致的艺术构思、巧妙的意象营造呈现出作品幽远、冲淡的总体风格。这种既似“清涧之曲，碧松之阴”、又如“饮之太和，独鹤与飞”的艺术风格是作家特异的精神气质与散文文体精髓的有机融合，也是谢伦散文独特的审美价值和艺术魅力所在。

《黄昏里的山冈》题材广博、内容丰赡，反映了谢伦从丰富的

---

① （唐）司空图．二十四诗品［M］．罗中鼎，蔡乃中注．杭州：浙江古籍出版社，2013：189.

② 王大春，周建春．写作让人丰满——记冰心散文奖获得者、市作协副主席谢伦［N］．襄阳晚报，2012-08-28(7).

③ 高晓辉．关于时间的沉思——读谢伦散文集《黄昏里的山冈》［N］．湖北日报，2011-03-18(14).

人生阅历中形成的开阔的文学视野，生动表达了“文化乡愁”的深邃主题。

从湖北枣阳走出来的谢伦，当过农民、做过工人、学过绘画，出色的写作能力使他最终成为一名优秀的新闻工作者。农民、工人的经历让他切身体验到了社会底层民众的疾苦和欢乐；学习绘画的艺术经历使他能够从艺术的角度思考人性、生命、生活的意义，在普通的人事风情中感受到深层的哲学韵味，获得生命的启示；谢伦的童年经历及个人内向的性格又使得他能够拥有细致的观察力、坚韧的毅力和深刻的记忆力，这些因素都深深地影响了谢伦散文集《黄昏里的山冈》的创作，因为“生活实践对于作家的意义不仅表现在为他们的创作提供了素材，而且培养了他们的创作思想、创作见解”①。

《黄昏里的山冈》所收录的散文是谢伦人生经历和人生感悟的真实写照，题材开阔，内容丰富。其题材之一，是优美奇异令人神往的自然风光，如作者家乡湖北枣阳的固云水库、乱石洲、大庙、坟场、古柏、大枣树、梧桐、山冈、滚河、鱼台岛、狮子山、磨盘山等。另外有作者工作及居住地湖北襄阳的桃花岛、汉江、檀溪村、虎头山，保康美丽原始的山谷，武当山的榔梅树、官道和神道，华中屋脊神农架的山头峰峦、蓝天白云、峡谷高山、晴日烈雨、山水云雾，还有湖南凤凰的沱江、轻舟和桃花岛，以及欧洲的莱茵河，等等。其题材之二，是充满历史记忆和人生体验的人文景观：如枣阳吴店镇、狗骨头巷、镇文化馆；襄阳古城墙、跨江大桥；凤凰从文故居，武当山金殿、太子山太上老君庙观，神农架木鱼镇；欧洲德国科隆大教堂、波恩贝多芬故居，等等。其题材之三，是各色人物的素描：如老古、海拉尔、吹九伯、仇有志、黄四儿等各具个性的乡亲；李家婶婶、瞎姑、薛晓萍、程乐君等美丽善良又聪慧的女性形象；景先生、付先生、严学章等知识分子。作品丰富的知识性内容，让我们进一步了解了文学家沈从文和钢琴家贝多芬的人格，让我们结识了许多画坛名家，欣赏了诸多绘画名作。

① 吴功正．文学风格七讲[M]．上海：上海文艺出版社，1983：22.

另外，这本集子还记录了各种奇闻，将人性和生命的存在问题暴露于众。

《黄昏里的山冈》是一部歌颂大地的佳作，描绘了故乡大地之上的自然风光、山水景物，记述了发生在故乡大地之上的故事，抒发了对故乡大地的深切怀念、尊敬与向往之情。文集中的写景篇什是作者童年记忆与现实经历的再现；文集中的叙事散文多取材于作者生命中所亲近的人事，是作者“多年来萦绕心迹，难以忘怀的人”①，是真实存在于作者生命中的亲人。

二、谢伦散文的乡愁主题

《黄昏里的山冈》表达了“乡愁”的主题意蕴。

谢伦在创作这些散文时已经生活在繁华的城市之中，故乡的美丽风景和乡亲们质朴真诚的农人品质都在现实中与作者渐行渐远，可是在作者的记忆深处这些美好的“乡情”与“乡景”却并未被城市繁华的物质文明所掩盖。

与其他书写乡愁主题的作家作品迥然不同的是，“谢伦写出了童年记忆的神秘，是他的乡愁的一大特色”②。在散文中谢伦讲述了自己一些说不清道不明的童年生命体验，比如童年记忆中那次坟场的迷失：为什么在一条自己一天能走上四遍、闭着眼都能走回去的路上迷路了，而且生了许久的病？这次山冈上的迷失是极具神秘性的，包含了谢伦对灵魂、死生、生命的思考。又比如在谢伦童年记忆中一幅寓意深远的图画里，一名袅袅婷婷的女子在滚河的冰凌里神秘消失，还有一条凌空飞舞、后又在冰凌花上轻轻一落的红纱巾。这些景象在孩子的眼中是那么真实，却在大人们那里得到了毋庸争辩的否定，这一记忆是谢伦生命中永远难解的迷惑，是“一个结，一桩悬案”。

---

① 谢伦．黄昏里的山冈[M]．天津：百花文艺出版社，2010：105.

② 樊星．日暮乡关何处是——读谢伦散文集《黄昏里的山冈》[N]．湖北日报，2014-10-12(6).

从本质上说，谢伦的乡愁是一种“文化乡愁”。作者历经人事的变迁和社会的飞速发展，在对家乡的怀念之情中融入了自己对文化的深刻思考，包含了作者对淳朴精神文明日渐衰竭的“忧患意识”。在物质文明高度发达、拜金主义观念盛行的现实社会中，人们变得追名逐利、利令智昏，人类越来越迷失了自我的双眼，在生命的长河中盲目行走，似进实退。作者记忆中的亲情是生命最温暖的血液，可现实中当代人的亲情却变得越来越冷漠，这是作者乡愁中的忧患意识。

《黄昏里的山冈》所体现的“乡愁”是作者对“土养人”的坚定信仰，是作者对大地的尊敬和感激，也是作者自身对所信奉的“人也要养土”这一信条的实践：大地(也即作品中的“山冈”)是人类的永恒归宿。

三、谢伦散文的艺术表征

善于营造内涵丰富的意象以表达“文化乡愁”主旨，是《黄昏里的山冈》艺术上的一大表征。

所谓意象，是指在作者主观的“意”与客观对象的“象”的相互作用之下，通过直觉思维瞬间形成的艺术表象。对此，庞德指出，一个“意象”是在瞬间里表现的智慧和情感的复合体①。谢伦在作品中营造了许多意象：山冈、滚河、庙、古柏、鹰、红纱巾等，这一系列意象都是较为偏重于主观的，是谢伦主观之意的渗透使这些客观物象发生了艺术变形，从而由经验表象升华为艺术表象的。

首先，文集的题目“黄昏里的山冈”就充满着给人以丰富遐想空间的多重意味。“山冈”在文集中的所指，是作者老家屋后的一片小山坡——一个有着一座大庙、一片坟场和七棵古柏的小山丘。而“山冈”的能指，则是一种意象——一个人类生命恒久的居所。

① 黄晋凯，黄秉真．象征主义·意象派[M]．北京：中国人民大学出版社，1989：147.

在作家看来，山冈是每个人都无法逃脱的最终归宿，代表着人类生命本体生存的最终价值。“黄昏”是“过去时的一个象征”，既指一天的尾声，也代表着人生的最后时光，是人类经历了一定的生命体验、积累了一定的生存智慧后对人生生命进行思考的时段。“谢伦的‘黄昏’，不是一个虚幻的风景，那是生命的舞蹈”①，是谢伦对于时间与生命的沉思，黄昏笼罩下的山冈给人以静谧、深重、沉思的感受。

《黄昏里的山冈》中的“滚河”不仅是作者家乡的一条河流，是谢伦童年的欢乐地和记忆源泉，是养育家乡百姓的母亲河，同时，它也是时光之河，是时光流逝的见证，富含悠久的历史记忆，是人类生命的历史演变进程，满载着生命存在的意义。“鹰”出现在城市大厦的办公窗前，也出现在家乡山冈的高空之上，“鹰”的飞翔有着一种象征意义，象征着生命的自由，精神的自由。鹰在天空中追逐的姿态也代表着生命存在的一种形式，揭示了生命存在的意义。

另外，作品中“坟场”“古柏”和“女子”等意象，透露出一种神秘、阴森的氛围，作者童年时在坟场的迷失，七棵古柏的诡诞传说，记忆中被冰河吞噬的美丽女子，这些诸多谜题是作者对生与死的疑问和思考，对生命存在的追问，对人类死亡、生命消失的思考，体现了作者相信灵魂说的生命观。

谢伦的散文有自己独特的语言表达方式和修辞技巧，不仅鲜明地体现了作家的语言风格和良好的文学素养，也与各文本所传达的主题十分契合。

《黄昏里的山冈》主要采用叙述和抒情的表达方式来诠释主题：在叙事中抒发感情，从情感的表达中展现生动真实的历史画面，例如《鱼台苍苍》。这篇散文的题目本身就充分体现了叙事和抒情两种表达方式的完美结合：“鱼台”是一个地名，指作者家乡枣阳吴店镇文化馆后河上的鱼台岛，这个地名蕴含了一个故事，发生在鱼

① 高晓辉．关于时间的沉思——读谢伦散文集《黄昏里的山冈》[N]．湖北日报，2011-03-18(14)．

台的故事；而“苍苍”借用《诗经·蒹葭》中的“蒹葭苍苍”，蕴含着一种惆怅的意蕴，萦绕着淡淡的忧伤之情。“鱼台”中的故事传达了一种“苍苍”的情感，叙事与抒情融合为一体。从文本内容的角度看，这篇散文以优美的笔法描绘了滚河、鱼台上芦苇等自然景观的美，由樟树春天的落叶顿生悲怆之感；紧接着记叙了西街剧团日渐衰微和剧团成员的分道扬镳，并据此发出了“人的命运里有很多东西是我们自己所不能把握的”无奈喟叹。这是作者因感受到人事变迁、曲终人散的轮回而对人生的迷茫发出的追问。

比喻、拟人和对比是《黄昏里的山冈》常用的修辞技巧，为作品增添了灵动的文采。例如，作者将滚河比喻为一条白色的时光，把清晨滚河上的水雾比喻为一层层纱帐，将热爱的夏季的热风比作滚滚白浪，从洞穴游出的水蛇拟人化为扭动腰肢的舞蹈，把正投入水中玩耍的孩子们的动作比喻为青蛙跳水。谢伦还把狗和狼、狐狸放在一起进行对比，表现出狗的老实、本分。在散文集中，谢伦还经常用比喻等修辞技巧将深奥的人生哲理和哲学思考化为生动通俗的语句，例如将天和地比作时间的磨，“总把一切都磨得粉碎，尘土飞扬，稍不留神就会迷离了你的眼神”，表现出对生命的敬畏、对时光的敬畏。再如，说“人间好花，都是开在人心里的”，将人心的真、善、美比作自然界美丽的花朵，这是对高尚人性、美好道德品质的高度赞扬。

散文集《黄昏里的山冈》体现出谢伦灵透、清秀、真诚直白的语言特点。其突出表现在谢伦善以口语为文，高频率地将方言极其自然地融入作品之中。像《滚河笔记·滚河》中的仇二伯提醒大家坐船时要抓紧时所说的“招呼啊”——“招呼”是湖北省枣阳市的一种方言，就是注意的意思，为引起听者的注意，起着一种提醒的语气和作用，作者在这里直接应用方言是为了使仇二伯这个形象更加逼真，使仇二伯热心的性格更加真实。再如《滚河笔记·大枣树》中将和尚的光头称之为“葫芦瓢”，《鄂西人物·竹孝才》中形容竹孝才的嘴巴“地包天大撇嘴”等，都生动地体现出谢伦散文极具生活气息和地域色彩的语言特点。

谢伦散文在结构上的别具匠心，体现了与作家追求的审美风格的巧妙契合。

从篇什的组合来看，散文集《黄昏里的山冈》共分为五辑：“大地行走”“滚河笔记”“人来人往”“浮世阅读”和“水流云在”。这五辑的取名颇能体现作家的创作宗旨，且相互之间形成了极为严密的逻辑关系。

从散文的内容看，其重点不在展示奇景异物，而在于描摹与讲述人事。换言之，集子单纯写景的篇章并不多，介绍人物、叙述故事的篇章则占了很大一部分。文集中介绍的鄂西人物达十几位之多：既会过阴(下神)又嗓音响亮、音域宽广的“唱喜儿”能手瞎姑和她会拉胡琴、打竹板的男人贵五，性格倔强的仇有志，抓野生动物泛滥、因技(钓黄鳝、打猎)而灭的黄四儿和田贵贵，前支书牛是启，内蒙古人老药剂竹孝才，冯叹气冯民生等。散文集第三辑“人来人往”中收录的全是一篇篇鲜明生动的人物志。这些人物多是有才学的知识分子，在这些人物身上体现出与鄂西人物完全不同的气质。对这些郁郁不得志的知识分子现实窘境的展示，表现出作者对于知识分子命运的思考。由于作者曾经是画家，因而在第四辑“浮世阅读”中，谢伦以读画录为题进行散文创作，以著名画作命题，将画品的描绘与画家的介绍融合在一起，把艺术知识巧妙地传授给读者。

散文集的第一辑“大地行走”和第五辑“水流云在”所收录的散文篇章都是情景交融的佳作，是叙事和抒情深度融合的体现。《有一个美丽的地方》描写了保康美丽原始的山谷风貌，记录了保康山林里奇异的花草树木和美丽灵巧的动物。作者对于保康原始山谷景物的描写极为细致，在对保康之行的叙述中抒发了作者对于大自然和人类生命存在的思考：自然是人类心灵的家园，大自然的破坏和毁灭也是人类生命本体的末日。在该部文集中，谢伦还将个人的旅途历程和思想收获诉诸笔端，介绍了美丽的凤凰、武当山、神农架、欧洲莱茵河等自然景观，但这种种景色的描写总是与特定的人物形象联系在一起，成为与人物形象的气质相结合的一种精神存在。

四、谢伦散文的风格成因

《黄昏里的山冈》所体现的谢伦散文真切自然、浑然天成的独特审美风格，是作者沉静内敛与敏感忧郁的个性气质、独特的生命体验引发的显性创作心理动机，以及建立在洞悉自然与人类社会现象与本质基础上的深邃历史意识这三方面的艺术外化。主要表现为个性气质的外化、创作心理的显现、历史意识的投射等。

谢伦在《黄昏里的山冈》代序《给一个写作的理由》一文中说，"我是个孤僻的人，自卑的人"，嘴巴笨拙木讷，常常因懊悔说话不得体而陷入极度苦闷之中，这体现出谢伦细致、敏感的内心世界。人际交往对于谢伦来说是一个巨大的迷宫："我不愿意人云亦云，遇事又不会像人家那样能见缝插针左右逢源，在这个迷宫里，就老好迷路，就老有找不到出口的痛苦。"这种复杂的内心情感体现出谢伦内向忧郁的性格特质，表现出谢伦对于宁静的偏爱和追逐以及对虚假逢迎人际关系的抗拒。谢伦的性格中还有一种非常重要的特质——真诚："家乡给我的是贫穷、是愚昧、是酸楚，是家族大户们的白眼和羞辱，我不能违心说我热爱家乡，甚至有恨"，"我时常地想念家乡……她几乎成了我全部的情感寄托"。他坦诚地将自己对于家乡的真实情感诉诸笔下，对家乡又爱又恨的复杂情感不加丝毫掩饰，这体现出谢伦对于读者的真诚；他敢于将自己的内心情感世界展示给读者，体现出谢伦对于自己的正视；他敢于剖析自我，敢于面对自己的内心情感，体现出谢伦对于生活、生命的思考。

从谢伦散文集的字里行间，我们可以清晰地看见一个饱满立体的作家形象：他内向的性格中富有艺术家的忧郁气质，拥有对世界、人类、自我的真诚之心；敢于正视自己的内心世界，善于内省，勇于剖析自我，拥有丰富复杂、细致而敏感的内心情感世界；他不懂圆滑、喜好安静，是一个热爱生命、热爱自然、懂得尊重的人。

与作家的个性气质密切关联，创作动机是驱使作家投入文学创造活动的一种内在动力，是一种常在暗中支配作家搜集材料范围、决定作家艺术发现方向的潜在的操纵力量。创作动机往往能够决定文学创作的选材和艺术沉思走向。在创作动机的背后，潜藏着作家复杂的心理因素。创作心理动机对作家文学创作活动的影响不可忽视。

独特的生命体验和多愁善感的艺术气质对谢伦的创作心理产生了深远影响。在代序《给一个写作的理由》中，谢伦说自己的写作是以喊叫的方式去忘却或者是铭记。同样是痛苦，谢伦却愿意将这种生命体验中的苦痛牢牢铭记，对于生和死的神秘和奇妙饱含敬畏之心。谢伦在散文创作中大多采用回忆的方式，积极地从生命记忆中提取有意义的信息，把自己生命体验中对自己刺激最强、自己最为熟悉的信息提取出来与创作中心意念挂钩。

影响谢伦创作的心理动机有潜动机和显动机。谢伦在童年、少年的生命体验中逐渐积累，且经由遗传机制留存下的集体潜意识，在他进行散文创作的过程中遇到某种机缘而被唤醒。身为依赖于大地的地道农民，作为农村这个大集体中的一员，谢伦在潜意识的驱动之下自然地把农民当做主要描写对象，把发生于大地、土地、庄稼之上的农村物事当做主要叙事对象。而中年时期的生命体验则带给了谢伦与前期生命体验完全不同的观念感受，甚至是冲突：城市文明的发展、自然风物的变迁、物质文明的复杂富饶和精神文明的日趋单调、扁平、匮乏等事件现象的触发，给谢伦的心理造成了失衡和波动，引发了巨大的情感波澜，从而给谢伦的散文创作带来了直接的心理驱动力，这是谢伦散文创作心理的显动机。在此种心理动机的驱动下，谢伦的散文中往往会产生一些意象，比如山冈、黄昏、古柏、鹰、坟场、庙、女子、红纱巾等，以此来象征作者对生命的感悟、对命运的困惑、对历史的沉思、对过往的缅怀、对美好的追忆以及对未来的畅想等。

一个优秀的作家，不仅应具有关注当下的现实情怀，更应具备反思过往的历史意识。历史意识是人类对自然、对人类自己在时间长河中发展变化现象与本质的认识。谢伦对自然和人类发展变化的现象与本质有着自己独特的思考，形成了个人独特的历史意识。

“山冈是恒久的居所，而村庄只是人在旅途中的一个驿站。”谢伦笔下的山冈不仅仅是一个地点、一处自然风貌，它更是一个典型意象，代表一种精神，是谢伦对生命存在本体的认识。在他看来，人的归宿是“山冈”，人是在山冈的孕育中得到了生命，而当有限的人生走到时间的尽头时，生命本体又将回归山冈，在山冈的庇护下得到延续和留存。山冈是谢伦对生命本体存在方式和存在意义的一种思考，是一种生命的思考，它饱含了谢伦对人类来自于大自然、生长于大自然、归宿于大自然的深切感受，蕴含了人与自然和谐统一的历史意识。

谢伦眼中的大自然是真、善、美的所有者。大自然的水是万物之源，因为“水拒绝一切有毒的东西，除非水不再是水”。谢伦的童年记忆中流荡着一条河流，它不单单是指滚河这条自然景观意义上的河流，同时也是谢伦整个童年美好回忆的记忆之河，是谢伦对人生、生命的初步思考的启蒙之河，是生命的时光之河。在童年的记忆中，河水是孩子们欢乐的场所，孩子们在这里玩耍、嬉闹、快乐；河水也能够带给自己一些生活常识，比如在河水中久久浸泡过的肩头可以用手指刮出一条条的白印，这时的河水是藏不住秘密的河水；河水虽然也有危险，比如冯老五的幺儿子，只有四岁的凹三被河水所湮没，可是这种生命的陨落却没有让谢伦对河水产生恐惧。在谢伦的眼中河流是能够赋予生活大美的存在。

“面对大地，劳作，就是虔敬和皈依”，这是谢伦对人生生命存在的价值思考和意义探寻。人生存的价值和意义就在于劳动，身为农民，不仅需要从土地获得生存所需的物质，而且还要通过劳作回馈于大地，获得生命的延续。劳作不只是人类的生存方式和生存状态，也是人类生命存在的价值体现。人生是有限的，生命的厚度却是无限的，生命依赖于大地，生命的厚度会随着时间的推移而慢慢积累，“时光将生命压倒在地，时光堆积愈厚、愈沉重，生命贴大地愈紧，一切真实的事物就开始浮现、消逝”。谢伦的人生经历让谢伦在回首往事时发出“为什么年轻人总是那么的无知”的喟叹。在谢伦看来，人生的运动轨迹是遵循着一定的规则来演进的，年少时生生死死的概念注定得不到孩子们的敬畏和重视，有许多遗憾的心绪总是会萦绕在生命记忆中，不分时日地浮现，人往往把握不好此刻，在将来的回忆中总是会铭记过去的错误和遗憾，现在的思考表达的是一种愿望，让我们看到“愿望如何利用现在的情境，以过去的模式构建出未来的图画”①。谢伦对人类生命的变迁进行了深入思考，其散文创作中对过去的回忆也是对现实状况的一种反应，是个人对人生现实的思考回答。

谢伦对自然的思考和对人类自身的思考是交织在一起的。在谢伦的历史意识中，“上善若水”——水在自然中占有重要位置，生命在人类自身发展本质中也占有极大的分量，因而谢伦的历史意识是生命与水的交融：“生命的历程就是写在水上的字，顺流而下，想回头寻觅时却总是失去痕迹。”生命因水的承载而流动，水因生命的孕育而有意义。

“风格是作家在创作实践中逐步形成的，是作家的创作见解通过独特的艺术形式的表现，是一个作家在全部作品中反映出来的基本特色。通过风格，我们可以看到作家的创作个性。它是作家成熟的标志。”对此，法国作家布封提出了“风格即人”的著名论断。他认为风格就是作家本人，风格是属于作家个人的独特标识②。风格通过文本体现出来，即使文本可以被其他人所模仿和复制，但是文本所体现出来的风格却是独立于文本而依赖于作家个人的。

《黄昏里的山冈》所体现的幽远冲淡的诗美风格，是在作家创作个性的内驱动力和文本客观因素的相互作用下形成的，是谢伦与作品《黄昏里的山冈》在本质上的水乳交融，是作家精神特质的艺术外化。

晚唐杰出诗人、诗论大家司空图在其诗歌论著《二十四诗品》中，用以下的诗句来形容其称为“实境”的一种诗歌风格：“取语甚直，计思匪深。忽逢幽人，如见道心。清涧之曲，碧松之阴。一客荷樵，一客听琴。情性所至，妙不自寻。遇之自天，泠然希音。”

---

① 吴功正．文学风格七讲[M]．上海：上海文艺出版社，1983：22.

② 张灯．刘勰的“风格论”与布封的《论风格》[J]．文学遗产，2007(2)：63-66.

其意为：选取用语极其质朴，作品构思也不艰深。正像忽然遇见一位高雅的人，一下就领悟了那道的精神。弯曲的山溪辉映着阳光，苍翠的松林一片浓荫。一位樵夫挑着柴担走过，诗人在独自听琴。凭着真情创造意境，妙在不是勉强自寻。切实的感受来自天然，这才是美好的心的声音①。在该论著的第二则，又用以下生动的文字来形象阐释一种叫“冲淡”的诗歌风格，诗云：“素处以默，妙机其微。饮之太和，独鹤与飞。犹之惠风，荏苒在衣。阅音修篁，美曰载归。遇之匪深，即之愈希。脱有形似，握手已违。”翻译成现代汉语，意思就是：作家平时保持着沉静的思考，就会体会到冲淡的微妙。诗歌饱含着自然的气势，像伴随幽独的白鹤一起高飞。这境界像和煦的春风，轻轻抚摸着你的素衣，又好像响动的翠竹，柔声呼唤你同归故里。偶然达到冲淡，并不困难，勉强追求，就会很少如意。作品如果停留在表面描写，那就会和冲淡风格远离②。

用上述司空图的两段诗句来概括谢伦散文幽远冲淡的诗美风格，是极为贴切的。的确，谢伦散文，既能给读者带来“清涧之曲，碧松之阴”的审美愉悦，又能让读者产生“饮之太和，独鹤与飞”的审美体验。这是谢伦散文的鲜明特色，也是谢伦散文的审美价值和艺术魅力所在。

① 王磊.《二十四诗品》中诸优美形态阐释[J]. 学术界，2014(11)：124-132.

② 王磊.《二十四诗品》中诸优美形态阐释[J]. 学术界，2014(11)：124-132.

附录：当代襄阳文学重要作品目录

一、小　　说

（一）长篇小说

李德复、卫士洪：《地下长龙》，湖北人民出版社 1974 年版。

胡树国；《地下儿童团》，湖北人民出版社 1980 年版。

刘久和：《兵行诡道》，长江文艺出版社 1985 年版。

阎俊杰：《智擒黑风霸》，长江文艺出版社 1988 年版。

李叔德：《风流墨客》，漓江出版社 1989 年版。

李叔德：《孟浩然新传》，湖北人民出版社 2007 年版。

李叔德：《月落乌啼：乱世诗人张继传奇》，湖北人民出版社 2009 年版。

李叔德：《惊世骇俗皮日休》，湖北人民出版社 2011 年版。

李叔德：《大宋米癫》，长江文艺出版社 2014 年版。

李叔德：《草圣张芝传奇》，甘肃人民出版社 2016 年版。

何志平：《心》，江西人民出版社 1990 年版。

曾旭东：《解放襄阳》，百花文艺出版社 1992 年版。

韩希梁：《战襄阳》，广西民族出版社 1993 年版。

马慰慈：《疯狂的岁月》，广西民族出版社 1993 年版。

刘学仁：《滔滔汉江》，武汉出版社 1994 年版。

晓苏：《五里铺》，珠海出版社 1996 年版。

晓苏：《大学故事》，长江文艺出版社 1998 年版。

晓苏：《成长记》，花城出版社 2001 年版。

孟道正：《黄土魂》，长江文艺出版社 1997 年版。

陈怀国：《遍地葵花》，北岳文艺出版社 1997 年版。

王雄："汉水文化三部曲"：

《阴阳碑》，中国文联出版公司 1997 年版；

《传世古》，中国青年出版社 2002 年版；

《金匮银楼》，中国工人出版社 2006 年版。

尚爱兰：《永不原谅》，花城出版社 2000 年版。

邱保华：《送你一束沙枣花》，作家出版社 2002 年版。

陈子成：《金融牧场》，中国国际广播出版社 2002 年版。

刘久和：《玉魂》，河南文艺出版社 2004 年版。

刘久和：《柏举之战》，黄河出版社 2014 年版。

刘希俊："中国古代科学大师传(四卷本)"：

《不畏权贵的祖冲之》，湖北少年儿童出版社 2004 年版；

《自强不息的蔡伦》，湖北少年儿童出版社 2004 年版；

《百折不挠的张衡》，湖北少年儿童出版社 2004 年版；

《博学多才的沈括》，湖北少年儿童出版社 2004 年版。

张传华：《热血忠魂：抗日名将张自忠传奇》，中共党史出版社 2005 年版。

张璞：《桃花源传奇》(上中下》，中国文联出版社 2005 年版。

张璞：《赛跑的芝麻花》，长江文艺出版社 2014 年版。

王建琳：《风骚的唐白河》，长江文艺出版社 2005 年版。

王建琳：《迷离的滚水河》，《小说月报》(原创长篇小说专号) 2008 年第 4 期。

王建琳：《燃情的汉水河》，长江文艺出版社 2011 年版。

王建琳：《梨花满地》，长江文艺出版社 2014 年版。

胡运转：《笼中的金丝雀》，作家出版社 2008 年版。

岩竹：《走的时候带上我》，云南人民出版社 2009 年版。

李修平：《卞和传奇》，中国戏曲出版社 2009 年版。

周肇莹：《寒夜火》，作家出版社 2009 年版。

李修平、虢光新：《卞和传奇》，中国戏剧出版社 2009 年版。

李明：《东汉开国皇帝刘秀的故事》，中国戏剧出版社 2009 年版。

曹远超：《孟浩然》，湖北人民出版社 2010 年版。
罗纯：《爱在不惑》，台海出版社 2010 年版。
尚建国：《文化商人》，作家出版社 2012 年版。
周春兰：《折不断的炊烟》，长江文艺出版社 2012 年版。
黄攀：《江山如此多娇》，中国文联出版社 2013 年版。
谷春华：《女村官》，线装书局 2013 年版。
张德富：《爱上你不是我的错》，中国财富出版社 2014 年版。
张更生：《荆楚春秋》，白云出版社 2014 年版。
席星荃：《风马牛》，长江文艺出版社 2014 年版。

（二）中篇小说集

晓苏：《重上娘山》，长江文艺出版社 1997 年版。
李叔德：《我想吻吻你的手》，文化艺术出版社 1991 年版。
吕先觉：《土豆回家》，湖北科学技术出版社 2014 年版。
彭泉翰：《彭泉翰中短篇小说集》，黄河出版社 2014 年版。

（三）短篇小说集

李德复等：《典型报告》，人民文学出版社 1958 年版。
李德复：《高高的山上》，人民文学出版社 1965 年版。
李德复：《鄂北纪事》，湖北人民出版社 1963 年版。
吉学沛：《两个队长》，长江文艺出版社 1963 年版。
阎俊杰：《老实的考验》，湖北人民出版社 1979 年版。
黄河清：《生活·冲动·构思》，法律出版社 1989 年版。
王伟举：《花地》，中国文联出版社 1989 年版。
李叔德：《赔你一只金凤凰》，长江文艺出版社 1984 年版。
李叔德：《失眠人自白》，广西民族出版社 1993 年版。
李叔德：《属于我的秋天》，漓江出版社 1993 年版。
邓耀华：《她比你先到》，西南交大出版社 1991 年版。
叶宗佩：《毛坯传奇》，内蒙古文化出版社 1994 年版。
叶宗佩：《官之惑》，德宏民族出版社 1996 年版。
晓苏：《山里人山外人》，长江文艺出版社 1990 年版。

晓苏：《黑灯》，漓江出版社 1993 年版。
晓苏：《狗戏》，中国文学出版社 1994 年版。
晓苏：《金米》，百花文艺出版社 2005 年版。
晓苏：《麦芽糖》，花城出版社 2009 年版。
晓苏：《花被窝》，长江文艺出版社 2014 年版。
马忠静：《夏天，没有诱惑》，华夏出版社 2000 年版。
马忠静：《终极放逐》，黑龙江人民出版社 2007 年版。
卢苇：《林青谦良》，中国文联出版社 2007 年版。
许建国：《光明沦陷》，四川人民出版社 2008 年版。
另维(温暖)：《美丽时光走丢了》，长江文艺出版社 2011 年版。
九夕(蔡咏梅)：《如花的蒙娜丽莎》，长江文艺出版社 2012 年版。
周才彬：《我爸是我爸》，线装书局 2013 年版。

(四)小小说集

尹全生：《山神》，广西民族出版社 1996。
尹全生：《天路里程》，百花洲文艺出版社 2003 年版。
尹全生：《狼性》，东方出版社 2008 年版。
尹全生：《大隐于野》，四川文艺出版社 2012 年版。
尹全生：《紧急文件 999》，广西师范大学出版社 2013 年版。
尹全生：《汉江歌谣》，河南文艺出版社 2013 年版。
尹全生：《拿什么拯救灵魂》，四川人民出版社 2013 年版。
尹全生：《我想变成一只蚕》，成都时代出版社 2014 年版。
尹全生：《给人性一个答案》，中国书籍出版社 2017 年版。
邓耀华：《你的心是正还是歪》，大众文艺出版社 2009 年版。
黄朝忠：《半开的抽屉》，大众文艺出版社 2009 年版。
杨临安：《美事儿留给你》，大众文艺出版社 2009 年版。

二、诗歌集

任金亭：《爱是不能忘却的》，南方青年诗丛 1986 年版。
任金亭：《母亲树》，作家出版社 1992 年版。

任金亭：《爱我所爱》，大众文艺出版社2005年版。

李圣强：《远山》，长江文艺出版社1987年版。

金呼哨、任金亭：《飘香的晨雾》，农村读物出版社1988年版。

金呼哨：《空门》，广西民族出版社1993年版。

金呼哨：《叙事英雄》，北京燕山出版社1997年版。

金呼哨：《方言的故乡》，中国文联出版社2013年版。

刘华荣、汪光房：《月是故乡明》，广西民族出版社1993年版。

龚正荣：《爱情与恶欲》，长江文艺出版社1989年版。

龚正荣：叙事长诗《如花的回眸》，长江文艺出版社1992年版。

宋明发：《爱情岛》，长江文艺出版社1989年版。

宋明发：《走出西部》，作家出版社2001年版。

孙樵声等编：《五色土》，湖北人民出版社1990年版。

文爱艺：《寂寞花》，安徽文艺出版社1992年版。

文爱艺：《雨中花》《太阳花》，东方出版社2005年版。

彭广全：《告别》，内蒙古人民出版社1993年版。

张卫华；《太阳雨》，广西民族出版社1993年版。

谢冰凛：《微笑的红罂粟》，山西高校联合出版社1994年版。

谢冰凛：《遥远的家园》，华夏文化出版社1996年版。

毛翰：《陪你走过这个季节》，天地出版社1996年版。

毛翰：《天籁如斯》，亿刊网公司2007年版。

邓家顺：《中国军营》，中国文联出版公司1996年版。

吴鄂东：《云寺》，海天出版社1999年版。

吴鄂东：《英雄叙事》，作家出版社1999年版。

吴鄂东：《方言的故乡》，中国文联出版社2013年版。

刘传国：《绿笛雅歌》，军事谊文出版社1996年版。

杨丽：《黎明之约》，中国文联出版社2000年版。

刘文生：《黑夜的歌谣》，中国文联出版社2000年版。

蔡嘉彬：《鸟群飞临》，中国文联出版社2000年版。

蔡嘉彬：《风花雪月》，中国文联出版社2012年版。

大刀李征（李征）：《大刀李征短诗选》，银河出版社（香港）

2002年版。

晓航(刘宏伟)：《蝴蝶人诗选》，中国文联出版社2004年版。

刘传国：《银迪霞歌》，中国文联出版社2002年版。

刘传国：《竹笛情歌》，作家出版社2009年版。

尚建国：《天空有鸽子飞过》，文化艺术出版社2004年版。

罗辉：《四维吟稿》，中国财政经济出版社2009年版。

罗辉：《流光情寄鹧鸪天》，文化艺术出版社2011年版。

罗辉：《四时吟草》，中国文联出版社2012年出版。

罗辉：《一声酬唱清如水》，湖北人民出版社2012年版。

竹丫子(陈丽霞)：《我们的世界水草丰满》，惠特曼出版社(美国纽约)2009年版。

王俊楚：《动感乡村》，内蒙古人民出版社2009年版。

黄耀辉：《凡心韵语》，作家出版社2010年版。

汪光房：《我给青春一个吻》，中国文联出版社2010年版。

张洁：《十二女子诗坊》(诗合集)，海风出版社2011年版。

张洁：《草上的月亮》，长江文艺出版社2014年版。

不染(左艳琳)：《照见自己的光亮》，上海三联书店2011年版。

朱华杰：《无可奈何花落去》，香港经典文化策划公司2012年版。

邱述安：《二月蝉鸣》，中国文联出版社2012年版。

徐先念：《七彩瀑》，中国文联出版社2012年版。

郭明强：《岁月有痕》，中国文联出版社2013年版。

彭泉翰：《彭泉翰朗诵诗歌集》，现代出版社2013年版。

李小波：《时光里的呓语》，中国文联出版社2013年版。

江南客(刘晓蓓)：《曲线逃离》，中国文联出版社2013年版。

李道立：《一生在等》，宁夏文华出版社2013年版。

李道立、阎雯、毛生平：《诗韵南漳》，中国文联出版社2014年版。

刘诗笛(陌峪)：《彼岸花开》，卓尔书店2014年版。

周红男：《怀念一座城池》，湖北科学技术出版社2014年版。

焦泽浩：《韵语新声》，中国文联出版社2015年版。

程发义：《乡情集》，中国文联出版社2015年版。

三、散文集

吉学沛：《春草集》，长江文艺出版社1979年版。
吉学沛：《苏春迟请客》，长江文艺出版社1983年版。
吉学沛：《黄河情》，中国文联出版公司1986年版。
李修平：《雨夜梦想》，广西民族出版社1993年版。
葛昌永：《碧珠》，长江文艺出版社1993年版。
葛昌永：《听月》，百花文艺出版社1994年版。
葛昌永：《畅寥廓》，中国文联出版社2001年版。
葛昌永：《飞翔的高度》，长江文艺出版社2010年版。
李修平：《浮生独白》，华夏文化出版社1996年版。
梅洁：《并非永生的渴望》，百花文艺出版社1997年版。
葛昌永：《天风》，中国文联出版社1999年版。
席星荃：《沧桑风景》，长江文艺出版社2002年版。
席星荃：《记忆与游走》，百花文艺出版社2005年版。
郑浩：《地球村散墨》，长城出版社2002年版。
郑浩：《古镇·老街·旧事》，大众文艺出版社2010年版。
周解民：《文心墨缘》，珠江文艺出版社2005年版。
杨晓琳：《玉树临风》，作家出版社2006年版。
卢苇：《文雅英芬》，湖北人民出版社2006年版。
彭宗卫：《内心即是天堂》，云南人民出版社2008年版。
彭宗卫：《时光的芭蕾》，长江文艺出版社2013年版。
叶知秋：《并非我情非得已》，大众文艺出版社2009年版。
岩竹：《竹林听雨文集》，云南人民出版社2009年版。
罗保菊：《春天的馈赠》，珠海出版社2010年版。
艾子(任爱国)：《原乡》，湖北人民出版社2011年版。
曾海水：《流金淌银》，湖北人民出版社2011年版。
曾海水：《金光银道》，湖北人民出版社2011年版。
熊万里：《爱书者说》，中国戏剧出版社2001年版。

雪耕(杨学耕)：《阳光里的村庄》，上海三联书店2011年版。

程乐君：《别时茫茫江浸月》，中国文联出版社2012年版。

唐启意：《萤窗随笔》，中国文联出版社2012年版。

张璞：《搬迁赋》，中国戏剧出版社2013年版。

张朝根：《荆山风情》，中国人民文化出版社2013年版。

周红男：《飞过草垛》，湖北科学技术出版社2014年版。

蒲继刚：《“知识分子”吴用》，湖北科学技术出版社2014年版。

张蕾：《乡间花事》，上海文汇出版社2014年版。

汤礼春：《记忆中的浪花》，中国财富出版社2014年版。

惠随琳：《孤灯夜话》，人民教育出版社2014年版。

楚林(周世菊)：《遇见最美的本草：一位临床医生的中药札记》，中国中医出版社2016年版。

四、报告文学(集)

王伟举：《飞旋的世界》，湖北人民出版社1991年版。

王伟举：《超越神话》，作家出版社2004年版。

梅洁：《古河：梅洁报告文学选粹》，长江文艺出版社1994年版。

王伟举：《世纪沧桑》，中国文联出版社2007年版。

王伟举：《汾清河的儿女们》，长江文艺出版社2013年版。

张天儒：《征服恐怖世界》，文化艺术出版社2004年版。

梅洁：《大江北去》，北京十月文艺出版社2007年版。

梅洁：《汉水大移民》，湖北人民出版社2012年版。

段永建、李明：《少年聂海胜》，湖北少年儿童出版社2006年版。

王兴会、黄定有、任孕炯：《航天英雄聂海胜》，中国文联出版社2010年版。

张太学、张更生：《骚动的热土》，人民日报出版社2010年版。

五、人物传记

李明：《刘秀传》，湖北科学技术出版社2012年版。

牛宪纲：《忆三弟》，湖北科学技术出版社2014年版。

六、寓言集

凡夫：《凡夫当代寓言》，湖北人民出版社1987年版。

凡夫：《名人的幽默》，新华出版社1992年版。

凡夫：《过目难忘·寓言》，花城出版社2000年版。

凡夫：《猫的礼物》，蓝天出版社2005年版。

凡夫：《凡夫寓言》，湖北少年儿童出版社2013年版。

凡夫：《廉政寓言》，中国方正出版社2014年版。

凡夫：《真理的衣裳》，蓝天出版社2016年版。

何流：《何流艺术作品选》，中国戏剧出版社2008年版。

吕华阳：《指尖上的月光》，延边大学出版社2014年版。

七、故事集

陈文道：《古隆中名胜故事》，人民出版社1989年版。

陈文道：《山水诗人孟浩然》，武汉大学出版社1995年版。

陈文道：《经典民间情歌》，金盾出版社2008年版。

陈文道：《中华智慧之星：诸葛亮传奇》，人民出版社1999年版。

陈文道主编：《诸葛亮的故事》，人民出版社1999年版。

郑浩、熊子勋：《古城人杰》，中国城市经济社会出版社1988年版。

邓耀华：《襄阳传奇》，湖北科学技术出版社2014年版。

陈新林：《襄阳民间传说》，中国文联出版社2013年版。

八、民俗集

陈文道编著：《襄阳民俗大观》，北京燕山出版社2014年版。

郑浩总编：《襄阳民间文化》（共7册），武汉出版社2016年版。

后　记

这部书稿，是我主持的湖北文理学院2017年度校级重点学科群“人文教育与文化传播”开放研究基金项目“新世纪襄阳知名作家专题研究”(编号：2017xkq008)的结题成果，也是本人从事当代襄阳文学研究的一个阶段性总结。

从2009年4月19日参加襄阳作家王建琳女士长篇小说《迷离的滚水河》学术研讨会算起，我逐步开展当代襄阳文学学术研究已近十年，感慨良多。一方面赞叹于近七十年当代襄阳文学的辉煌成就，各体文学创作成果蔚为大观；另一方面又遗憾于襄阳学者对当代襄阳文学的疏于研究，以至于当代襄阳文学的成就鲜为人知，这对襄阳的文学发展和城市形象提升十分不利。面对襄阳作家们用执着、热诚、才华创作出的丰硕的文学成果，作为一名地方高校的文学研究者，我意识到自己应该承担的责任。这几年，在和团队的合作中，研究取得了一些成效。2014年我们基于研究而开设的全校素质拓展课《当代襄阳文学作家作品鉴赏》，被评为省级精品视频公开课；2017年，经过对课程讲稿的打磨完善，出版了与课程同名的特色教材，并获学校奖励。在深入研究的过程中，本人也收获颇多：通过收集资料、留意最新文坛资讯，对当代襄阳文学的整体面貌有了全面认知；通过参加作家作品学术研讨会和广交朋友，对各体创作的知名作家、代表作家有了直观深入的了解，并据此发表了数十篇关涉襄阳当代文学整体态势的宏观研究和针对具体作家作品专题研究的学术论文，为本项目研究奠定了基础。

本项目从申请到立项，书稿从撰写到完成，得到了文学与传媒学院，学校研究生处、科学技术处，襄阳市文联、襄阳市社科联等诸多单位和部门领导们的关心支持；许多作家朋友如席星荃、胡金洲、任金亭、汪光房、谢伦、邓耀华等先后为研究提供了珍贵资料；武汉大学出版社的帅小伙白绍华先生和他的编辑同事们为本书的出版付出了心血汗水，在此谨一并致谢。最后，我要特别感谢妻子炫朱，没有她的照顾、激励和督促，书稿的出版，将是一个遥遥无期的梦。

张治国

2018 年 9 月于襄阳南湖公馆寓所